GTB
Gütersloher Taschenbücher
1456

Klaus Berger;

geboren 1940, ist Professor für Neutestamentliche Theologie
an der Evangelisch-Theologischen Fakultät
der Universität Heidelberg.

Klaus Berger

Was ist biblische Spiritualität?

Gütersloher Verlagshaus

Ungekürzte Taschenbuchausgabe der gleichnamigen Originalausgabe,
die 2000 im Quell-Verlag erschienen ist.

Bibliografische Information Der Deutschen Bibliothek
Die Deutsche Bibliothek verzeichnet diese Publikation in der Deutschen
Nationalbibliografie; detaillierte bibliografische Daten sind im Internet
über http://dnb.ddb.de abrufbar.

ISBN 3-579-01456-0
1. Auflage der Taschenbuchausgabe 2003

© Quell/Gütersloher Verlagshaus GmbH, Gütersloh 2000

Umschlaggestaltung: Init GmbH, Bielefeld
Druck und Bindung: Elsnerdruck, Berlin
Printed in Germany

www.gtvh.de

Inhalt

Teil 2: Theologie der biblischen Spiritualität

Vorwort

Das hier vorgelegte Buch entspringt der besonderen Lage, in der sich die großen Volkskirchen zur Zeit in Deutschland befinden, und will eine Antwort darauf versuchen. Nach langen Jahren intensiver Beschäftigung mit vielen Themen, die nicht gerade im Zentrum des Glaubens standen, entdeckt man zusehends die Notwendigkeit wieder, sich mit den zentralen »Hausaufgaben«, den Themen der Religion, zu beschäftigen. Viele haben bemerkt, daß die geistliche Substanz nicht dazu reicht und wohl auch nicht dazu bestimmt ist, beliebig viele Themen kompetent zu erörtern. Andererseits will man doch bei der Beschäftigung mit den zentralen Themen weder Fundamentalist werden noch bei der gewohnten Oberflächlichkeit verharren.

Und man bemerkt, daß die Volkskirchen oftmals entweder schon seit Generationen oder doch seit einigen Jahrzehnten das Herz der Menschen verloren haben. So entsteht die allgegenwärtige Frage nach »neuer Spiritualität«. Die Studierenden an der Universität Heidelberg, die ich unterrichte, sind früher deswegen oft nach Taizé gereist, um an der dortigen monastischen Frömmigkeit teilzuhaben. Probleme ergaben sich dann häufig bei der Frage, wie diese Formen geistlichen Lebens beispielsweise an niedersächsische Gemeinden weiterzugeben wären. Seit Beginn der achtziger Jahre ging ich auf die Suche nach dem Original. Dabei war es mein erklärtes Ziel, Christentum als Religion wiederzuentdecken.

Dieses Buch hätte gewiß nicht entstehen können, wenn nicht seit Jahren enge Bindungen an »mein« Zisterzienserkloster in Bochum/Stiepel (und an dessen Mutterkloster in Heiligenkreuz im Wienerwald) bestünden. Den Patres Dominicus und Johannes Maria und nicht zuletzt P. Prior Beda bin ich zu Dank für viele Hilfen verpflichtet. Diese Kontakte haben es vor allem möglich gemacht, zisterziensisches Leben an der Quelle wahrzunehmen.

Ich bilde mir wenigstens ein, das Neue Testament und diese Form monastischer Spiritualität gut auseinanderhalten zu können, damit keines durch das andere »beschädigt« wird. Doch ist diese Sorge gering im Verhältnis zu dem Bemühen, die bestehende Differenz in ihrer ganzen Fruchtbarkeit auszunutzen. Und in der Tat: Das könnte ja einen ungeheuren Reichtum bedeuten, wenn man die Einsichten aus fünfundzwanzig Jahren Lehre im Neuen Testament in Heidelberg in Beziehung setzt zu dem strengen Leben der schwarz-weißen Mönche (und Nonnen) seit 900 Jahren und bis heute.

Heidelberg, im Februar 2000   *Klaus Berger*

Das Lächeln des versehrten Engels

Der Essener Bischof Franz Kardinal Hengsbach schrieb im Jahr 1990 in einer Wochenzeitung:

»Bei einem meiner Besuche in Frankreich machte ich auch Station in Reims. Die berühmte Kathedrale aufzusuchen war mein alter Wunsch. An der Westfassade hatte ich bald ausfindig gemacht, was ich mir immer schon einmal ansehen wollte: den Engel von Reims.

Wahrhaftig, ein seltsamer Engel: zerstückelt, zerstört, vernarbt und verwundet. Die rechte Hand hat er verloren, die Finger der anderen sind verstümmelt. Ein Flügel ist ihm im Laufe der Zeit abhanden gekommen, sein Gesicht ist voller Wunden und Narben. Ein sterbender Engel! Gezeichnet von den Verwüstungen, Zerstörungen und Erosionen der Jahrhunderte. Ein Sinnbild unserer Zeit?

Aber das Erstaunliche an diesem Engel: Er lächelt – allen Verwundungen und Verletzungen zum Trotz. Er lächelt den Beschauer an, uns heutige Menschen. Und er lächelt in die Zeit hinein – in Gegenwart und Zukunft. Was für ein Signal der Zuversicht, des Trostes und der Ermutigung!

Lächeln steckt an, sagen wir. Nirgendwo habe ich das so unmittelbar erleben können wie in Reims, an der Westfassade der Kathedrale, direkt unter dem lächelnden Engel. Denn die Menschen, die diesen Engel aufmerksam betrachteten, fingen plötzlich selbst an zu lächeln. Und der eine lächelte dem anderen zu! Eine gelöste, heitere Atmosphäre breitete sich aus.

Die Leute gingen sichtlich frohen Herzens von dannen. Ich mußte spontan an einen Spruch aus dem Buch der Sprichwörter in der Heiligen Schrift denken: ›Ein fröhliches Herz macht das Gesicht heiter, Kummer im Herzen bedrückt das Gemüt‹ (Sprüche 15,13).

Oft genügt ein kleines Lächeln, und das Eis scheinbarer Gleichgültigkeit um uns herum zerbricht. Der lächelnde Engel von Reims beweist es – jeden Tag aufs neue.«

Was ist Spiritualität?

Eine erste sprachliche Bestandsaufnahme zeigt eher befremdliche Seiten des Ausdrucks »spirituell« oder »Spiritualität«: In einer Illustrierten-Werbung für touristische Rom-Reisen zum Millennium hieß es: »Um die spirituelle Erfahrung des Jubiläums zu erleben, ist es wichtig, … rechtzeitig zu reservieren« (Stern Nr. 51, 1999, 16). Wir fragen: Was ist das, eine »spirituelle Erfahrung zu erleben«? In einer Kirchenzeitung war die Rede von einem »wirklich spirituellen Gottesdiensterlebnis« (KirchenZeitung, 19. 12. 1999, 1). In beiden Fällen wird das Adjektiv »spirituell« mit »Erlebnis« verbunden. Von daher entsteht die Vermutung, es handele sich um andere als gewöhnliche Gottesdienste, nämlich um *Events*, um besondere »Erlebnisveranstaltungen«. Dabei geht die Betonung von »Erlebnis« und »Erfahren« Hand in Hand mit der Psychologisierung des ganzen Lebens, nicht zuletzt auch der Seelsorge.

Sicherlich hat das Aufblühen des Wortes Spiritualität etwas damit zu tun, daß den großen Kirchen die Volksfrömmigkeit abhanden gekommen ist. Denn diese war seit Menschengedenken immer mit Erlebnis oder religiöser Erfahrung verbunden. Das gilt von der Frömmigkeit der Wallfahrten bis zu den Ritualen, die das Sterben umgaben, von den Volksbräuchen in den heiligen zwölf Nächten zwischen Weihnachten und Epiphanias bis zur geistlichen Ausgestaltung des protestantischen Abendmahls in Ostfriesland, von der heiteren Marienfrömmigkeit der Maiandachten bis zu Gebräuchen um Allerseelen und Glocken.

Nun, die Zeiten wandeln sich. Wer heute von Spiritualität redet, meint nicht einfach oder auch nur hauptsächlich das Wiederaufleben dieser Formen, selbst wenn es zum Teil auch darum geht. Spiritualität meint sicherlich religiöse Erfahrung, und zwar vor allem im Zusammenhang mit Gottesdiensten.

Wessen Merkmal ist eigentlich eine bestimmte Spiritualität? Ist sie Merkmal von Personen, von religiösen Gruppen, Veranstaltungen oder Konfessionen? Offenbar geht es um *Kennzeichen einer je besonderen Frömmigkeit,* also des religiösen Tuns bestimmter Menschen insgesamt. Wie alle menschlichen Äußerungen sind sie zugleich Ausdruck und prägend. Trifft das zu, dann bedeutet Spiritualität:

– eine Art Lebensstil. Es geht um eine auch im Alltag Gestalt gewordene Frömmigkeit. Spiritualität ist daher nicht nur innere Einstellung, sondern sichtbar geworden. Während die Bergpredigt eher dazu ermahnt, das Gebet nicht öffentlich zur Schau zu stellen, sieht S. Benedikt den Mönch als den, der seine *devotio* (demütige Frömmigkeit) sichtbar zum Ausdruck bringt.

– Wie bei Frömmigkeit überhaupt, so gilt hier die Liebe zum Unsichtbaren. Das Stichwort »Liebe« wird uns noch oft begegnen.

– Weil sich das Leben in Rhythmen vollzieht, ist auch jede das Leben begleitende Frömmigkeit rhythmisch ausgerichtet. Am Alltag und an Kleinigkeiten entscheidet sich daher der Charakter einer Spiritualität.

– Weil Sprache im Ganzen unsere Heimat ausmacht, kann auch religiöse Sprache Menschen »tragen«. Hier liegt die Bedeutung vorformulierter Gebete.

– Weil religiöse Formen die Menschen prägen, geht es auch um eine Form geschichtlicher Identität.

– Spiritualität hat auch heute noch etwas zu tun mit geistlicher Erfahrung zwischen Freude und visionärer Schau im weitesten Sinn des Wortes. Längst vor Martin Luther spricht Bernhard von Clairvaux von der geistlichen Erfahrung des einzelnen. In seinen Predigten zum Hohenlied sagt er: »Heute lesen wir im Buch der Erfahrung. Wendet euch zu euch selbst; jeder soll sein Bewußtsein auf das hin betrachten, was zu besprechen ist« (3,1). Auch die Vernunft erfaßt nämlich nur, was zuvor erfahren wurde (22,2). Im 228. Brief schreibt er: »Ich will mich hinsetzen und schweigen. So könnte ich erfahren, was der heilige Prophet über die Fülle innerlicher Nähe äußert: Denn er sagt, gut sei es, den Herrn schweigend zu erwarten.« Im Umkreis Bernhards ist der wortspielerische Satz geläufig: *Experto credite! Experto crede Roberto!* – »Glaubt nur dem Erfahrenen! Glaube Robert, dem Experten!« Denn an fremder Erfahrung soll sich die eigene entzünden. Schon für Rupert von Deutz († 1135) galt: Nur das Wissen aus innerer persönlicher Erfahrung gilt. In einem Manuskript aus Auxerre aus dem 12./13. Jahrhundert heißt es: »Ich glaube, Brüder, daß ihr eine hinreichende Erkenntnis eher dem Buch der eigenen Erfahrung und dem Herzen als jeglicher Lektüre einer Handschrift verdankt.«

– Geistliches Geprägtsein bringt christliches Handeln hervor. Das ist die bleibende Wahrheit allen Streits um Rechtfertigung.

Wozu jetzt biblische Spiritualität?

Bedürfnis nach Spiritualität

Unbestreitbar zeigt die gegenwärtige deutsche Szene ein hohes Maß an Sehnsucht nach Formen spirituellen Lebens. Diese Spiritualität ist im großen und ganzen »heidnisch« im alten Sinne des Wortes, das heißt: Sie ist weder christlich noch jüdisch noch moslemisch, sondern zumeist orientiert an den Religionen Asiens oder was man dafür hält. Die Stichworte »esoterische Erleuchtung«, »indianische Kulte«, »Dalai Lama« oder »Zen-Buddhismus« können die große Bereitschaft bezeugen, die hier besteht. Der Buchhandel hat sich seit langem vollständig darauf eingestellt. Für alle Suchenden gilt der Dalai Lama als der große Hoffnungsträger. Hin und wieder gibt es auch noch Menschen, die an die (nahezu personifizierte) »Evolution« »glauben«. Auch die buddhistische Welle umgeht das Thema Gott.

Dabei gelten die großen Volkskirchen als ausgesprochen feindlich gesonnen gegenüber jeder Spiritualität. Zumeist wird bestritten, daß es in ihnen dergleichen überhaupt (noch) gebe. Als Beitrag der Volkskirchen zur Religion wird mittlerweile vor allem die Vernunft angesehen. Das gilt besonders nach dem Einzug der Aufklärung auch in die nachkonziliare katholische Kirche. Vernunft aber ist im Blick auf Religion immer nur eine sekundäre Zutat. Wer sich also darauf konzentriert, wird selbst zum Randphänomen.

Dementsprechend sucht man religiöse Sinnlichkeit (Riechen, Fühlen, Schmecken) und auch religiöse Riten wie Opfer anderswo, nachdem die Volkskirchen davon kaum noch zu sprechen wagen.

Mißlich ist es gewiß, von »Bedürfnissen« auszugehen und zu meinen, sie stillen zu müssen. Doch in den Bedürfnissen äußert sich religiöse Not. Und es hilft nicht, sich hochmütig im Vollbesitz aufgeklärter Vernunft darüber zu erheben, wenn das Land dem Neuheidentum zum Opfer fällt. Generell kann gelten: *Alle neuheidnischen Phänomene weisen mit großer Sicherheit auf jeweils genau entsprechende Defizite und Versäumnisse der großen Kirchen hin.* Da hilft es auch nichts, die eigene Kirche zum Esoterik-Zentrum umzufunktionieren. Eher gilt schon der Satz: »Wir stillen nicht Bedürfnisse, sondern wir feiern Geheimnisse.« Hier ist daher sehr entschieden die Suche nach dem Original angesagt.

In der gegenwärtigen kirchlichen Situation sollte man aufhören, sich (nur) mit sich selbst zu beschäftigen, und diesen engen Raum der Nabelschau in zwei Richtungen aufbrechen: in die missionarische Richtung nach außen und in die kontemplative nach innen. Auf beiden Wegen könnte es gelingen, die Selbstbescheidung zu durchbrechen. Denn Spiritualität hat in höchstem Maße etwas mit Identität zu tun.

Die herrschende Suche nach Spiritualität ist im großen und ganzen alles andere als biblisch geprägt. Die wichtigste Ursache dafür ist: Seit der Aufklärung ist die Bibel fast ausschließlich Objekt der aufklärerischen Vernunft geworden. Das gilt – freilich ohne daß man das von Grund auf bedauern müßte – auch für den Charakter der traditionellen »Bibelstunden« oder »Bibelkreise«, der herkömmlich einzigen geprägten Form protestantischer Alltagsfrömmigkeit außerhalb des kirchlichen Gottesdienstes. Bestenfalls ragt noch ein zusammenfassendes Gebet am Ende der Bibelstunde (vom Theologen gesprochen) über den Charakter eines exegetischen Laien-Seminars hinaus. Dabei war es einst das Anliegen der Pharisäer, also jener jüdischen Richtung, der Jesus und Paulus entstammten, den Alltag mit Frömmigkeit zu durchdringen und im profanen Leben vielfältige Zeichen der Zugehörigkeit zu Gott zu setzen. Und alle Kritik an pharisäischer Frömmigkeit im Neuen Testament beruht auf dem Grundansatz, »es« besser machen, nicht aber das Anliegen beseitigen zu wollen. Freilich zeigt eine Analyse der Auslegung antipharisäischer Texte des Neuen Testaments seit der Aufklärung, daß sich gerade hier ein Einfallstor für die »vernünftige Religion« Jesu befand. – Wir halten fest: Spiritualität ist ein Grundanliegen gerade auch des Neuen Testaments.

So bleibt fürs erste die Einsicht: Was man Spiritualität nennt, hat in aller Regel mit der Bibel ganz wenig zu tun. Das liegt nicht zuletzt daran, daß der üblich gewordene exegetische Zugriff auf die Bibel diese restlos zerfasert, zerfetzt und religiös »stillgelegt« hat. Wenn man mit dem geistlichen Herzen des Christentums so verfährt, ist es kein Wunder, daß man Erbauung (in welchem Sinn auch immer) anderswoher bezieht. Um jedes Mißverständnis auszuschließen: Ich lehre selbst seit einem Vierteljahrhundert an einer der bekanntesten deutschen Fakultäten Neues Testament nach Methoden der aufgeklärten historischen und kritischen Wissenschaft, kann also deren

Vorzüge recht gut beurteilen. Und ich möchte auch weiterhin so lehren, wobei freilich zu meiner Art der Lehre auch immer gehört hat, in Doppelstunden am Schluß einen meditativen Zugang zum Text zu bieten. Erst seitdem Studenten erklärten, ich solle das lassen, da es nicht examensrelevant sei, biete ich dergleichen seltener in Vorlesungen und lieber in meinen Büchern an. – Dennoch möchte ich noch schärfer formulieren: *Die Art, in der fast ausschließlich Exegese betrieben wird, ist nicht unschuldig am Zustand der Kirchen.*

Damit ist nicht gemeint, daß man auf neugierige Fragen oder auf wissenschaftliche Hypothesen verzichten solle. Ganz im Gegenteil! Viel zu wenig werden die Prämissen der üblich gewordenen Konsens-Theorien kritisch befragt. Viel zu unvorsichtig wird mit Theorien wie der vom Ostergraben (auf der einen Seite der historische Jesus, auf der anderen der auferstandene Christus) hantiert, obwohl diese Theorien im ganzen wirken müssen wie Handgranaten im Porzellanladen. Viel zu schnell war man mit Sachkritik bei der Hand, viel zu selten war die Fähigkeit, sich der Fremdheit des Textes auszusetzen. Viel zu wenig hat man die Texte – noch immer – von jüdischen Traditionen her verstanden und verstehen wollen. Und bei aller Zerfaserung hat man die Texte im tiefsten Sinne des Wortes um ihren Charme gebracht.

Wie der Zugang denn nun anders sein könnte, das will auch dieses Buch darstellen. Im Prinzip lehrt es Bernhard von Clairvaux, wenn er zur Heilung des jungen Mannes durch Elisa (2. Könige 4,32–35) schreibt: »Wenn wir über dieses Wunder meditieren, so erkennen wir darin, was jeder einzelne von uns täglich erfährt: Durch Jesus werden unser Herz zur Erkenntnis, unser Mund zur hilfreichen Rede, unsere Hände zum gerechten Handeln fähig« (Predigten zum Hohenlied 16,2).

Was sich konkret ändern sollte

Wenn Paulus sagt, Jesus Christus habe ihn *ergriffen* (Philipper 3,12), dann ist das sicher im Sinne einer Besitzergreifung gemeint, die den ganzen Menschen umfaßt. Ich kann daher nicht trennen zwischen Spiritualität und Observanz. Denn Spiritualität wird nicht vom Menschen entworfen, sondern bedeutet neutestamentlich: sich führen und antreiben lassen vom Heiligen Geist. Gehorsam (Observanz) ist in diesem Sinne auch Hinhören.

Unter Observanz verstehe ich eine verbindliche Form strengen Lebens, allerdings in dem Sinne, daß dadurch das christliche Leben erleichtert und fröhlicher wird. Observanz hat dann nichts mit Skrupulantentum zu tun, sondern meint Radikalität.

Der Begriff Observanz orientiert sich oberflächlich an »radikalen« Orden (Trappisten als Zisterzienser strengerer Observanz; unbeschuhte Karmeliter als observante Karmeliter), geht aber religionsgeschichtlich an die Wurzeln des Christentums zurück. Denn hier gab es im Judentum pharisäische Observanz, das heißt einen Gesetzesgehorsam, der, wie angedeutet, für das gesamte tägliche Leben bedeutungsvoll wurde. Nun sagt Jesus nach Matthäus 5,20: *Nur dann, wenn ihr euch noch wesentlich strenger an Gottes Ansprüche an Gerechtigkeit haltet als die Schriftkundigen und Pharisäer, werdet ihr an Gottes Herrschaft Anteil haben* (Übersetzung: Berger/Nord). Das heißt, wie Jesus im folgenden ausführt: Die Gesetze der Tora gelten auf jeden Fall. Aber Jesus fordert mehr, *und daran ist das Himmelreich gebunden.*

Wenn das für den Inhalt von Spiritualität gilt, dann ist es dem gewöhnlich assoziierten Inhalt des Wortes schier entgegengesetzt. Denn gewöhnlich ist Spiritualität dort ein halb religiöses Füllsel, wo alles unklar, schwammig, ohne feste Kanten und ohne gerade Linien ist. Das gilt besonders für das »weite Feld« des Ökumenismus und des sogenannten interreligiösen Dialogs. »Spiritualität« steht oft genug für frei flottierende Geistigkeit, für eine irgendwie erbauliche, aber nicht festlegbare bloße Gesinnung, meint Vorliebe für bestimmte Themen oder auch andere, Sympathien oder eben auch Abneigungen. Gesucht wird aber nicht schöngeistige Beliebigkeit, sondern ein Halt, der auch das Halt! mit Ausrufungszeichen einschließt. Spiritualität in unserem Sinne hat dagegen etwas mit Wahrheit zu tun. Darunter verstehe ich eine Lebensgemeinschaft vor allem mit Jesus Christus selbst.

Zu dieser Art Prägung des Lebens gehört seit den jüdischen Anfängen des Neuen Testaments auch das Gebet zu den verschiedenen Tageszeiten (Apostelgeschichte 3,1; 10,9.30).

Was dieses Buch will

Das Buch erörtert nicht beliebige biblische Themen in frommer Auswahl, sondern eben jene Aspekte, die auf dem Feld zwischen Prägung im Glauben und radikaler Observanz bedeutungsvoll sind.

Das Buch möchte die dringend nötige Rückbesinnung auf grundlegende biblische Aussagen und Dimensionen christlicher Spiritualität wenigstens in die Wege leiten. Innerhalb der Theologie will es dem Modell der »scholastischen« Theologie der katholischen und protestantischen Orthodoxie die »monastische Theologie« an die Seite stellen.

Insofern möchte das Buch einen Beitrag zur Erneuerung der Exegese leisten, um von da aus auch Spiritualität zu erneuern. Dazu gehört nach meinem Verständnis ein neuer Blick auf die mystischen, bildhaften und im weiteren Sinne religiösen Traditionen des Neuen Testaments.

Wie dieses Buch entstanden ist

Das vorliegende Buch entstand mit meiner Theologiegeschichte (2. Aufl. 1995) und Bibelübersetzung (Das Neue Testament und frühchristliche Schriften, 4. Aufl. 2000[1]) im Hinterkopf. Gelesen habe ich dazu die frühen Zisterzienser (Bernhard von

---

1. Im folgenden werden – sofern nichts anderes angegeben ist – alle neutestamentlichen und frühchristlichen Schriften nach dieser Übersetzung zitiert.

Clairvaux [† 1153], Werke I–IX, 1990–1999; Guerric von Igny [† 1157], Ansprachen I und II, 1996 und 1998; Wilhelm von St. Thierry [† 1148], Der Spiegel des Glaubens, 1981, und andere seiner Schriften) und etliches über sie; von den modernen Zisterziensern Thomas Merton († 1968) und M. Assumpta Schenkl.

Ich habe mich dann durchaus an die Lieblingszitate der Mönche und an die bei ihnen vorherrschenden Bilder der Schrift gehalten und in jedem Fall das aufschlußreiche Verhältnis zur Schrift nachzuvollziehen versucht. Das Buch hat daher immer wieder diese beiden Schwerpunkte: die biblischen Ansätze und ihre Aufnahme durch die Spiritualität der frühen Zisterzienser. Bei alledem geht es mir sehr entschieden um das »Heute«.

Teil 1
Das Angebot der Bibel

DIE GROSSEN BIBLISCHEN BILDER

Das Feuer

Liebe ist wie Feuer

»Du bist ein überflutendes Feuer.
Du bist ein erquickendes Wasser.
Du verzehrst,
und du fließt doch über vor Freude
und befreist vom Verderben.
Menschen machst du zu Göttern,
die Finsternis machst du zum Licht,
du führst aus der Unterwelt zurück
und beschenkst die Toten mit Unvergänglichkeit.
Du führst aus Finsternissen zum Licht.
Du schließt die Tür der Nacht mit deiner Hand.
Du umgibst das Herz mit dem Glanz des Lichtes.
Du wandelst mich gänzlich um.
Du verbindest dich mit Menschen und machst sie zu Göttern.
Du entflammst sie mit deiner Liebe,
mit deiner Kindschaft, mit deiner Gnade, durch deinen Geist.
Du vereinst als Gott auf wunderbare Weise das von dir Ge-
trennte.«
(Symeon der Theologe [† 1022], 7. Hymne)

Sieht man einmal ab vom Vorwurf in Offenbarung 3,16, *daß
du lauwarm bist,* dann stammt der älteste christliche Text, der
vom Feuer der Liebe redet, aus der Zeit um 140 n. Chr. und

läuft unter dem gewiß irreführenden Titel »Oden Salomos« (Ode 3,4–6). Der christliche Beter, ein früher Mystiker hohen Ranges, sagt:

»(4) Wer kann Liebe verstehen
außer dem, der selbst geliebt wird?
(5) Ich brenne für den Geliebten, liebe ihn,
und wo sein Ruheplatz ist, da bin auch ich.
(6) Ich bin dort nicht fremd,
denn neidlos gibt Gott den Menschen in Fülle.
Er ist der Höchste und der Barmherzige.«

Dieses kostbare Dokument, das man glücklicherweise nicht mehr als »Gnosis« verteufeln muß, ist zugleich ein erster unverblümter Hinweis auf eine Deutung des Hohenlieds auf das christliche Gottesverhältnis.

Im Neuen Testament kommt die Verbindung von Liebe und Feuer nicht vor. Wir kennen nur die Verbindung von Heiligem Geist und Feuer und die von Heiligem Geist und Liebe. Aber den weiteren Schritt, nun auch Liebe und Feuer zu verbinden, vollzieht die Sprache des Neuen Testaments noch nicht.

Um so reicher sind die Belege aus der späteren (römischen) Liturgie. Fast regelmäßig ist hier die Verbindung von Heiligem Geist, Feuer und Liebe: »Sende aus deinen Geist und entzünde in ihnen das Feuer deiner Liebe«, sagt ein bekanntes altes Gebet. Im Hymnus zur Terz heißt es unter der Überschrift »Jetzt möge der Heilige Geist uns eingegeben werden«: »Liebe möge feurig glühen und auch die Nächsten anstecken.« Im Hymnus zur Vigil am Samstag (Sabbat) heißt es: »Mit dem Feuer der Liebe entzünde unseren Leib« (wörtlich: Lenden), »damit wir – in diesem Kleid – immer bereit sind für deine Ankunft.« Im Gebet zur Sext am Samstag heißt es: »Schenke uns, Herr, du brennendes Feuer ewiger Liebe, daß wir immer in deiner Liebe glühen und dich über alles, die Brüder um deinetwillen mit ein- und derselben Liebe lieben.« Schließlich kennt der Hymnus »Komm, Schöpfer Geist« die Anrede »Quell des Lebens, Feuer, Liebe«.

Liebe ist wie Feuer, denn sie ist radikal und fordert oft alles, was ein Mensch hat. Darin ist Liebe wie der biblische Gott, der nach 5. Mose 6,4f fordert, ihn zu *lieben aus ganzem Herzen und aus aller deiner Kraft*. Aber Liebe macht auch selig.

Sehr nüchtern ist das biblische Verständnis von Liebe. Denn Liebe bedeutet: solidarisch etwas für den anderen tun. Daher steht Liebe in der Nähe von Gerechtigkeit. Und so kann Thomas von Aquin von den Christen fordern, sie sollten leidenschaftlich gerecht sein.

Trotz aller Sachlichkeit ist Liebe Sache des ganzen Menschen; was sie fordert und verheißt, ist zu groß, als daß es ein Mensch nebenbei tun könnte.

Wir fragen: Was ist eigentlich das Christliche an christlicher Liebe? – Christlich ist wohl dies:

– Daß Gott als Sohn und als Heiliger Geist aus sich heraustritt und den Menschen nahe kommt, wird als Liebe gedeutet. So ist Gott »nahe daran«, an der Liebe selbst.

– Man kann Gott um etwas bitten, und er kann schenken. Diese erfahrene Solidarität nennt man Liebe.

– Weil Gott der Schöpfer ist, liebt er seine Welt, alle Kreatur. Dem entspricht als »christliche Universalität« die Aufhebung alles dessen, was trennt.

– Gottes Zuwendung zu den Menschen ist noch unbegreiflicher als seine Größe.

Vgl. als Auslegung zu Johannes 10,11–23: »Es ist wie mit einem Hirten, der eine Schafherde hatte, die von Wölfen bedroht wurde. Und er geht hin, als die Wölfe kommen, tritt vor die Türe des Schafstalls und lenkt die Wölfe auf sich, weg von den Schafen, und sie zerfleischen ihn.« – »Kein Hirte tut das! Denn ein Mensch ist mehr wert als die Schafe.« – »Außer wenn er die Schafe so liebt, so irre und wahnsinnig liebt, daß er sich selbst vergißt und sich opfert. Es geht um die Liebe, die der hat, der so etwas tut.« – »Aber es ist eine verrückte Liebe, die keine Verhältnismäßigkeit kennt, eine ungerechte und eine Liebe ohne Vorsicht und Augenmaß.« – »Kennst du eine Liebe, die anders ist? Ist diese meine Verrücktheit nicht mein letztes, tiefstes Geheimnis, ist sie nicht das, was ich bin? Nichts davon zu haben außer der Freude, daß die Schafe leben, und in dieser Freude selig zu sein – ist das nicht das, was ich bin?« (Nach K. Berger: Wie ein Vogel ist das Wort, Stuttgart 1987, 27)

– So wird das Heilige nicht mehr nur durch Abgrenzung formuliert, sondern durch stürmische Eroberungslust.
– Die Zuwendung Gottes wird nicht einfach als Kraft erfahren, sondern als Liebe, weil es um Dauer aus Treue geht. Die veraltende Unterschrift unter Briefe an Kinder gilt hier: »Dein treuer Vater«.
– Feuer breitet seine Herrschaft schnell und heftig aus. Daher ist es ein Bild für Gottes Reich. Es reinigt und verwandelt, auch wenn dies ein schmerzhafter Prozeß sein kann.
»Im Glauben an dich suche ich Halt,
in der Hoffnung meinen Weg,
doch in der Liebe zu dir bin ich ein armer Bettler.
Liebe, Feuer, Hingabe, kommt zu uns!
Führ du mich an und leuchte mir,
brennendes und verzehrendes Feuer,
da ich wegen meiner Sünden Umkehr suche.
Sei Fürsprecher und Tröster, Patron und Helfer
in allem, worum wir beten.
Zeige uns, was wir glauben,
laß uns erfüllt werden von dem, was wir erhoffen,
mach unser Antlitz deinem ähnlich,
damit wir sagen können: Zu dir spricht mein Herz:
Mein Antlitz ist auf der Suche nach dir.«
(Wilhelm von St. Thierry, Oraisons méditatives 9,17).

Liebe macht selig

Seit Immanuel Kant scheiden wir streng zwischen Pflicht und Neigung. »Pflicht« ist durch das Gesetz vorgeschrieben, und darauf baut unser Miteinander. »Neigung« dagegen ist etwas Asoziales, ist Selbstliebe und Wohlgefallen an sich selbst, nur individuelles Glück. Die antike Ethik, zum Beispiel die des

Aristoteles und des Seneca, zielt auf die »Glückseligkeit«, und ebenso ist es mit der Bibel. Jeder Gedanke an Lohn oder Seligkeit ist dadurch ausgetrieben worden, daß sich Reformation (Verzicht auf Leistung und Lohn) und Kant gegenseitig gesteigert haben. In mancher gegenwärtigen Theologie, so will es scheinen, hat Kant sich radikal durchgesetzt. Reiner Altruismus erscheint oft als Inbegriff der Ethik Jesu. Jeder Spaß, jede Freude ist verdächtig.

Doch nach den Seligpreisungen des Neuen Testaments ist der, der liebt, jetzt schon selig, nicht erst dann. Besonders deutlich wird das an 1. Petrus 4,14: *Und wenn ihr jetzt beschimpft werdet, weil ihr Christen seid, dann gilt: Selig seid ihr, weil der Heilige Geist Gottes jetzt schon auf euch ruht, der Geist der Herrlichkeit.*

Denn wo der Heilige Geist – wie zu Pfingsten – wirkt, reißt er ja schon Grenzpfähle nieder, schafft er daher die Voraussetzung für Liebe. Die Seligkeit besteht oft in jubelnder Freude. So heißt es in der Pfingstpräfation: »Deshalb jubelt der ganze Erdkreis in grenzenloser Freude.«

Vielleicht ist das die Seligkeit dessen, der liebt: Er ist ohne Angst.

Weil Liebe selig macht, deshalb wird es unter Jugendlichen immer wieder »radikale« Bewegungen geben. Das Seligsein, das erstrebt wird, ist wohl ein Ausgleich, ein Gleichgewicht zwischen Geben und Nehmen, Erwartung und Erfüllung. Wer radikal ist, strebt nach Seligkeit.

Wir fragen: Warum ist, damit man dieses Gleichgewicht findet, so vieles und so vergleichsweise Hartes nötig? – Antwort: Weil so vieles dem Seligsein entgegensteht und erst durch Feuersglut eingeschmolzen werden muß.

Wir fragen weiter: Besteht nicht ein Mißverhältnis zwischen dem Aufwand (Feuer) und dem erreichten Ziel (Finden zu sich selbst)? – Antwort: Nur für ein »langes Leben auf Erden« (im Sinne des Vierten Gebotes) wäre solcher Aufwand in der Tat unverhältnismäßig. Aber das Ziel der Bergpredigt ist mehr: das Himmelreich, die unsichtbare Wirklichkeit Gottes, von der kein Tod trennt. Wenn der Tod überwunden werden soll, dann bedarf es mehr als der bürgerlichen Vorsorge. Dann muß man sich dem großen Schwung anvertrauen, mit dem der Heilige Geist die ganze Welt verändern und verwandeln will. Dann muß das meiste anders werden.

Und daß es um das Himmelreich geht, ist dann auch für das Handeln jetzt von großer Bedeutung. Anhand der Verstrickung christlicher Theologie in Nationalismus zwischen 1800 und 1950 kann man gut zeigen, was das bedeutet: Wer sich nach Gottes Reich sehnt, kann an keinerlei Nationalismus Genüge finden, sondern will einen christlich begründeten Universalismus. So entstehen Brücken.

Gott ist verzehrendes Feuer

Hebräer 12,28f: *Wir hoffen, daß dieser Dienst Gott gefällt, und wollen ihn fromm und ehrfürchtig vollziehen. (29) Denn unser Gott ist verzehrendes Feuer.*

Das Zitat aus dem Alten Testament in Vers 29 (vgl. 5. Mose 4,24; 9,3; Jesaja 33,14) ist eine der wichtigsten Gottesaussagen der Bibel. Als Feuer erscheint Gott auch im »brennenden Dornbusch« (2. Mose 3,2), und die Gerichtstheophanie wird als Feuer gedeutet.

Es »gibt« wohl neben dem Feuer, das Gott ist, kein separates Gerichts-, Höllen-, Fege- oder Weltbrandfeuer. Feuer ist eine vernichtende Art der Gottesbegegnung, vernichtend für alle, die nicht schon zuvor im Feuer geläutertes Gold sind.

Die alten Liturgien schreiben dieses Bild fort. So heißt es im Westen in lateinischen Gebeten oft am Schluß: »… durch Jesus Christus, unseren Herrn, der kommen wird, zu richten die Lebenden und die Toten und die Welt durch Feuer. Amen.« – Die äthiopische Begräbnisliturgie (Becker/Ühlein II, 1000) redet Gott so an: »Herr, Beherrscher der Gewalten und Gott aller Barmherzigkeit, mit Feuer Gewandeter, dessen Angesicht von Feuer lodert, funkensprühendes Feuerschwert, Reiter auf feurigen Rossen.«

»Es hat mich sehr getröstet,
daß ich nicht verging und verzehrt wurde
wie das Wachs im Angesicht des Feuers…,
denn Welten trennten mich von jenem Licht.
Ganz habe ich in Wahrheit ihn gefunden
gleichwie ein Feuer inmitten meines Herzens…
Bebend und nicht fähig, seinen Glanz zu schauen,
hielt ich es für ratsamer,
mich zu verbergen … und im Grab zu leben…,
als verzehrt von jenem Feuer gänzlich umzukommen.«
(Symeon der Theologe, 11. Hymne)
»Fürwahr ein Feuer ist Gott. So hat es der Herr gesagt. Er ist
gekommen, es auf die Erde zu bringen. Jedoch auf welche
Erde? Laß mich's wissen. Zu allen Menschen, deren Sinnen
erdhaft ist. Er wollte, daß es in allen brenne.
Sicher weißt du, daß dieses Feuer nicht zu fassen ist und daß es
ungeschaffen ist und daß es jedem Blick sich entzieht. Es vereint sich mit Seelen, worin in reichem Strom das Öl der Liebe
fließt. So wie die Lampe und die Leuchte, die wir sehen, angezündet wird, wenn man in ihre Nähe Feuer legt, so rührt die
Seelen ein göttliches Feuer an und bringt sie zum Entzünden.«
(Symeon der Theologe, 21. Hymne).

Konkretion

Feuer kennt nur sich selbst und verzehrt alles, was ihm nicht
gewachsen ist. So ist Gott eifersüchtig, kennt nur sich selbst,
weil er keine anderen Götter neben sich duldet. Und ihm ist
nichts gewachsen, weswegen alles vergeht.
Am Ende ist auch der Tod eine Begegnung mit Gott, der verzehrendes Feuer ist. Wir müssen sterben, weil wir nicht Gott
sind, ihm nicht gewachsen sind. Alles Werden und Vergehen
ist ein langsames oder schnelles Verbrennen vor ihm, durch
ihm, durch die mitleidlose Glut des Feuers, das er ist.
Das sogenannte Böse, der abschüssige Weg, ist nichts Eigenes, das ohne Gott zu erklären wäre. Nur mit Gott ist es zu

erfassen: als Scheitern an seiner Herrlichkeit. Das ist wie Verbranntwerden. Vor allem so wird Gott sichtbar; es ist ein Jammern und Klagen in der Welt, weil wir nicht Gott sind.

Auch Auschwitz hat mit dieser Kehrseite Gottes zu tun. Es zeigt nicht nur, wohin der Mensch kommt ohne Gott. Das kleinbürgerlich geordnete Vernichtungslager weist auch auf den Unterschied in seiner ganzen Tiefe. Schuld entsteht immer dort, wo wir die falschen Konsequenzen daraus ziehen, daß wir nicht Gott sind, wo wir das überspielen wollen, einen Damm errichten wollen aus brüchigem, eingebildetem Material, unseren Entschuldigungen und Rechtfertigungen, unseren Versuchen, Schuld auf andere zu schieben.

Doch genau an der Stelle, an der die Menschen den Deich des Unglücks aufrichten wollen, hat auch Gott gehandelt. Genau dort hat er eine feuersichere Schutzwand errichtet, hinter die wir uns flüchten können. Genau an der Stelle ist es. So wird gesagt, Adam, der erste Mensch, sei auf Golgotha begraben worden, und daher sehen wir oft unter dem Kreuz Adams Totenschädel und Gebein. Am Ort des Todes wird der Tod durch einen Toten besiegt.

Gott selbst hat aus unermeßlichem Erbarmen gegen das Feuer, das er selbst ist, die einzige Schutzwand geschaffen. Wer in deren Windschatten steht, wird nicht verbrannt. So schützt Gott uns vor sich selbst, vor der alles versengenden und verbrennenden Glut seiner Herrlichkeit. Er allein konnte diesen Schutz gewähren. An dem Ort, der nach Handlung schrie, an dem Ort, an dem wir in Adam handelnd schuldig wurden und es erneut an Jesus wurden, gerade dort hat Gott uns handelnd vor sich selbst geschützt.

Hinter dieser Brandmauer sind wir geborgen. Jesus ist die Brandmauer, der eine und einzige Sohn. So hat Gott die Macht des Feuers, das er selbst ist, selbst durch seinen Sohn begrenzt. Genau das, was grenzenlos war, den Tod, der alle trifft, den grenzenlos Mächtigen, hat er eingegrenzt durch diesen eigenen starken Grenzwall. Diese Selbstbegrenzung Gottes ist wie der Sieg Gottes über seine eigene Herrlichkeit. Denn er hat seine Herrlichkeit und damit einen wichtigen Teil seiner selbst wie vergessen aus Liebe. Jetzt wurde etwas Neues sichtbar. So wollte er am Ende nicht vernichten, wie es seine Größe und die Größenverhältnisse zwangsläufig forderten, sondern er wollte andere vergotten.

Christentum ist die Ahnung, daß der Sog, der in die reine Vernichtung führen muß, in der Mitte des Weges umgelenkt worden ist in die entgegengesetzte Richtung. Diese Richtungsänderung ist das eine und einzige wirkliche Wunder.

Die Wüste

Jesus konnte erst unter die Leute gehen und seinen schwierigen Weg beginnen, nachdem er vierzig Tage und Nächte lang in der Wüste gefastet und den Teufel besiegt hatte. Wüste heißt: Aushalten der Einsamkeit. Aber alle großen Erfahrungen macht Israel in der Wüste, vom brennenden Dornbusch über den Sinai, über Manna in der Wüste bis hin zur Predigt Johannes des Täufers. Hier gewinnt es die Kraft zum Leben.

Konkretion

Nach einem arabischen Jesuswort hat Jesus gesagt: Gott suchen besteht aus zehn Teilen, aus neun Teilen Schweigen und einem Teil Einsamkeit. Es gibt Zeiten im Leben, da lernt man, was das heißt. Wir predigen immer von Gemeinschaft und Kommunikation, von Beziehungen, Gemeinden und persönlichen Kontakten. Aber vor lauter *correctness* hat niemand den Mut zu sagen, wie es wirklich war. Daß Jesus nie mit den Jüngern zusammen gebetet hat, sondern immer einsam. Daß er sich zum Beten zurückzog in die Wüste oder auf den Berg – beides bedeutete ungefähr dasselbe. Jesus war eben kein Kumpel, den Ausdruck »Bruder Jesus« kennt das Neue Testament nicht. Den haben wir erst in Anbiederungsversuchen aus ihm werden lassen.

Kann es sein, daß die Kirchen daran kranken, daß niemand mehr positiv über die Einsamkeit redet? Denn dort liegt die Quelle der Kraft!

In einem Hymnus läßt die Dichterin Gertrud von Le Fort die Kirche von sich sagen: »Ich trage noch im Schoße die Geheimnisse der Wüste…, aus der Wüste komme ich wieder als die Gekräftigte und Gesegnete. Ich habe noch Blumen aus der Wildnis im Arm…«

Alle großen Erfahrungen Israels werden in der Wüste gemacht: am brennenden Dornbusch, auf dem Sinai, wenn es Manna regnet oder wenn die erhöhte Schlange geschaut wird. So kann auch Jesus erst nach vierzig Tagen ekligen Kampfes mit dem Widersacher in der Wüste das Evangelium verkünden. Dort hat Jesus gefastet und den Widersacher besiegt.

Oft suchen wir in den Ferien die einsamen Teile der Berge oder des Strandes auf, wo es nichts gibt als Landschaft, als Felsen oder Sand, Wind, Vögel, Sonne oder das Meer. Das ist dann wie biblische Landschaft, und hier kann man buchstäblich biblische Erfahrungen machen.

Nehmen wir schlicht die Landschaft der Wüste beim Wort. Wer beginnt, sich in dieser Weite zu Hause zu fühlen, ist schon nicht mehr derselbe, als der er losgegangen ist. – Und ein paar Fetzen aus nahöstlichen Wüstenerfahrungen kommen mir in den Sinn: In der Wüste überlebt nur, wer ihre Geheimnisse kennt.

Und auch dies: In jeder Pore sitzt der feine, rötliche Sand. Nur der lange Baumwollschal, den man um den Kopf wickelt, verhindert, daß das Hirn zerfließt. Die Stille dröhnt in den lärmgewöhnten Ohren. Von der Sonne versengte Büsche bilden filigrane schwarze Ornamente auf dem hellen Sand. Ihre armdicken Wurzeln verbergen sie vor den Augen der Fremden.

Der Rhythmus der Wüste ist jeden Tag der gleiche. Aufstehen vor dem Morgengrauen, Kaffee und trockenes Weißbrot am Feuer. Kisten packen und sorgfältig auf die Packkamele schnüren. Reiten. Noch läßt das blasse Licht die Dünen salzgrau, tieforange, ockergelb und pastellrosa leuchten. Doch schnell färbt die Sonne alles in gleißendes Weiß. Spätestens um elf Mittagsrast: Holz suchen, kochen, Tee trinken, sich unter einer Tamariske oder einer Felsnase verkriechen. So haben Nomaden schon vor Tausenden von Jahren die heiße Zeit verdöst. Gegen fünf wird das Licht golden und der Wind sanfter. Dann geht es weiter. Steine liegen da, als hätten Riesen mit ihnen Bauklötze gespielt und plötzlich die Lust verloren. Wie Burgen thronen Felsen im Geröll. Die Hitze verlangsamt alle Bewegungen zu einem fließenden Ablauf. Man spricht weniger, aber man sieht desto mehr. Nichts als Wind, Sand und Steine. Wenn sich der Blick vom Sand löst und über die Berggipfel zum gewölbten Himmel wandert, löst sich auch die Seele und breitet sich aus. Die scharf gezeichneten Windmuster im Sand werden klarer, die Gedanken unwichtiger. Die Wüste nimmt dem Menschen Eile und Eitelkeit. Was bleibt, ist Würde – an den Nomadenfrauen abzulesen.

Die Wüste hat etwas mit Gott zu tun, weil es nur noch die Weite gibt und uns selbst. Und die Frage: Wie still muß der Mensch werden, um wirklich Gott sprechen zu hören? Von Jesus wissen wir: Dort, wo die Stille beginnt, gibt es nicht nur Gott, sondern auch den Teufel, und der steht für die reine Verzweiflung und die schäbige Sinnlosigkeit. Nein, Jesus war kein Romantiker.

Aber beides, Licht und scharfe Schatten, Hitze und Kälte, Sandsturm und gänzliche Stille, immer beides zusammen weist auf das, was allein wesentlich ist. So geht es denn in der Wüste um Leben und Tod. Und um die erste Frage aller Philosophie, wie das große Wunder sein kann, daß es inmitten von so viel Tod doch hin und wieder eine Pflanze gibt, Leben und trinkbares Wasser. Das Wunder des Lebens bestaunen.

Und noch davor: Licht und Sand, Licht und Gestalten mit Schatten, immer wieder Licht. In der Wüste geht es um Rhythmen, die uns lange überdauern, wie der von Tag und Nacht. In der Strandwüste auch der Rhythmus von Ebbe und Flut. Die Psalmdichter sehen darin ein Lied, gebaut wie der Rhythmus unserer Lieder, Ausatmen und Einatmen.

In der Weite der Wüste bekommen wir ein Gespür dafür, wie klein wir sind und was der Psalmist meint, wenn er sagt: So weit wie der Sonnenuntergang entfernt ist vom Sonnenaufgang, so weit hast du entfernt meine Schuld von mir.

Was sagt Gott in der Wüste? Warum kommt Jesus gekräftigt und nicht geschwächt aus ihr? Warum kommt die Kirche aus der Einsamkeit und nicht aus der Masse? – Weil es um das Wesentliche geht: Dankbar erkennen wir, daß es Leben gibt und nicht nur Tod. Und die reinen Farben der Strandwüste färben auf uns ab und verändern uns. Der einsame Beter begreift in seiner Wüstenerfahrung, daß Gott kein Ding ist, nichts von den Dingen der Welt. Und nach der Einsamkeit der Wüste wird auch die Gemeinschaft der Menschen immer wieder als Geschenk begriffen – und nicht einfach als gegeben oder als das graue Einerlei.

Schon der Philosoph Overbeck, Nietzsches Freund, hat bemerkt: Die Wüstenväter, unsere mönchischen Väter im 3., 4. und 5. Jahrhundert, haben sich der biblischen Forderung nach radikaler Reinheit wenigstens gestellt. Im Unterschied zu uns Bequemen haben sie »das Unmögliche wenigstens versucht«. Unter ihnen werden Jesusworte weitergegeben wie das später ins Arabische übersetzte, das ich oben zitiert habe: Gott suchen besteht aus zehn Teilen, aus neun Teilen Schweigen und einem Teil Einsamkeit.

Wer aus der Wüste kommt, weiß, was das bedeutet, nackt und schutzlos dem großen Sandsturm und dem tödlichen Durst preisgegeben zu sein. Daß alles Leben allein aus Gnade lebt. Und wer aus der Wüste kommt, hat begreifen können, daß alles Wesentliche einfach ist. Und wer aus der Wüste kommt, der hat begriffen, daß alles Wesentliche Geschenk ist. Und daß wir nichts haben außer unserem Herzen und unseren Augen.

Zu diesen einfachen Dingen gehört auch die Grunderfahrung, daß Gott heilig ist und daß wir es nicht sind. Eine meiner Studentinnen hat auf entsetzliche Weise ihr sechsjähriges Kind verloren. Nach einem Frontalzusammenstoß mit einem betrunkenen Fahrer fing ihr Wagen Feuer. Sie mußte mit ansehen, wie ihr eigenes Kind, das eingeklemmt war, bei lebendigem Leib verbrannte. Unter Tränen sagte sie mir: Niemals habe ich radikaler Gottes Heiligkeit gespürt. Daß wir nicht Gott sind, und daß Gott heilig ist und erhaben, zu allererst das.

Wer aus der Wüste kommt, kann begreifen, welch ein Geschenk es bedeutet, wenn in der Weite des Weltenraumes und unserer Welt ein paar Menschen treu zueinander stehen, oft schweigend nebeneinander.

Wer aus der Wüste kommt, weiß um das hell leuchtende Wunderlicht von Gottes Gegenwart – wie am brennenden Dornbusch.

In der Einsamkeit der Wüste ist Gott immer der Reiche. Dort und nur dort beschenkt er uns überreich, wenn wir ganz arm geworden sind.

Und die Kirche kommt aus der Wüste. Wir meinen, sie komme aus nettem Beisammensein, bestenfalls aus Feierabendmahlen, in denen eine Gemeinschaft, wie man so schön sagt, sich selbst feiert. Wir sehen das alles zu oberflächlich. Kirche ist kein Interessenverband und keine Eigentümerversammlung. Kirche sind Menschen, die sich in der Wüste getroffen haben und das Schweigen Gottes gemeinsam aushielten. Deshalb war damals jene Einheit der Konfessionen, die in den Gefangenenlagern des Ostens bis 1954 entstanden war, so glaubwürdig. Und deshalb ist ein Ökumenismus so wenig haltbar, der bei Kaffee und Kuchen in allgemeiner Oberflächlichkeit geboren wird.

Wüste ist immer der Ernstfall, wie Kriegsgefangenschaft unter Stalin, wie Begegnungen im Krankenhaus. Auch ein paar verregnete Tage in kleinen Räumen gemeinsam festsitzen zu müssen kann zum Ernstfall werden. Oder wenn wir in unserem Leben erstmalig, im Bild gesprochen, die Schuhe ausziehen müssen, weil wir in Gottes Nähe geraten sind.

Die Kirche kommt aus der Wüste, weil sie in extremer Situation entstanden ist, in Verfolgung und unter dem Kreuz. Und deshalb vor allem hat Augustinus recht mit seinem Wort, Kirche sei Gemeinschaft derer, die dasselbe lieben. Er hat wirklich die Kraft gemeint, mit der wir am Leben selbst hängen. Denn Kirche hat etwas mit Gott zu tun, mit Leben im Extremfall, mit Leben und Tod, Geburt und Sterben, Jubel und Befreiung.

Und der Gott, der am brennenden Dornbusch erscheint, sagt uns, daß er allein heilig ist und niemand sonst, kein Mann und keine Frau, kein Tabu außer ihm allein. Darum sind in der Botschaft Jesu Frauen und Kinder so wichtig. Darum ist Leibhaftigkeit so bedeutend, wenn Frauen ihn berühren oder salben oder aus seinen Händen ihre Toten lebendig zurückerhalten.

Jesus hat dieses Licht und diese Klarheit, in der Innen und Außen vollständig eins geworden sind, aus seinem Beten in der Wüste mitgebracht. Denn alles hat direkte leibliche Konsequenz, ist durchgedrungen bis in die äußersten Fasern seines Leibes. Wie wenn die Herrlichkeit Gottes alles Schwere leicht macht, alles Traurige aufhebt. Und wenn doch alles aus dem einen herkommt: Wir haben seine Herrlichkeit gesehen. Wir geben sie als Liebe weiter. Im Schweigen vernehmen, was nötig ist, und dann radikal und eindeutig lieben.

Wenn wir uns erinnern, daß wir seine Herrlichkeit gesehen haben mit den Hirten an der Krippe und mit den Frauen am leeren Grab, daß wir mit Herzklopfen unsere Kinder taufen ließen, und wenn wir uns erinnern an den Anfang unseres Glaubens am brennenden Dornbusch, dann fällt es uns leichter, mit Leidenschaft gerecht zu sein, weil Wüste radikal ist und nur Leben gelten läßt, das stark ist und ganz tief drinnen seine Wurzeln hat.

Die Gnade der Wüste

Das Bild der Wüste ist ambivalent. Einerseits bedeutet sie Gottferne:
»Fern bin ich von dir fortgelaufen, gütiger Gott,
die Wüste war mein Aufenthalt.

Ich habe mich vor dir, dem freundlichen Herrn, verborgen.
Umgeben von der Nacht der Sorgen dieses Lebens,
trug ich viele Schmerzen und Wunden…«
(Symeon der Theologe, 33. Hymne).

Zum anderen aber ist sie der Ort der radikalen Vorbereitung auf Gott:

In einer Adventspredigt (4.) erinnert Guerric von Igny an die *Stimme eines Rufenden in der Wüste: Bereitet den Weg des Herrn* (Jesaja 40,3) und fordert auf, die »Gnade der Wüste« zu erwägen, nämlich den »Segen der Einsamkeit, die gleich vom Beginn der Gnadenzeit an zur Ruhestätte der Heiligen geweiht zu werden verdiente«. Doch schon vor Johannes dem Täufer hatten »die Heiligsten unter den Propheten sich mit der Wüste angefreundet, der Helferin des Geistes« (1. Könige 17,2–6; 19,3–14). Doch noch größere Gnade hat Jesus der Wüste verliehen, denn in den vierzig Tagen seines Aufenthaltes dort »reinigte und weihte er sie als neuen Ort für das neue Leben«. Er besiegte den Teufel zugunsten jener, die »später einmal Bewohner der Wüste sein sollten«. So soll man in der Einsamkeit verharren und sich mit dem Brot der Engel nähren lassen. Guerric erinnert auch an die wunderbaren Speisungen derer, die Jesus in die Wüste gefolgt waren, und zitiert die Verheißungen der Schrift: *Schöne Plätze in der Wüste werden fruchtbar* (Psalm 64,13) und *Fremde nähren sich an der fruchtbar gewordenen Wüste* (Jesaja 5,17). Und weil die Worte der Weisen in der Stille vernommen werden (Prediger 9,17), kann Gottes Wort geheimnisvoll in den Menschen hineinfließen, wenn er tiefes Schweigen im Inneren hält (Weisheit 18,1–15). Die »Wüste« steht daher für die Einsamkeit und Verborgenheit des stillen Herzens. Und: Derjenige bereitet den Weg *in der Wüste,* »der sein Leben zu größerer Strenge hinlenkt«.

Christus ist für Guerric das Lamm aus dem Felsen in der Wüste (rabbinische Tradition zu 2. Mose 17,6; 4. Mose 20,7–11; vgl. 1. Korinther 10,4); diesen Felsen deutet er auf Maria, so wie die Rabbinen ihn auf die Weisheit deuteten. So ist Jesus Felsen vom Felsen. An der christologischen Deutung von 1. Korinther 10,4 vorbei greift Guerric daher hier auf die jüdische Tradition zurück und deutet das Heil in der Wüstenzeit typologisch.

Die Wüste, durch die wir hindurch müssen

Bernhard von Clairvaux unterscheidet drei Arten von geistlicher Wüste, aus der wir jeweils »aufsteigen«, durch die wir »hindurch« müssen. Die erste Wüste ist die trostlose Vergänglichkeit jetzt. Die zweite ist die Demut christlicher Lauterkeit; Wüste heißt dieser Ort, weil man zumeist darin allein ist, fast niemand ahmt Christus nach. Die dritte Wüste ist die Unversehrtheit und Unschuld, »heilig zu sein an Leib und Geist«. Aufgabe der Christen ist es, »aus der Wüste der gegenwärtigen Vergänglichkeit durch die Wüste demütiger Einfachheit hin zur Wüste ganz unversehrter Reinheit aufzusteigen«.

Wilhelm von St. Thierry spricht von der »Unermeßlichkeit meiner Wüste, der weitgespannten Leere meines Herzens«. Nur ganz wenig kann er darin finden (Der Spiegel des Glaubens, 121).

Nach Thomas Merton gilt noch immer: »In der Wüste des Alleinseins und der Leere wird es deutlich, daß die Angst vor dem Tod und das Bedürfnis nach Selbstbestätigung illusorische Dinge sind.« Jeder ist Wüste: arm, einsam und bedürftig[2]. In dieser Wüste ist Christus zu finden.

Der Weg

Der Ruf *Bereitet den Weg des Herrn* aus Jesaja 40,3 wurde zur Zeit des Neuen Testaments vielfach gehört. Nach einem der Texte aus Qumran hat eine ganze Gruppe sich in diesem Sinne als »Stimme des Rufers in der Wüste« verstanden. In Mar-

2. Th. Merton: Rain and the Rhinoceros. Zit. nach: ders., Zeiten der Stille, Hg. B. Schellenberger, Freiburg 1992, 18.

kus 1,3 gilt es von Johannes dem Täufer, dem Prediger in der Wüste. So überrascht es nicht, daß »der Weg« die älteste Selbstbezeichnung der christlichen Gemeinde wurde.

Der Weg, der zum Heil führt

Hier ist zu fragen: Wo ist »Weg« das Bild für den »inneren« Weg des Menschen? In Matthäus 21,32 kann man übersetzen: *Johannes der Täufer hat euch den rechten Weg, wie Gott ihn will, gezeigt...* Auch in den übrigen Wendungen, beim »Weg des Friedens«, »des Lebens«, »Gottes«, »des Heils« oder auch umgekehrt »des Verderbens« steht immer ein entferntes Ziel vor Augen, das aus der Perspektive des Sprechers in der Regel jeweils noch nicht erreicht ist. Die aktive Aneignung des Weges heißt: ihn beschreiten, »auf ihm wandeln«. In der späteren Mystik spricht man von unterschiedlichen Stufen der Vollkommenheit – ein sehr leicht mißverständliches Bild für eine einfache und selbstverständliche Sache.

Denn beim Christsein gibt es nicht einfach Ja oder Nein und ein Entweder/Oder, sondern das Christsein ist immer ein Weg. In den Briefen des Apostels Paulus heißt das »nachahmen«, in den Evangelien und in der Offenbarung des Johannes »nachfolgen«, und diese Schriften sind eingebettet in eine Bibel, die sich eben nicht auf »wahre Lehre« beschränkt, sondern in der es immer um Geschichten geht, vom ersten bis zum letzten Buch. Es sind Geschichten von Rettung und Erlösung, auch von der Menschwerdung Gottes. Alles beansprucht Zeiträume. Nur das Ende ist wie der Blitz, aber das macht gerade den Unterschied aus zu allem, was vorher war.

Auf diesem Weg bedarf der Mensch der Führung; deshalb taugen blinde Blindenführer nicht. Deshalb gehört Psalm 23 zum Grundbestand der Gebete der Juden und Christen. In der Alten Kirche nannte man die Einführung in die Geheimnisse des Glaubens »Mystagogie«, und es war klar, daß solche Führung lange Zeit brauchte. Auf diesem Weg ging es darum zu zeigen, »daß Gott wesentlich der Unbegreifliche ist; daß seine

Unbegreiflichkeit wächst und nicht abnimmt, je richtiger Gott verstanden wird, je näher uns seine … Liebe kommt; … daß er nur unser ›Glück‹ wird, wenn er bedingungslos angebetet wird« (K. Rahner). An die Stelle der »Stufen der Erkenntnis« oder der »Stufen der Vollkommenheit« treten daher unterschiedliche Stadien der Annäherung. Aber die Sache ist geblieben. Auch das paulinische Bild der Früchte, zum Beispiel das der Früchte des Heiligen Geistes nach Galater 5,22, setzt – wie bei jeder Frucht – langsames Wachstum voraus.

Kirchenjahr und Stundengebet sind auf den Rhythmus des Lebens bezogen. Darin und durch ihn hindurch wird man ein Leben lang Christ. Weil das Werden das Entscheidende ist, spricht Paulus wiederholt von den Phasen (Stationen, Stufen) des Christwerdens. So etwa in 1. Korinther 3,1–3: *Liebe Brüder und Schwestern! Leider konnte ich zu euch nicht wie zu Menschen reden, die Gottes Geist geschenkt bekamen. Ihr wart leider noch immer schwache, anfällige, sehr gewöhnliche Menschen, als Christen eher Säuglinge und noch nicht aus den Kinderschuhen heraus. (2) So konnte ich euch erst einmal nur Milch geben, noch keine feste Speise, denn die konntet ihr noch nicht vertragen, könnt es auch jetzt noch nicht. (3) Denn noch seid ihr allzu gewöhnliche Menschen.* – Ähnlich ist 1. Thessalonicher 2,7 (die Amme nährt noch die Kinder). Für Paulus ist das Christwerden demnach ein längerer Prozeß mit verschiedenen Stadien.

Auffällig ähnlich ist Hebräer 5,12–14 formuliert: *Ihr müßtet inzwischen längst selbst Lehrer geworden sein… doch ihr habt anscheinend wieder Milch nötig, weil ihr noch keine feste Nahrung vertragt. (13) Wie ein Säugling könnt ihr die harten Brocken der »Lehre der Gerechtigkeit« noch nicht verdauen. (14) Sie ist etwas für Fortgeschrittene, die aufgrund ihres durch Erfahrung geschulten Unterscheidungsvermögens bereits Gut und Böse beurteilen können.* Die Gemeinde ist noch nicht so weit, daher muß der Verfasser die Lehre von der Gerechtigkeit (durch Jesus, den Hohenpriester erlangt), die er dann doch im folgenden bringt, vorsichtig dosieren.

Diese Ausführungen sind auch als Kritik am üblichen Verständnis von »Spiritualität« zu verstehen. Denn hier wird das Problem des geistlichen Lebens nicht auf »Erlebnisse« abgeschoben. Vielmehr geht es wie im Taufunterricht (Katechumenat) und Anfängerkurs (Noviziat) um eine Phase des (Er-)Lernens und des überprüfbaren Weiterkommens. Überzeugtwerden und sich Überzeugungen bilden ist ein Prozeß, der nicht einfach irrational ist.

Hier liegt ein hauptsächlicher Punkt der Kritik an der gegenwärtigen Auffassung von Toleranz. Es wird immer vorausgesetzt, der jeweilige Gesprächspartner sei »fertig« und »voll erwachsen«. Die Entstehung seiner Überzeugungen ist ebenso tabu wie deren Veränderung. Beides wird in den Bereich des Irrationalen abgedrängt und mit »Privatsphäre« identifiziert. Das betrifft bereits die Schulbildung: Ein stufenweises Erlernen besitzt deutlich Vorzüge gegenüber dem Verteidigen fertiger Positionen. Hier liegt auch die Wahrheit der monastischen »Stufen der Vollkommenheit«. Verdorben wurde der Ausdruck durch ein mechanisches Mißverständnis.

Der Mensch unterwegs

Für das biblische Bild des Weges ist der moderne Mensch sehr aufnahmefähig, verbringt er doch einen Großteil eines jeden Tages »unterwegs«.
Das Bild des Weges bedeutet heute insbesondere eine Absage an jeden Perfektionismus im Glauben, bedeutet aufmerksam darauf zu werden, daß wir einen Weg voll Ungewißheit und Wagnis gehen (P. Wust).
Zur Ungewißheit tritt die Unruhe hinzu, die den ganzen Weg des Menschen kennzeichnet. Für die biblische Gleichsetzung von Ruhe und Heimat, auch im Sinne der ewigen Heimat bei Gott als Ende des irdischen Weges, kann man wieder Verständnis aufbringen. Die alte (besonders in Irland gepflegte) Gattung des Reisesegens lebt daher intensiv wieder auf:
»Christus sei mit mir, vor mir, in mir, unter mir, über mir.«
»Möge ich die Straße finden, die zum Tor deiner Herrlichkeit führt.«

»Möge Gott auf dem Weg, den du gehst, vor dir hereilen.«
»Leicht ruhe die Erde auf dir am Ende des Lebens,
daß du sie schnell abschütteln kannst,
und auf und davon auf deinem Weg zu Gott…«
»Möge die Straße dir entgegeneilen.
Möge der Wind immer in deinem Rücken sein.
Möge die Sonne warm auf dein Gesicht scheinen
und der Regen sanft auf deine Felder fallen.
Und bis wir uns wiedersehen,
halte Gott dich im Frieden seiner Hand.«

Ist der Weg das Ziel?

Andererseits ist man heute oft der Meinung, der Weg sei schon das Ziel. Das Suchen ersetze mithin jede Klärung der Zielvorstellungen.

Ich halte eine solche Meinung für seelsorgerlich unverantwortlich. Denn einmal ist es sehr notwendig, daß man (gerade auch unter Christen) über die Zielvorstellungen spricht. Ist denn etwa eine rundum leidfreie Existenz überhaupt wünschenswert? Sind die Himmelsvorstellungen nicht allzusehr klerikal bestimmt? Soll der Mensch auf immer längeres Leben hin ausgerichtet werden? Soll er gezüchtet werden? Ist es das Ziel, daß die Menschenrechte umfassend realisiert werden? Ist das subjektive Gewissen die letzte normative Instanz für Zielvorstellungen? Und es ist überhaupt zu fragen: Suchen wir uns das Ziel aus? Oder sind wir nur auf der Suche? Wie viele Menschen gibt es noch, die sagen können: »Ich bin mit 66 dem Anfang des wahren Lebens tatsächlich näher gekommen« (Hermann Kiefer)? Entgegen der üblichen Auffassung, der Weg sei das Ziel, sollte man deutlich hervorheben, daß der ganze Weg nur um des Zieles willen unternommen wird. So ist es sehr notwendig, über die Richtung nachzudenken. Deshalb ist regelmäßig im Neuen Testament der Ausdruck »Weg« mit einem näher bestimmenden Substantiv erläutert, das zeigt, wohin der Weg jeweils führt (Friede, Heil, Gerechtigkeit, Gott).

Das Bild des Weges schließt dabei ein, daß man sich unterwegs verändert und Sehnsucht nach dem Ziel hat. Wenn das Ziel die Hauptsache ist, werden auch Hunger und Durst unterwegs weniger wichtig. Das Wort Jesu *Ich bin der Weg* (Johannes 14,6) lehrt, daß der rechte Weg eine Gabe ist.

Weg und Kreuzweg

Je älter die Menschen werden, um so intensiver nehmen sie auch die Leiden wahr, die das menschliche Leben besonders zwischen 65 und 95 bestimmen können. Das alte Bild des Kreuzwegs wird wiederentdeckt. Die vierzehn Stationen des Leidensweges Jesu (vom Judasverrat bis zur Grablegung) – im Barock häufig unter Einbeziehung der Landschaft ausgestaltet – bilden den Weg Jesu und jedes einzelnen Lebens ab. Oft führt der Weg mühsam einen steilen Berg hinauf. Die Leiden werden physisch nachvollzogen, damit aber auch die Katharsis (Reinigung). Und das heißt: In der Aneignung fremden Leidens wird auch das eigene geklärt, überwunden und eingeordnet. Jedes einzelne Leben ist so ein Weg. Wenn man den Weg des Leidens nicht zuerst und damit nicht allein gehen muß, dann wird Leiden durch Leiden besiegt. Weil das Ziel dieses Weges das Kreuz ist, steht am Ende Vergebung. Das Kreuz wird zum Tor in den Himmel.

Dieser Grundsatz der Heilung von Gleichem durch Gleiches gilt (nicht nur in der späteren Homöopathie, sondern auch) bei Bernhard von Clairvaux: Die Wunden des Gewissens werden geheilt durch das Bedenken (Meditieren) der Wunden Christi.

Führen auf dem Weg zum Licht

Das in diesem Buch wichtige Bild des Lichts verbindet sich mit dem Bild des Wegs und des Weggeleites in einem Gebet von John Henry Newman (Übers. I. F. Görres), das den vor

einigen Jahren verstorbenen Neutestamentler Josef Blank täglich begleitete:

»Führ, liebes Licht, im Ring der Dunkelheit, führ du mich
an!
Die Nacht ist tief, noch ist die Heimat weit, führ du mich an!
Behüte du den Fuß! Der fernen Bilder Zug begehr ich nicht zu
sehn:
Ein Schritt ist mir genug.

Ich war nicht immer so, hab nicht gewußt zu bitten: du führ
an!
Den Weg zu schaun, zu wählen war mir Lust. Doch nun: Führ
du mich an!
Den grellen Tag hab ich geliebt, und manches Jahr regierte
Stolz mein Herz, trotz Furcht.
Vergiß, was war.

So lang gesegnet hat mich deine Macht. Gewiß führst du mich
weiter an.
Durch Moor und Sumpf, durch Fels und Sturzbach, bis die
Nacht verrann
und morgendlich der Engel Lächeln glänzt am Tor,
die ich seit je geliebt und unterweils verlor.«

Das Passahgeschehen als Weg

An zwei Stellen erinnert sich die Liturgie der Kirche an den
Auszug aus Ägypten: in der Osternacht und beim Sterben des
einzelnen Christen.
In der Liturgie der Osternacht wird die Osterkerze mit der
Wolkensäule verglichen, die den Israeliten auf dem Weg von
Ägypten durch das Rote Meer bis nach Palästina voranging.
Diese Wolkensäule oder Osterkerze ist ein Bild für Christus,
der auf dem Weg zum Heil voranging. Kerze, Wolkensäule
und Christus gehen daher typologisch »ineins«:

»Dies ist also die Nacht, da jene Feuersäule besiegte das Dunkel der Sünde. Dies ist die Nacht, die scheidet heute alle auf Erden, die glauben an Christus, von den Lastern der Welt und den Finsternissen der Sünde, führt sie der Gnade zurück und gibt ihnen teil mit den Heiligen. Dies ist die Nacht, da Christus zerbrach die Bande des Todes...« (aus dem *Exsultet,* dem Lobgesang auf die Osterkerze, in der lateinischen Liturgie).

Ganz anders wird der Tod des Christen mit dem Auszug aus Ägypten verglichen. Die Doppeldeutigkeit des Wortes *exitus* macht sich die Liturgie zunutze: Das Wort heißt Auszug und Tod. Der Sterbepsalm Psalm 114 beginnt entsprechend mit den Worten: *Beim Auszug Israels aus Ägypten...* Damit wird der ganze Sterbevorgang zum Weg aus Ägypten in das Gelobte Land. Sterben wird eine Wanderung von der Erde (Ägypten) bis zur Ruhe oder Heimat, die noch bereit steht.

Wo das Sterben als Weg aufgefaßt wird, bedarf es eines besonderen Reisesegens, so in der koptischen Totenliturgie (Bekker/Ühlein II, 850):

»Du wollest vor ihm hersenden einen Engel der Gerechtigkeit, einen Engel des Friedens,
daß sie ihn zu dir geleiten ohne Furcht.
Möge sich das Wüten des Drachens als eitel erweisen,
mögen die Rachen der Löwen verschlossen sein.
Mögen die bösen Geister zerstreut werden.
Möge die Gehenna des Feuers gelöscht werden.
Möge der nimmermüde Wurm zur Ruhe kommen.
Möge der Tote sich dem Chor der Himmel zugesellen
im Schoß Abrahams, Isaaks und Jakobs in deinem Königreich.«

Das Prinzip des kurzen Wegs

Und in der Mystik: »Du mußt nicht über die Meere reisen, mußt keine Wolken durchstoßen und mußt nicht die Alpen überqueren. Der Weg, der dir gezeigt wurde, ist nicht weit. Du mußt deinem Gott nur bis zu dir selbst entgegengehen« (Bernhard von Clairvaux, Adventspredigt 1,10).

Bernhard nimmt das alttestamentliche Bild auf: Du mußt nicht weit reisen, das Gute und Notwendige liegt ganz nahe (5. Mose 30,12–14). Im Alten Testament ist es das Gesetz, bei Paulus wird daraus das Bekenntnis zu Jesus mit Herz und Mund (Römer 10,6–9). Schon im Thomas-Evangelium (Logion 3) wird daraus die Selbsterkenntnis:

(1) Jesus sagt: »Da gibt es Leute, die euch anleiten möchten. Wenn sie sagen: ›Gottes Herrschaft ist im Himmel‹, hört nicht hin, denn da sind die Vögel des Himmels früher als ihr. (2) Wenn sie zu euch sagen: ›Gottes Herrschaft ist im Meer‹, hört nicht hin, denn da sind euch die Fische des Meeres voraus. (3) Gottes Herrschaft ist vielmehr [überall in dieser Welt,] innerhalb und außerhalb von euch. (4) Wenn ihr euch selbst erkennt, wird Gott euch erkennen und erwählen. Dann werdet ihr begreifen, daß ihr Kinder des lebendigen Vaters seid. (5) Wenn ihr euch aber nicht selbst erkennt, lebt ihr weiter in Armut und seid geradezu die Armut selbst.«

Bernhard kennt diesen Gedanken. Aber er isoliert ihn nicht und formuliert in äußerster Kühnheit: Du sollst Gott entgegengehen, und zwar bis zu dir selbst. Denn der Selbsterkenntnis entspricht die Gotteserkenntnis. Denn Gott hat an mir schon gehandelt. – Ganz in diesem Sinne heißt es bei Guerric von Igny: »Bei jedem Fortschritt kommt uns der Herr, für dessen Ankunft der Weg bereitet ist, je neu und immer größer entgegen« (5. Adventspredigt).

Das Licht

Das Bild des Lichtes ist für die Religion der Bibel von größter Bedeutung. Das ist wohl in der engen Beziehung von Licht und Leben begründet. Dieser Zusammenhang ist offenkundig: Im Finstern kann – trotz einiger Ausnahmen – nichts wirklich gedeihen. Weil der Gott der Bibel der Gott des Lebens ist, liegt auch die Bildwirklichkeit des Lichtes nahe. In den altchristlichen Katakomben fand man die Worte FOS (Licht) und

ZOE (Leben) in Kreuzform zueinander gestellt. So entstand
ein Geheimzeichen für Jesus:

F
Z O E
S

Was Licht bedeuten kann

Licht dringt ohne Gewalt ein, es kann daher in besonderer
Weise für Gottes Art, in der Welt zu wirken, stehen. Immer
wieder wird es daher als Lichtvision geschildert, wenn Gott
in die Welt »einbricht«. Solche Visionen ereignen sich vom
Himmel her, weil von dorther das Licht kommt. Daher kann
Gott immer wieder mit der Sonne verglichen werden. So erwartet man – analog zur ägyptischen Auffassung vom König
– Gott als »Sonne der Gerechtigkeit« (Maleachi). Gottes Herrlichkeit wird als Lichtglanz gedacht.
Entsprechend wirkt Gott Veränderungen als Verklärungen
durch Licht. So leuchtete das Angesicht des Mose »wie die
Sonne«, und auch die von Gott verklärten Gerechten werden
am Ende genau so leuchten. Ähnlich ist es, wenn das Angesicht des Stephanus leuchtet wie das eines Engels (Apostelgeschichte 6,15). Dabei kann das Leuchten des Angesichts (der
Augen) auch für eine geänderte Leiblichkeit überhaupt stehen. Denn wer so grundsätzlich ein anderer geworden ist, kann
auch auf dem Meer gehen – nicht erst nach der Auferstehung
– und durch verschlossene Türen kommen.
Wie das Licht schnell durchdringt und gewaltlos erhellt, wie
es Klarheit gibt und Leben begünstigt, gerade so wirkt auch
der Gott der Bibel.
Fast alle Bereiche, mit denen sich religiöse Aussagen befas-
sen, können durch das Bild des Lichtes erfaßt werden:
– Weil Licht bedeutet, daß man etwas erkennen und wahrnehmen kann, steht das Bild des Lichtes dafür, daß man das
Evangelium wahrnehmen und verstehen kann (»kognitive Elemente«).

– Es geht auch um das Licht, das man zur Selbsterkenntnis braucht.

– Wer ohne Gott lebt, ist in der Finsternis, wer an ihn glauben kann, im Licht.

– Gut und Böse werden wie Licht und Finsternis einander gegenübergestellt.

– Wie das Licht keine Grenzen kennt, wird auch der Prophet oder das Volk Gottes nach dem zweiten Jesaja als »Licht für die Völker« bezeichnet (Jesaja 42,6; 49,6). Das Neue Testament übernimmt diese Aussage für Jesus und seine Boten. Und wenn heidnische Magier kommen und Jesus anbeten, ist den Heidenvölkern ein Licht aufgegangen.

Wegen der liturgischen Bedeutung des Lobgesangs des Simeon »Nun entläßt du, Herr, deinen Sklaven in Frieden…« in Lukas 2 bekommt hier die Aussage über das Licht für die Völker besondere Bedeutung in der Liturgie. Nach Guerric von Igny wird Simeon selbst zum Lichtträger (weil er Jesus auf den Armen trug; die Mönche tragen Licht): »Du trugst ihn nicht nur in Händen, auch in Sinnen… Die Finsternis der Welt ist vertrieben. Völker wandeln in deinem Licht, und die ganze Erde wird erfüllt von deiner Herrlichkeit« (1. Ansprache zu Lichtmeß).

– Wenn Jesus den Menschen das Evangelium bringt, dann bedeutet das Licht.

– Wenn Gott in Jesus Mensch wird, erscheint das Licht in der Finsternis.

– Wenn Gottes Herrschaft am Ende offenbar wird, so ist das Licht des letzten Tages aufgegangen.

– Auch das Gericht ist abhängig vom Licht, das dann scheint und alles erhellt. Eben deshalb ist vom »Tag« des Gerichts die Rede.

– Die biblischen Aufforderungen zu »wachen und zu beten« haben ihren Ursprung wohl in der biblischen Sitte, schon früh am Morgen in den Tempel zu gehen, um zu beten – vermutlich aus der Überzeugung, daß auch Gott dann noch frische Kräfte habe.

– Die Wachsamkeitsmahnungen werden dann vom morgendlichen Besuch im Tempel zu Beginn des Tages übertragen auf das Erwarten des Tages des Herrn.

– Die theologische Metaphorik kann an die Blindenheilungen anknüpfen und sie in realsymbolischem Sinne als realen Teil des Ganzen betrachten.

– Licht ist ein Bild für die Lebensflamme. Daher wird ewiges Leben als nicht erlöschendes Licht bildlich aufgefaßt. – Licht hat mit Leben viel gemeinsam: daß eine Flamme bedroht ist, daß sie endlich ist, daß sie – denkt man an Öllämpchen – still und »gewaltlos« sein kann.

– An die dunkleren Jahreszeiten kann man mit der Botschaft von der Erwartung des Lichts anknüpfen.

– Eine untrennbare Verbindung besteht zwischen den Tageszeiten der Gottesdienste (Nacht; Morgen, Abend) und der jeweils verwendeten Lichtsymbolik. Verschärft gilt das für das tägliche Stundengebet.

– Ebenso besteht eine enge Wechselbeziehung zwischen der jeweiligen liturgischen Beleuchtung (Kerzen, Ampeln; Fenster) und der theologischen Bildersprache der Texte. Texte und Lichtzeichen werden hier oft wirklich eins.

Das neue Licht

Für die ersten Christen steht das Bild des »Lichts« immer für das Neue, das jetzt mit dem Ende der Zeit anbricht. Denn der jüdische Tag beginnt am Abend des (bei uns so genannten) »Vortages«. So wird jeden Tag das Licht aus der Nacht geboren. So wird das Licht jedes neuen Tages zum Bild für das neue Licht, das Gott mit dem Evangelium in die Welt geschickt hat.

Typisch für den urchristlichen Doppelgebrauch der Metapher »Licht« ist der Gedankengang in 1. Thessalonicher 5,1–8. Paulus setzt Finsternis und Nacht gleich und assoziiert dazu »schlafen« und »betrunken sein« sowie »Dieb«. Andererseits verbindet er den Tag des Herrn mit jedem »Tag«, mit »Licht« und verknüpft damit »aufgeweckt (wachend) sein« und »nüchtern sein«. So gelingt ihm folgender Gedankengang: Die Christen sind »Kinder des Lichts« und scheuen Finsternis und Trunkenheit. Sie »wachen« und verfallen damit nicht der allgemeinen Gleichgültigkeit. So sind sie moralisch qualifiziert und gehören als Kinder des (Tages-)Lichts auch zum Licht des Tages des Herrn, des Gerichtstags, der ihnen nichts Nachteiliges antun wird. – Freilich relativiert Paulus den ungeheuren ethischen Anspruch seiner Licht-Metaphorik, indem er in 1. Thessalonicher 5,9–10 sagt: *Gott will…, daß wir durch unseren Herrn Jesus Christus gerettet werden, der an unserer Stelle gestorben ist. Wenn wir gerettet werden, heißt das, daß wir mit dem Herrn zusammen leben, und dann ist es ganz gleich, ob wir wachen oder schlafen…*

Das Gegensatzpaar Licht – Finsternis ist zunächst moralisch im Sinne von Gut – Böse zu begreifen, dann steht es aber auch für Heil – Unheil. Schon jede Bekehrung zum Judentum (also vorchristlich) wird als Übergang von der Finsternis zum Licht verstanden, und das ist ein vor-moralischer Vorgang.

»Licht« in den eucharistischen Hochgebeten

In den sogenannten Präfationen zu Beginn des Hauptteils der Abendmahlsliturgie ist oft eindrucksvoll vom Licht die Rede: »Du hast uns aus der Herrschaft der Finsternis hinübergeführt in das Licht, in das Reich deines lieben Sohnes. Den Menschen gerechten Herzens ist durch ihn das Licht in der Finsternis aufgegangen und Freude über das ewige Heil. Christus ist das Licht und Heil der ganzen Welt. Du selbst erfülle uns mit dem Licht deiner Klarheit und vertreibe von uns alle Schatten der Untreue. Von den Strahlen des wahren Lichtes durchdrungen laß uns am Tage des gerechten Gerichts froh mit den Engelschören in die Sonne blicken, die nicht untergeht…« (Corpus Praef. Nr. 423).
»Du bist der wunderbare Glanz aller Heiligen. Du erleuchtest jeden Menschen, der in diese Welt kommt. Erleuchte, wir bitten dich, unser Gewissen und unser Herz. Verbanne den Schatten alles dessen, was gegen uns ist, auf daß wir zu Christus

gelangen, dem wahren Licht, und jubeln in seinem Lob« (Corpus Praef. Nr. 936).

»Durch dich ist das wahre Licht erstrahlt, da du für die Kranken die Blindheit der Welt beseitigt hast. Denn unter den vielen Wundern, die du in deiner Kraft wirktest, hast du auch den Blindgeborenen sehend gemacht. Darin kam für alle Menschen ein Stück Zukunft zum Ausdruck. Denn noch ist es durch unrechte Finsternis bedeckt. Denn jener Teich Siloah, zu dem du den Blinden geschickt hast, bezeichnet nichts anderes als den heiligen Quell der Taufe. Dort werden nicht nur die körperlichen Augen gereinigt, sondern der ganze Mensch« (Corpus Praef. Nr. 627).

»Er ist Mensch geworden und geboren. Das feiern wir heute. Durch die jährliche Feier bezeugen wir, daß das Licht für die Völker geboren ist…« (Weihnachten).

»Mit dem Geheimnis der Menschwerdung des Wortes erfüllt das neue Licht deiner Herrlichkeit die Augen unseres Herzens. Indem wir Gott so sichtbar erkennen, wird unser Herz in Liebe zu seiner unsichtbaren Wirklichkeit entflammt« (Weihnachten).

»Dein Eingeborener ist als sterblicher Mensch erschienen, wie wir es sind. Dadurch hat er uns mit dem neuen Licht seines ewigen Lebens wiederhergestellt« (Epiphanias).

Das bedeutet: Licht ist die Art, in der Gott in der Welt tätig wird. Die Licht-Epiphanien der Bibel sind nur ein kleiner Ausschnitt aus der umfassenden Weise der Präsenz Gottes unter den Menschen. Von diesem Ansatz her läßt sich auch Offenbarung 21,23 verstehen: *Die Stadt kann auch auf das Leuchten der Sonne und auf den Schein des Mondes verzichten, denn Gottes Herrlichkeit erfüllt sie mit ihrem Glanz, und das Lamm schenkt ihr Licht.*

Die Gabe des Lichtes an die Welt bedeutet aber vor allem: Gott will sie an seiner Herrlichkeit teilnehmen lassen. Deshalb kleidet cr sie aus mit der eigenen strahlenden Herrlichkeit. Diese Herrlichkeit besteht immer darin, daß Grenzen aufgehoben werden. Denn »Licht der Völker« bedeutet Befreiung von den trennenden Grenzen. »Licht des ewigen Lebens« besteht darin, daß die Todesgrenze nicht mehr trennt. Das sichtbare Erkennen Gottes zu Weihnachten bedeutet Aufhebung der trennenden Grenze zwischen Gott und Mensch. Die Rede von Gottes Licht und Herrlichkeit erfüllt somit einen wichtigen Teil dessen, was im Neuen Testament, besonders bei Paulus, der Heilige Geist wahrnimmt. Die Vorzüge dabei sind: Diese Licht-Symbolik ist glücklicherweise befreit von der Diskussion über die Personhaftigkeit des Heiligen Geistes, und sie ist sinnlich anschaubar.

Wär nicht das Auge sonnenhaft

Der bekannte Satz des Neuplatonikers Plotin († 270) »Wär nicht das Auge sonnenhaft, die Sonne könnt es nie erblicken« (Fassung bei J. W. von Goethe) ist, christlich verstanden, ein wichtiger und oft wiederkehrender Satz in den Predigten der frühen Zisterzienser. Er hat die Bedeutung: Nur ein Mensch, dem Gott zuvor sein Licht und seine Gnade geschenkt hat, kann Gott wahrnehmen.

Nach Bernhard von Clairvaux gilt: »Nicht einmal das (was du täglich siehst) könntest du irgendwie sehen, wenn das Auge nicht selbst in seiner angeborenen Helligkeit und Durchsichtigkeit dem Himmelslicht (der Sonne) ähnlich wäre… Wäre das Auge vollends rein wie die Sonne, dann würde es fürwahr ganz unbeschadet seiner Sehkraft die Sonne schauen… Ebenso kann der Erleuchtete jene Sonne der Gerechtigkeit, die jeden Menschen, der in diese Welt kommt, erleuchtet, schon in dieser Welt schauen, wie sie leuchtet, da er ihr in gewisser Hinsicht ähnlich ist. Doch wie sie ist, kann er auf keinen Fall sehen, da er ihr noch nicht vollkommen ähnlich ist. Deshalb heißt es: ›Tretet zu ihm hin, so werdet ihr erleuchtet, und euer Antlitz wird nicht beschämt werden‹ (Psalm 33,6). So wird es allerdings sein; doch erst, wenn wir genügend erleuchtet sind, um die Herrlichkeit des Herrn mit entschleiertem Angesicht schauen zu können und in das gleiche Bild umgestaltet zu werden, ›von Klarheit zu Klarheit wie vom Geist des Herrn‹ (2. Korinther 3,18)« (57. Predigt über das Hohelied). – Daher fordert Bernhard auf: »Reinige das Auge, damit du das reinste Licht schauen kannst…« (4. Predigt zur Christvesper). Weil das Auge nur sieht, wenn es rein ist, gilt: »Gott kann man nur erfassen, wenn man nach dem Heiligen Geist lebt. Denn Gott ist Heiliger Geist« (Predigten zum Hohenlied 35,1).

Das bedeutet: Spiritualität hat etwas mit dem elementaren Grundsatz zu tun, daß man religiöse Wahrheit nur wirklich begreifen (und auch: weitergeben und vermitteln) kann, wenn man sie lebt. Gemeint ist hier nicht wissenschaftliche Theologie im Sinne einer modernen Geisteswissenschaft, wie sie an den Universitäten gelehrt wird. Gemeint ist Wahrheit im biblischen Sinne des Wortes, die man nur ganzheitlich bezeugen kann. Wer beides verwechselt, wird keines von beiden »darstellen« können.

Spiegel des Lichtes

Seitdem Paulus 1. Korinther 13,12 formulierte: *Alles was wir jetzt sehen, sehen wir nur undeutlich und wie durch einen Spiegel verzerrt, dereinst aber werden wir es unmittelbar sehen. Jetzt ist meine Theologie nur Stückwerk, dereinst aber wird alles klar und deutlich werden, so wie Gott mich klar und deutlich erkannt hat,* ist die bildhafte Rede vom Licht verbunden mit der vom Spiegel. So gilt nach Mechthild von Magdeburg († 1282 oder 1294): »Du bist meine Sonne, und ich bin dein Spiegel« (Fließendes Licht der Gottheit I, 6).

Licht und Feuer

Vom Feuer, das Licht ist und den Menschen erleuchtet, spricht Bernhard von Clairvaux in der 57. Predigt zum Hohenlied (alle Elemente der typischen Licht-Theologie sind kursiv gesetzt): »… das *Feuer erglühte* in mir, und *Feuersglut* entbrannte durch mein Sinnen (Psalm 38,4). – Wenn nun dieses *Feuer* allen

Sündenmakel, allen Rost der Fehler verzehrt hat; wenn dann das Gewissen gereinigt und beruhigt und der Geist mit einem Male ungewöhnlich weit geworden ist und *Licht einströmt* und den Verstand *erleuchtet*, sei es zum Verständnis der Schriften oder zur Kenntnis der Geheimnisse – das eine, glaube ich, zur eigenen *Freude*, das andere zur Erbauung des Nächsten –; dann ruht ohne Zweifel das Auge des Bräutigams auf dir. Er führt deine Gerechtigkeit wie den *Tag* herauf und deine Rechtschaffenheit wie die *Mittagssonne*. So heißt es beim Propheten: Wie eine *Sonne* geht dein *Licht* auf (Jesaja 58,10) Aber freilich nicht durch offene Türen fällt dieser *Lichtstrahl* ein, sondern nur durch schmale Öffnungen… Denn jetzt sehen wir wie in einem *Spiegel*… (1. Korinther 13,12).«

Das »verzehrende Feuer«, das Gott ist, verzehrt nach Bernhard nur die Fehler (57. Predigt zum Hohenlied).

Und nach seiner Schrift »Über die Gottesliebe« wird »im Feuer erhitztes glühendes Eisen dem Feuer ganz ähnlich. Luft, durchdrungen vom Licht der Sonne, wird zur selben Klarheit des Lichtes umgestaltet. So ist es auch, wenn man sich in Gottes Willen hinein umgestalten läßt«, und so wird Gott alles in allem sein können.

Licht und Sehnsucht

Ein gutes Beispiel zisterziensischer Licht-Theologie finde ich bei Guerric von Igny:

»Wie Maria Magdalena, wenn du ihn mit ähnlichem Verlangen suchst, sprich also: Meine Seele sehnt sich nach dir in der Nacht, und auch mein Geist in meinem Innern. Vom frühen Morgen an halte ich Ausschau nach dir (Jesaja 26,9). Gott, du mein Gott, vom ersten Tageslicht halte ich Ausschau nach dir, es dürstet nach dir meine Seele (Psalm 62,2)… Der Morgen des Tages ohne Untergang hat schon Strahlen auf uns gesandt. Der Morgen hat schon die neue Sonne willkommen geheißen… Wachet, damit euch das Morgenrot aufgehe, das ist Christus. Dann wird dir der Herr einen Strahl von dem Licht schenken, das er in seinen Händen verborgen hält« (Ansprachen II 146).

Nach Wilhelm von St. Thierry gibt es für die »Söhne des Lichts« eine tiefe Tröstung »im plötzlichen Aufblitzen einer erleuchteten Gnade, wenn die erleuchteten Augen des Herzens den sehen, der sich offenbart, den spüren, der verheißt, etwas schauen, welche Erbauung und reichliche Erlösung bei ihm liegt… Denn so wird für den Glaubenden ein neues Antlitz des Glaubens in der Kenntnis Gottes aufzuleuchten beginnen, eine Kenntnis, die sich in diesem Leben erst verspricht, sich aber im künftigen voll schenken wird« (Spiegel des Glaubens § 67).

Auferstehung und Kontemplation

Bei Guerric von Igny (Ansprachen II 149) findet sich ein bemerkenswerter Abschnitt über das Verhältnis von Auferstehung und Kontemplation:

»Auferstehen und wiederaufleben soll also unser aller Geist, sei es zur Wachsamkeit im Gebet, sei es zur Beständigkeit in der Arbeit, so daß durch einen gewissermaßen erneuerten, lebendigen Eifer sich jeder selbst von neuem beweisen kann, daß er Anteil erhalten hat an der Auferstehung Christi. … Seine vollkommene Auferstehung – solange er in diesem sterblichen Leibe weilt – ist das Öffnen der Augen für die Kontemplation. Der Verstand wird diese jedoch nicht gewinnen, bevor nicht durch viel Seufzen und gewaltiges Verlangen das Liebesvermögen weit geöffnet wurde, damit es fähig sei, solch große Majestät in sich aufzunehmen« (3. Predigt zum Osterfest).

Dieses Verständnis von Auferstehung findet sich ganz ähnlich im 2. Jahrhundert n. Chr. in dem »Brief an Rheginus«, einem Traktat, der sich mit der beginnenden Gnosis über die Auferstehung auseinandersetzt (Übers. Berger/Nord, 1043–1047). Auch in Guerrics 3. Predigt zum Fest Petri und Pauli kommt »der Tag« »täglich, wenn er (der Tag, nämlich Gott) mehr und mehr erscheint und durch die Wahrheit erleuchtet«.

In seinem Brief an Propst Thomas verbindet Bernhard auch Licht und Freude: »Daß Gott ... das Herz des Menschen mit seiner unglaublichen Güte und Macht hineinzieht in sein wunderbares *Licht*...müßte [der Mensch] nicht aufgrund der gnadenvollen Heimsuchung durch das göttliche *Licht*, durch das plötzliche Eingreifen der Rechten des Allerhöchsten zur wahren Erkenntnis kommen, daß er nicht mehr ein Kind des Zorns, sondern der Huld ist... Als schiede nun Gott das *Licht* von der Finsternis (1. Mose 1,4), da der Sünder beim Aufgehen der *Sonne der Gerechtigkeit* die Werke der *Finsternis* abwirft und die Waffen des *Lichts* anzieht ..., daß er aufatmet beim *Erstrahlen der Sonne* und anfängt, sich nun gegen alle Hoffnung der Hoffnung auf die Herrlichkeit der Kinder Gottes zu rühmen, die er jetzt aus nächster Nähe und unverhüllten Angesichts im *neuem Lichte* schaut, und *jubelnd* spricht er: ›Das *Licht* deines Angesichts, Herr, ist gezeichnet über uns; *Freude* hast du in unser Herz geschenkt.‹«

Säkularisiertes Licht in der Aufklärung

Die zisterziensische Licht-Metaphorik hat in der Aufklärung eine bedeutende und folgenreiche Säkularisierung erfahren müssen: Joachim von Fiore († 1202) spricht vom Zeitalter des Lichts und des Heiligen Geistes, das in Kürze eintreten und nicht von Papst und Bischöfen, sondern von einer intellektuellen und asketischen Elite getragen sein wird. G. E. Lessing hat in seiner Schrift »Über die Erziehung des Menschengeschlechts« diesen geschichtstheologischen Ansatz – unter ausdrücklicher Berufung auf Joachim – konsequent säkularisiert: An die Stelle von Gottes Theophanie setzte er das Licht der Aufklärung, an die Stelle des Heiligen Geistes das Bewußtsein und das aufgeklärte Denken, an die Stelle der Gebote setzt man seither die Werte, an die Stelle der christlichen Endzeithoffnung die Erwartung der allgemeinen Aufklärung. Schon das Wort »Aufklärung« ist eine Übersetzung von »Apokalypse«. Die Zeit der Aufklärung ist für Lessing das lichtvolle Ende des Dunkels. Hier wurde christliche Theologie der Geschichte säkularisiert, und mir liegt daran, an den Punkt kurz vor der Säkularisierung zurückzukehren. Denn nicht ganz ungestraft hat man bei diesen Neubestimmungen das Thema »Gott« durch das »Bewußtsein« ersetzt.

Konkretion

Vielleicht kennen Sie das auch: Im Weihnachtszimmer ist es nicht nur schön, wenn alle Lichter brennen, sondern auch und besonders dann, wenn nur noch sehr wenige Kerzen am Baum brennen oder vielleicht nur noch eine einzige, das Licht in der Krippe. Wir haben eine alte Krippe aus ungebranntem Ton, und wenn inmitten der Figuren nur noch eine Kerze brennt, werden die Schatten der Figuren aufgesogen von den dunklen Zweigen des Baumes oder an den Gardinen und an der Zimmerdecke sichtbar. Zumeist ist es dann ganz still an den Spätnachmittagen und Abenden in den heiligen dreizehn Nächten zwischen Weihnachten und Dreikönige. Eine Stille, die nicht ängstigt, und auch im Zimmer eine Dunkelheit, die eher beruhigt.

Weil das eine Licht da ist. Sonst haben wir Angst im Dunkeln, jetzt nicht. Sonst streben wir nach Klarheit und Licht, jetzt genügt das einzige Kerzlein.

Die Vielzahl der Lichter macht eher nervös, die Einzahl nicht. Daß Juden und Christen nur an den einen und einzigen Gott glauben, könnte und sollte daher eher beruhigen. Wir sind nicht in der Konkurrenz verschiedener Götter hin- und hergeworfen, sondern können ruhig auf den einen setzen. Und an unserem Bild vom Licht im Dunkeln wird auch sichtbar, daß dieser eine und einzige Gott nichts mit Intoleranz und Gewalt zu tun hat, sondern damit, daß die Herrschaft dieses Gottes nur eine einzige Art hat, sich wirklich zu verbreiten: wie sanftes Licht in der Finsternis.

Unsere Finsternis ist da, und unbezweifelbar ist hier ein Licht. Vielleicht ist es deshalb so beruhigend, weil alles so selbstverständlich beieinander ist: das Dunkel und das Licht. Weil das Licht sein Werk tut an der Finsternis, so daß es bis in den letzten Winkel des Raumes wirkt. Daß nichts sich ihm entzieht außer der Mauer.

Dabei fasziniert uns auch die Unverhältnismäßigkeit: so viel Dunkelheit und so wenig Licht. Es ist genau dieses Unverhältnismäßige, von dem wir immer leben, ein Abbild auch unserer Seele, dieses merkwürdigen, bodenlosen Geheimnisses an uns. Wie froh sind wir immer, wenn in der Wüste unserer Zweifel und Unzulänglichkeiten wenigstens das eine Licht da ist. Darin erkennen wir uns also ganz gut wieder. Wohl deshalb kann das Krippenlicht eindringen, geht unter die Haut, wie man sagt. In eines der Bücher meines Büchervorrats hat jemand als Motto hineingeschrieben: »Und alles, was sie rühmen, ich bin es nicht, ich bin nur wüstes Dunkel, du bist das Licht.«

Und deshalb ist die Gegenwart Christi beim Abendmahl so wichtig für unseren Glauben, weil in der diffusen Welt hier der ruhende Pol sicherer Gegenwart ist. »Einer muß wachen« hieß ein Buchtitel von Manfred Hausmann in den fünfziger Jahren. Ich möchte sagen: Einer wacht, einer ist bestimmt da. Und dies ist das Grundmuster der apokalyptischen Spiritualität bei Jesus und bei Paulus: So finster die Welt auch sein und werden mag, es ist ein Funken des Lichtes des Neuen Tages da. Nur ein Funken macht beides erträglich, die Finsternis, aber auch das Licht. Weil der Funken gefährdet ist wie wir selbst. Es ist an einem Punkt das über alle Maßen Tröstliche, und durch diesen Punkt wird alles im Gleichgewicht gehalten. Eine merkwürdige, staunenswerte Art von Gleichgewicht. So viel Dunkel und so wenig Licht. Und so ist es im besten aller Fälle.

Die Theologie, mit der wir jetzt hier angefangen haben, hat viel zu tun mit Weihnachten, mit Epiphanias, denn Epiphanie heißt Sichtbarwerden des Wunderbaren, mit der russischen Weise, Weihnachten zu feiern. Sie hat viel zu tun mit dem Johannesevangelium und dem Satz Jesu: Selig, die reinen Herzens sind, denn sie werden Gott schauen.

Gott schauen – das ist aus unseren Zielvorstellungen verschwunden, völlig zu Unrecht gilt es als »griechisches« Element und klingt daher unecht. Ach nein, was haben wir uns da wieder zurechtgelegt. Wir mit unserer abendländischen Theologie in Begrifflichkeiten und unserer Machermentalität. »Reines Herz« und »Gott schauen« paßt zu keinem von beiden.

Doch wenn wir das mit dem Krippenlicht wirklich ernst nehmen, dann bleibt uns gar nichts anderes übrig als ein reines Herz und Gott schauen.

Wenn wir auf das Licht in der Krippe schauen, dann ist das kein Bekenntnisakt, und es geschieht auch sozusagen gar nichts. Es ist, wie wenn sich jemand Zeit nimmt oder zum Beispiel in der Kirche sitzt, nur um »seine Seele in die Sonne« zu halten. Das einzige, was geschieht: Verändertwerden durch Zusehen. Paulus sagt das so: Wir Christen dürfen frei und offen die Herrlichkeit des Herrn sehen, die auf unserem Antlitz widerscheint. Und weil wir auf den Herrn selbst blicken, der uns den Geist schenkt, werden wir immer mehr in die Herrlichkeit des Herrn hineinverwandelt.

Das heißt doch nur dies: Ich lasse mich ohne Wenn und Aber von dieser Wirklichkeit erfüllen, daß du der einzige bist, das einzige Licht. Es geht um nichts als die Gegenwart des einzigen Lichts. Oft bewundern wir die Zugkraft des Islam, weil alles nicht so schwierig sei wie im Christentum, sondern einfach. Aber das Christentum wird auch einfach, wenn wir diese Gemeinsamkeit mit dem Islam, den einzigen Gott, über alles stellen.

Man kann dieses Verwandeltwerden auch als Architektur gestalten. Als Weg vom Dunkel zum Licht, einfach und streng, wie in der frühen Zisterziensergotik ein strenges Sehnen nach der Gnadensonne. In den Stundengebeten dieser Mönche kommt das Tag für Tag siebenmal zum Ausdruck: Herr, verwandle du uns in das Licht, das du uns geoffenbart hast. Das war und ist und wäre auch die geschwisterliche christliche Antwort auf den Islam. Etwa so:

Unsere Herzen, Herr, erleuchte der Glanz deiner Herrlichkeit. Laß uns in diesem Glanz durch die Finsternisse dieser Welt gehen können und zur ewigen Klarheit der himmlischen Heimat gelangen.

Seit den ersten Tagen meines Studiums besitze ich ein Buch mit den Hymnen Symeons des Theologen, übersetzt von einem durch die Nazis hingerichteten Theologen. Die erste Hymne ist wie ein Stoßseufzer vor dem Krippenlicht und beginnt: »Komm wahres Licht, komm ewiges Leben, komm verborgenes Mysterium, komm Unaussprechlichkeit, komm abendloses Leuchten, komm, der Toten Auferstehung, komm, immer bleibend, doch hinübergehend in die Stunden. Komm, Name hochersehnt und hochgefeiert; es auszusprechen, was du bist und wie du bist, das zu erkennen und wie dein Dasein ist, wird uns ewiglich versagt bleiben. Komm Freude ohne Ende, komm Königspurpur, komm Einsamer zum Einsamen, denn einsam bin ich, wie du siehst. Komm, zur Sehnsucht bist du mir geworden, du hast das Sehnen mir nach dir gegeben.«

Da verblassen alle Fragen wie etwa diese: Warum ist das Christentum Licht? – Denn hier geht es nicht um eine Theorie. Oder: Wo liegt der ideologische Unterschied zur Licht-Frömmigkeit mancher Nazis? – Hier geht es nicht um ideologische Abgrenzung, um Sicherstellen vor Mißverständnissen. Sondern darum, daß die Gottesgegenwart, anschaulich im Bild, in uns selbst Klärung bewirkt. So sind reines Herz und Gott schauen wohl zwei Seiten desselben.

Diese Gottesgegenwart könnte Gelassenheit und Lächeln zur Folge haben. In der arabischen Jesusüberlieferung kommt das gut zum Ausdruck: (Johannes der Evangelist hatte ein anstekkendes Lachen, Simon Petrus ein ansteckendes Weinen.) Da sagte Simon dem Johannes: »Du lachst so viel, als ob du dein Heilswerk schon vollbracht hättest.« Ihm antwortete Johannes: »Du weinst so viel, als wärest du schon an deinem Herrn verzweifelt.« Da offenbarte Gott dem Messias: »Von den beiden Lebensweisen ist mir die des Johannes lieber.«

Das Licht an der Krippe ist nicht zu verwechseln mit dem Licht der Aufklärung, dem wir an der Universität so verbunden sind, besonders in der Theologie, besonders in der Bibelauslegung. Angesichts des Krippenlichtes ist das Aufklärungslicht der modernen Wissenschaft wie eine geballte Ladung flächendeckendes Neonlicht, kalt und gerecht. Das Pathos der Aufklärer war in der Tat, daß jetzt Endzeit angebrochen sei, daß das nur eine Licht in einem Messias abgelöst sei durch die wahre Endzeit, in der wir alle Erleuchtete sind. Doch all das, was seit der Aufklärung geschehen ist, inklusive nuklearer Abschreckung und geklonter Menschen, sollte uns skeptisch machen gegenüber der Fähigkeit des Neonlichtes, selig zu machen. Niemand will das Neonlicht löschen, aber dieses für das endzeitliche Heil zu halten war und wäre eine gigantische Täuschung. Der Streit in der Theologie der nächsten Jahrzehnte geht um die Frage wie sich Krippenlicht und Neonlicht zueinander verhalten. Niemand wird hier in Ausschließlichkeiten denken. Aber das Krippenlicht hat an Boden zurückgewonnen. Die verachteten sogenannten einfachen Leute, die unerklärlicherweise nur zu Weihnachten in die Kirche gingen, diese angeblich auf Kitsch Versessenen wußten es dennoch schon immer besser als die gelehrte Theologie.

Im Unterschied zur Aufklärung ist das Licht der Krippe *nicht* gleichmäßig über alles ausgebreitet, so daß man seinen Ursprung vergessen könnte. Sondern das Licht ist an einer Stelle konzentriert. Dort ist das Heilige, dort das Kind in der Krippe. Und der angemessene Gestus ist nicht die Analyse, sondern ich lasse mich hineinziehen und bannen von der hellen Wirklichkeit des Einzigen. Wie heißt es in den Magnificat-Antiphonen der letzten Woche der Adventszeit? »Du Aufgang, Glanz des ewigen Lichtes und Sonne der Gerechtigkeit. Komm und erleuchte, die sitzen in Finsternis und in Todesschatten.« Und da müssen wir auch gar nicht gleich nach den anderen

Religionen fragen, das wäre sofort wieder gegen die Spielregel. Konkurrenzdenken, Marktverhalten, König Kunde. Sperrfeuer. Zweifel und Unruhe.

»Die auf unserem Antlitz widerscheint«, hatte Paulus gesagt. Beim Krippenlicht können wir fast nichts anderes sehen als das Licht und seinen Widerschein auf den Figuren, sofern sie dem Licht zugewandt sind, und den dunklen Zweigen. Wenn Paulus vom Widerschein des Lichtes Gottes auf dem Antlitz Jesu Christi redet, denkt man fast an Krippenfiguren.

Paulus hat recht: Das Licht wird erkennbar im Widerschein auf dem Antlitz der anderen. Das ist noch nicht Versöhnung. Wieder schiebt sich ein perfektionistischer Abstraktbegriff dazwischen, die Wirklichkeit ist viel einfacher und komplexer zugleich.

Bonhoeffer sagt es so: »Laß warm und hell die Kerzen heute flammen, / die du in unsre Dunkelheit gebracht, / führ, wenn es sein kann, wieder uns zusammen. / Wir wissen es, dein Licht scheint in der Nacht.«

Daß das eine Licht zusammenführt, weil alle schweigen, weil die einzelnen Gesichter nur erkennbar werden im Widerschein des einen Lichts. »Führ, wenn es sein kann, wieder uns zusammen« – wenn es sein kann: Das ist nicht einfach Halleluja-Optimismus, christliche Floskel von der Einheit. Nein, manches kann nicht sein. Dann bleibt das Licht, auf das wir gemeinsam schauen. Vielleicht predigen wir oft zu perfektionistisch von Versöhnung oder Hingabe. Möglicherweise sollten wir öfter sagen: »wenn es sein kann«. Dann wissen wir, es hängt nicht nur von uns ab, Gott muß es geben.

Bedenken wir, wo die wahren Veränderungen geschehen und wie sehr wir dem Licht selbst zutrauen müssen, daß es gewaltlos die Herzen in andere Richtung lenkt. Und daß wir vor der Stille des Lichtes alle Geschwister sind.

Der Evangelist Matthäus hat mit unserem Zitat über das Licht im Finstern die Jüngerberufung und die Bergpredigt eingeleitet mit der Formel »damit erfüllt würde, was durch den Propheten Jesaja gesagt ist«. Dieselbe Einleitung bringt er einige

Seiten weiter zur Einführung eines zweiten Abschnittes, in dem es um die Taten Jesu geht, die sogenannten Wunder: Er trug unsere Schwächen und Krankheiten, »damit erfüllt würde, was durch den Propheten Jesaja gesagt ist«. Beides gehört kompositorisch zusammen. Der Gottesknecht ist der Lehrer und damit das Licht, er ist auch derjenige, der aus Vollmacht heilt.

Augustinus schildert, wie beides zusammengehört:

»Du hast gerufen, geschrien und so meine Taubheit durchbrochen.

Du hast geleuchtet als Fackel und Glut und so meine Blindheit verscheucht.

Du hast als lebendige Lebensflamme mich angeweht, und ich begann, Luft zu holen und zu atmen vor dir.

Ich habe ein wenig gekostet, und jetzt habe ich Hunger und Durst.

Du hast mich angerührt, und ich bin entbrannt in Sehnsucht nach deinem Frieden.«

Der Schatz

Zum Stichwort »Schatz« assoziieren wir: kostbar, verborgen oder versteckt, suchen, finden, heben, vergraben, hüten; etwas, das nicht allgemein ist, sondern bestimmten Besitzern gehört. Etwas Märchenhaftes, durch das man »sagenhaft« reich wird.

Das Wort Schatz ist in so hohem Maße an den Traum vom großen Reichtum (wie wenn man im Lotto gewinnt) gebunden, spricht so eindeutig den Besitztrieb an, daß man sich nicht gut vorstellen kann, wie ein solches Wort zur frühchristlichen Spiritualität gehören konnte.

Andererseits: Einen Schatz kann man sich in der Regel nicht selbst geben. Man findet ihn und hat Glück. Und das Märchenhafte, schimmernd Glänzende, oft mit längst Verstorbenen verbundene Geheimnisvolle (»Schatz der Nibelungen«;

»Schatz der Templer«) läßt das Wort Schatz zum Bild für die Unergründlichkeit von Verheißungen werden.

Der Schatz im Acker I

Thomas-Evangelium 109: (1) Jesus sagt: »Die Herrschaft Gottes ist wie ein Mann, der auf einem Acker einen verborgenen Schatz hatte, von dem er nichts wußte. (2) Nach seinem Tod hinterließ er den Acker seinem Sohn. Der Sohn wußte ebenfalls nichts von dem Schatz. Er nahm den Acker und verkaufte ihn. (3) Und der Käufer fand dann beim Pflügen den Schatz. Er begann, Geld gegen Zinsen zu verleihen, an wen er wollte.«

Sehr nüchtern wird hier beschrieben, wie man zu einem Schatz kommt: weder durch Besitzen (und Nichtwissen) noch durch Verkaufen (und Nichtwissen), sondern allein durch Pflügen, das heißt: durch Bearbeiten des Ackers, in dem der Schatz verborgen liegt. Handeln und Erkennen hängen zusammen. Ihnen stehen Trägheit und Ignoranz gegenüber. Das Finden des Schatzes bleibt auch unter diesen Bedingungen eine große, gänzlich unverdiente Sache. Christen können und sollen geistlich unermeßlich reich werden. Aber das stellt sich nicht ganz nur von selbst ein. Der Text ist eine gute Illustration frühchristlicher Gnadenlehre.

Der Schatz im Acker II

Matthäus 13,44: *Die Herrschaft Gottes ist wie ein Schatz, der in einem Acker vergraben war. Einer fand den Schatz, doch er vergrub ihn gleich wieder. Voller Freude verkaufte er all seinen Besitz und erwarb mit dem Erlös den Acker.*

Raffiniert und unsinnig zugleich ist dieser Mann. – Raffiniert ist er und schon auf fast anrüchige Weise clever. Er findet einen Schatz, aber sagt dem rechtmäßigen und derzeitigen Eigentümer nichts davon. Vielmehr erwirbt er das Grundstück zum marktüblichen Preis. Ein Spekulant also. Und ein übler

Heimlichtuer. Er handelt nicht offen, sondern ist nur geradlinig auf seinen Gewinn aus. Ein »unmoralischer Held«?

Rein formalrechtlich ist noch gerade so eben alles in Ordnung. Denn er muß ja nicht alles sagen, was er weiß. Er tut einfach so, als gäbe es den Schatz im Acker nicht. »Was wollen Sie denn?« würde er sagen: »Ich habe den Acker normal gekauft. Das Übrige ist meine Sache.« Es ist dieselbe Raffinesse in Gelddingen, die Jesus oft beschreibt und die ihn fasziniert haben muß. So machen es clevere Leute. Hemmungslos sind sie auf ihren Vorteil bedacht, geradlinig konsequent, doch ohne moralische Bedenken, gehen sie vor.

Aber auch ziemlich unsinnig ist dieser Mann. Er verkauft buchstäblich alles, was er hat. Eine Haushaltsauflösung inklusive Geschäftsaufgabe mit Räumungsverkauf und Wohnhausversteigerung. Er gibt alles daran, versilbert alles, alles Ererbte und Vertraute, den Tisch der Eltern, das Geschirr der Küche. Nur so kommt es genau hin. Billiger geht es nicht, denn Immobilien sind immer teuer. Der Mann gibt alles weg, da er so etwas wie eine Goldgräbermentalität besitzt. Und dabei hat der Schatz sich schon finden lassen. Wie die Goldgräber setzt er alles auf eine Karte. Soll man nur auf ein einziges Schiff setzen?

Gewiß, unter den geschilderten Umständen ist es klug, alles aufzugeben. Denn das tut man ja dann aus Berechnung, aus Schlauheit und, wenn man es tut, zielstrebig und mit großer Durchsetzungskraft. Dieses Element des Kalküls, der Weisheit des Geschäftsmanns, des Sorgens für Übermorgen, gehört zur Mentalität der frühen Jesusjünger, und man sollte es nie aufgrund fragwürdiger religiöser – nur vorgeblich idealistischer – Wunschvorstellungen aufgeben.

Und dann ist da noch etwas. In einer größeren Runde haben wir einmal dieses Gleichnis nachzuerzählen geübt. Alle hatten einen Zug der Erzählung vergessen: *Voller Freude verkaufte er...* Unsere Freude stellt sich zumeist nur bei Gewinnen ein, die wir zusätzlich einheimsen.

Die Freude, sozusagen in einem großen, kühnen Tauschgeschäft geben zu können, kennen wir eigentlich nur bei der Liebe. Um sich an eine Frau zu hängen, verläßt man Vater und Mutter, und man tut es gern. Dann setzen wir notfalls alles daran, um das eine zu gewinnen.

So sind viele in der Schar der ältesten Christen. Jesus und Paulus kennen nur Christen, die wie sie grundsätzlich Abschied genommen haben. Jesus erwartet wie selbstverständlich den Abschied von Familie, Beruf und Besitz. Paulus lebt eben dieses vor und sieht Christen als Menschen unter dem Kreuz. Also Menschen, die nicht gut angesehen sind, die abgedrängt werden, wie Juden verachtet sind, Menschen, gezeichnet von den Narben des Abschieds und von den Schmerzen der physischen und psychischen Mißhandlungen.

Von Sören Kierkegaard stammt das Bild von den wilden und den zahmen Gänsen: Wenn Wildgänse auf dem Vogelflug über das Gehege hinwegfliegen, das zahme Gänse beherbergt, kann es geschehen, daß der Flügelschlag der wilden Vögel über den Häuptern der zahmen vom selben Geschlecht, die in Sicherheit dahinleben, diese unwillkürlich dazu bewegt, mit den Flügeln zu schlagen, und dieser Flügelschlag bedeutet für die zahmen Gänse zugleich Ängstigung wie auch Lokkung.

Das Menschenbild Jesu ist nicht auf den rundum ausgeglichenen, allseits angesehenen, um Gesundheit und Reputation besorgten jungen Mann gerichtet. Sondern auf den, der das Risiko der Einseitigkeit eingeht, der den Mut hat, alles auf eine Karte zu setzen. In der Tat: Nur diese sind gefährlich, nur diese richten etwas aus, die nicht auf die Uhr sehen, ob sie auch ausreichend Schlaf bekommen.

Es mag ja sein, daß Hingabe Verklemmtheit ist. Aber »ein paar Neurosen ist das Christentum wohl wert«, wie der Moraltheologe R. Egenter oft gesagt hat. Jesus hat Sinn für einen »leicht schrägen« Typ. Der von seinem Schatz träumen kann, auf dessen Erwerb versessen ist und vielleicht in dieser Hinsicht verbissen und »gierig« ist. Er möchte nicht zuallererst unauffällig und normal sein. Zumindest nimmt er es in Kauf, als leicht verrückt zu gelten.

Christentum ist keine langweilige Moral, bei der sich niemand überarbeiten soll. Gott und sich selbst findet man nur, wenn man das Maß außer acht läßt. Wir finden uns nur, wenn wir aus Freude frei werden zum Abschied. Aber die reine Freude gibt es nur um den Preis des Abschiednehmens.

Das moderne Börsenwesen ist, schreibt Nikolaus Piper in der Weihnachtsausgabe der Süddeutschen Zeitung von 1999 (»Spekulation und Hoffnung«, 25) wesentlich von jüdischem und christlichem Denken geprägt: mutig auf das hin zu spekulieren, was noch unsichtbar ist. Hat der Mann im Gleichnis von Matthäus 13,44 nicht gerade so etwas getan? Oder umgekehrt gefragt: Wenn sich Jesus das so vorgestellt hat, was ist daran christlich? – Im Rahmen christlicher Spiritualität interessiert hier der Akt des Loslassens, in dem man die letzte Sicherheit aufgibt und die ungeheure Freiheit gewinnt, die darin besteht, nur noch von dem letzten und einen abhängig zu sein. Sehnen wir uns nicht auch nach der Freiheit der Ferien, weil es dann »nur noch Landschaft« gibt? Nur noch das Wesentliche? Sind wir nicht im tiefsten Winkel des Herzens für dieses »einfache« Leben geboren?
Es geht also um einen Befreiungsakt, und zwar nicht um einen, den wir leisten müßten, indem wir uns selbst mehr oder weniger mühsam von etwas losmachen. Vielmehr ist da eine Wirklichkeit einfach »da«. Die Wirklichkeit der Herrschaft Gottes gibt sich als Fund zu erkennen und leuchtet nur auf. Diese neue Wirklichkeit macht es möglich und leicht, auf alles andere zu verzichten. Denn wir betrachten es als Gewinn, wenn sie uns ganz erfüllt wie eine süße Sucht. Es ist eine Art von glücklicher Freiheit, nur noch dafür dasein zu dürfen.
Denken wir an die Situation »erster Liebe« zurück. Wie sehr sehnt sich der so Verliebte danach, nur noch an diese Liebe denken zu dürfen. Alle anderen Gedanken werden von dieser einen Sehnsucht aufgesogen.
Aber weil sie früher da ist und nur gefunden werden muß, bedeutet ihre Wirklichkeit auch Geborgensein. Das aber be-

deutet Freiheit von vielen kleinen und großen Abhängigkeiten.

Daran kann die Totalität und Radikalität bezwingen, denn diese Herrschaft fasziniert und macht dadurch so stark. So ist das »aus ganzem Herzen« des Hauptgebotes der Gottes- und Nächstenliebe weniger Gebot und Muß als vielmehr die Folge dessen, was geschieht, wenn man sich dieser Wirklichkeit zuwendet. Denn hier zählt nur noch Liebe, und wie sehr hätten wir sie selbst gerne ganz genossen und verteilt, je nach Situation unseres Lebens.

Matthäus 13,44 ist nicht die erste Stelle des Neuen Testaments, in der vom Schatz die Rede ist. Jesus kann auch ganz anders von ihm reden, etwa in Matthäus 6,19–21: *Sammelt euch nicht Schätze auf der Erde, wo Motten und Würmer sie auffressen, wo sie von Dieben durchwühlt und gestohlen werden. (20) Sammelt euch Schätze im Himmel, wo sie weder von Motten noch von Würmern aufgefressen und nicht von Dieben durchwühlt oder gestohlen werden. (21) Denn wo ihr euren Schatz sammelt, da seid ihr auch mit dem Herzen.* – Ähnlich ist das Verständnis vom Schatz in Markus 10,21. Jesus sagt zu dem reichen jungen Mann: *Eins fehlt dir noch. Geh, verkauf, was du hast, gib es den Armen – dann hast du einen Schatz im Himmel – und auf, folge mir nach.* Wir stellen uns zwei Jünger vor, die Jesus an diesen unterschiedlichen Stationen gehört haben und sich nun darüber unterhalten. Jünger A hat Matthäus 6,19–21 und Markus 10,21 gehört, Jünger B Matthäus 13,44.

Jünger A: Jesus hat uns auf einen Schatz gewiesen, der nicht irdisch ist und nicht vergeht. Dieser Schatz ist besser als jeder irdische.

Jünger B: Genauso hat er zu uns auch geredet. Da sind wir uns ja in der Hauptsache einig. Es gibt etwas, das kostbarer ist als aller irdische Besitz.

Jünger A: Aber bei uns hat Jesus mehr vom Anlegen eines Schatzes gesprochen, so wie man ein Konto an einem sicheren Ort anlegt, zum Beispiel in der Schweiz.

Jünger B: Bei uns hat Jesus davon gesprochen, daß man diesen Schatz einfach findet, er ist schon da, er kommt zufällig. Wie die Juden sagen, drei Dinge kommen ganz zufällig: ein Skorpion, ein Fund und der Messias.

Jünger A: Aber ihr könnt ihn doch nicht einfach behalten, diesen Schatz, sondern ihr müßt ihn erwerben, teuer und mit List den Acker kaufen, in dem er liegt.

Jünger B: Du hast recht, wir bekommen wie ihr den Schatz nicht einfach gratis nachgeworfen. Er ist sogar sehr teuer. Er kostet alles.

Jünger A: Also besteht eine weitere Gemeinsamkeit darin, daß uns der Schatz nicht einfach geschenkt wird. Er ist vielmehr mit Arbeit verbunden, wenn man das Wort »Arbeit« einmal so zusammenfassend gebrauchen darf. Diese Arbeit besteht in beiden Fällen darin, daß wir etwas von dem Besitz aufgeben, den wir haben.

Jünger B: In unserem Fall geht es darum, durch wiederholtes Handeln in derselben Richtung den Schatz langsam anzulegen. Das ist vielleicht nur ein Bild. Es ist wohl an einen Prozeß gedacht, in dem wir immer das, was wir übrig haben, abgeben und weitergeben.

Jünger A: Bei uns geht es um ein einmaliges Geschehen. Nicht immer wieder etwas, sondern einmal alles zu geben. Wer das Reich Gottes gefunden hat, stellt seine gesamte Existenz um. Er vollzieht eine tiefgreifende Umkehr, die alles, was bisher für ihn wertvoll war, auf den Kopf stellt. Er gibt alles weg.

Jünger B: Bei uns geht es um ein lebenslanges Immer wieder, bei euch dagegen um ein radikales Ein für allemal. Beides ergänzt sich, von außen her gesehen.

Jünger A: Welches Daseinsgefühl, welche Erfahrung christlichen Lebens kommt für euch aus eurer Praxis zustande?

Jünger B: Wir sind Jünger auf der Wanderschaft. Und entsprechend haben wir keine Heimat auf Erden mehr. Daher sind unsere Namen in der Bürgerliste nur noch in der himmlischen Stadt aufgeschrieben, wie Jesus uns zugesichert hat. Auch nach dem Philipper- und dem Epheser und Kolosserbrief ist unsere

Heimat im Himmel, leben wir eigentlich schon oben. Hier auf Erden haben wir nichts zu verlieren.

Jünger A: Bei uns hat Jesus eher an seßhafte Christen gedacht. Wir geben immer wieder Almosen, aber wir üben keine radikale Wandernachfolge aus. Seinen Schatz im Himmel haben, das bedeutet: seine Hoffnung dort begründet sehen, wo es keine irdische Sicherheit mehr gibt, Sicherheit und Geborgenheit für die Zukunft von dort her erwarten, wo wirklich greifbar nur das Schweigen Gottes ist. Auf etwas setzen, das nicht in unserem Sinne wirklich ist, Lohn von dort zu erwarten, von wo noch nie jemand Lohn erhalten hat.

Jünger B: Für uns beide gilt der Satz Jesu über die Zusammengehörigkeit von Schatz und Herz. Denn bei der Spiritualität geht es immer um das Herz. Wir denken und handeln von dem her, was wir lieben. Wenn unser Herz im Himmel verankert ist, dann bedeutet das auch: Wir leben nach der Hausordnung und Wertetafel des Himmels. Dann lieben wir den Himmel vor allem anderen.

Konkretion

Der Schatz, über den wir uns freuen können, ist die Sonne der Gerechtigkeit Ist reines Gold. Ist Leben ohne Ende. Ist reine Liebe. Ist der Morgenglanz nach allen Nächten der Welt.

Dieser Schatz ist wie ein Vater, eine Mutter, wie ein Herz voll Liebe. Ein mittelalterliches Gebet sagt über ihn:

»O tiefer Schatz, wie wirst du ausgegraben?
O hoher Adel, wer kann dich erreichen?
O quellender Brunnen, wer kann dich ausschöpfen?
O lichter Glanz, nach außen dringende Kraft,
offenbare Verborgenheit und verborgene Sicherheit,
sichere Zuversicht, einheitliche Stille in allen Dingen,
mannigfaltiges Gut in einheitlicher Stille,
du stilles Geschrei, dich kann niemand finden,
der dich nicht zu lassen weiß. Amen.«
(Handschriftliches Gebet aus dem 15. Jahrhundert)

Nach Bernhard von Clairvaux (Sentenzen II 114) gilt: »Die Schätze, an denen wir reich werden müssen, sind drei an der Zahl: die Sehnsucht als Frömmigkeit im Herzen, die im Acker verborgen ist, um gekauft zu werden; die Lehre der Wahrheit im Mund, die der Schatz des Schnees und des Hagels ist (Hiob 38,22); sowie die beharrliche Ausdauer im Menschen, die Weizen und Gerste, Öl und Honig besitzt. Das sind die Schätze der Magier, die Gold, Weihrauch und Myrrhe dem neugeborenen Herrn darbrachten.«

Anders als in den Texten des frühen Christentums geht es hier nicht um Verheißungen »im Himmel«, die wir als »Himmelsbürger« erwarten. Es werden daher hier keine Wechsel auf den Himmel ausgestellt, sondern der Reichtum ist die konkrete Ausstrahlung des einzelnen. Es geht auch nicht um den Schatz, den wir erwerben, sondern um die Schätze, die wir dem Herrn darbringen können.

Der Schatz im Acker III

Nicolaus Cusanus († 1464) schreibt in seinem Traktat »Über die Schau Gottes«:

»Das Feuer läßt nicht ab von der Glut und die Liebe nicht von der Sehnsucht, die zu dir hinträgt, o Gott, der du die Gestalt alles Ersehnenswerten bist und jene Wahrheit, die in jeder Sehnsucht ersehnt wird… Aus diesem Grund erkenne ich, daß du darum allen Geschöpfen unerkannt bist, o Gott, *auf daß sie wie in einem unzählbaren und unerschöpflichen Schatz in dieser heiligen Unwissenheit um so größere Ruhe finden.* Weitaus größere Freude erfüllt ja einen Mann, der einen Schatz findet, von dem er weiß, daß er unzählbar und unendlich ist, als einen, der einen zählbaren und endlichen findet. Darum ist das heilige Nicht-Wissen deiner Größe die ersehnteste Nahrung meiner Vernunft; vor allem deshalb, weil ich diesen Schatz in meinem Acker finde, so daß er mein eigen ist. O Quelle des

Reichtums! Du willst als mein Eigentum erfaßt werden und zugleich unfaßlich und unendlich bleiben, weil du ein Schatz voll von solcher Wonne bist, daß niemand nach deren Ende verlangen kann...« (Kapitel 16, Übers. D. u. W. Dupré).

Die Unermeßlichkeit des Schatzes korrespondiert der Unwissenheit des Menschen, und dies bedeutet zugleich unausdenkliche Ruhe, denn alles Endliche würde nur beunruhigen. Zugleich ist es jedoch durchaus »mein Schatz«, von dem gesprochen wird. Mit dem individuellen Besitz wird die personhafte Seite der Frömmigkeit angesprochen.

Das Kind

Der Vergleich mit der jeweiligen Mystik anderer Religionen (vgl. das Schlußkapitel) wird ergeben: In der Spiritualität des Kindseins liegt die Besonderheit des Christentums. Denn die Perspektive paulinischen Christentums ist: Gott will alle Menschen zu seinen Kindern machen, ja die ganze Welt sich ähnlich werden lassen nach dem Entwurf, den er in Jesus Christus präsentiert hat.

Kinder Gottes sein

Schon ein – etwas anachronistischer – Vergleich mit dem Islam zeigt eine hervorragende Besonderheit des frühchristlichen Selbstverständnisses: Der Islam lehnt es ab, das Bildfeld Vater-Kind(er) für das Verhältnis von Gott und Mensch zu gebrauchen. Der Islam kennt nur den »Sklaven Gottes«. Bei allen neutestamentlichen Autoren ist dagegen von Gott als dem »Vater« die Rede. Dies hat erkennbar Gründe in der Geschichte der frühchristlichen Gruppen: Jede andere Art von familiärer Geborgenheit ist zugunsten der Gemeinde aufgegeben. Weil die frühen Christen Gott Vater nennen können, finden sie einen Ersatz für die verlorene Großfamilie. Die frühe Gemeinde hat damit eine hohe Verantwortung auf sich genommen.

Denn sie muß denen, die sich von ihren Familien getrennt haben, ein neues »Haus« im sozialen Sinne des Wortes bieten. Paulus bietet ein Beispiel dafür, welche Konsequenzen das auch in der Praxis des Gottesdienstes hatte.

– Die Vater-Anrede ist in jüdischen Gebeten dieser Zeit üblich. Vielfach belegt ist die aramäische Anrede *abinu* (»unser Vater«), und zwar gerade zu Beginn von Gebeten.

– Die frühe heidenchristliche Gemeinde übernimmt offenbar den Ruf *Abba!* (»Vater«), und zwar als Gebetsruf, als Anrufung Gottes (Galater 4,6; Römer 8,15).

– Die Gemeinde sagt nicht *abinu,* sondern *abba;* dies ist in der Tat selten so isoliert belegt.

– Erklärbar wird dieser Gebetsruf der Gemeinde daraus, daß es bei heidnischen Gottesdiensten üblich war, den Namen des Gottes auszurufen, den Gott also »anzurufen«. In jedem Fall war der Name das Wichtigste. Der jüdische Gott hatte jedoch keinen Namen. Das Tetragramm konnte und durfte nicht ausgesprochen werden. Den Gebetsteil des Gottesdienstes der Gemeinde (bzw. ein Gemeindegebet) kann man sich daher wohl ähnlich vorstellen wie das wiederholte Rufen des »Kyrie eleison«, zum Beispiel in der koptischen Liturgie.

– So behalf man sich: Analog zur griechischen Weise, Zeus anzurufen (»Zeus, Vater«) wurde nun bei den frühen Heidenchristen »Abba, Vater« der Gebetsruf schlechthin. Dabei wurde *abba* als Gottesname verstanden, und seine Übersetzung »Vater« wurde mitgesprochen. Die Übersetzung von aramäischen Worten wurde auch sonst oft mit diesen Worten zusammen überliefert (zum Beispiel Markus 7,11). Hier jedoch bot die Anrufung des Zeus (Eigenname und Vatertitel) den idealen Hintergrund. Zudem teilt Zeus mit dem jüdischen Gott oft den erläuternden Titel »der Höchste«.

– Im Unterschied zu »Zeus, Vater« fehlt dem frühchristlichen »Abba, Vater« jeder sexuelle Aspekt. Das metaphorische Vergleichsglied zu Vater ist die Fürsorge und Verantwortung für alle und das Ganze.

Auch als die Gemeinde größer wurde, war die Wirklichkeit, die mit dem Ruf »Abba, Vater« angesprochen wurde, von den Assoziationen denkbar verschieden, die mit dem Ruf »Zeus, Vater« verbunden wurden. Denn Zeus war der »Vater der Götter und Menschen«, der »Präsident« in der offiziellen Mythologie seit Homer. Der »Abba, Vater« dagegen blieb der Gott der christlichen Großfamilie. In dieser Großfamilie waren – dem Namen nach – alle Schwestern und Brüder, und keinem standen Rechte über den anderen zu. Denn wo nur einer Vater ist, folgt daraus strikte Gleichheit für die anderen.

Die Differenz zum Selbstverständnis des alttestamentlichen (und moslemischen) Frommen als »Sklave« Gottes wird auch in mehreren frühchristlichen Texten erörtert, in denen der »Sohn« dem »Sklaven« gegenübergestellt wird. Das heißt: Kindschaft bedeutet eine unübertreffliche Nähe zu Gott. Diese Nähe ist persönlich (Kind/Eltern), sie ist räumlich (Gott ist physisch nahe »mit« der Gemeinde; Christen wohnen »im Himmel«), zeitlich (Jesus kommt bald wieder) und leiblich (Jesus heilt; durch Berührung wird man gesund). Das bedeutet: Gott hat sich durch Jesus und insbesondere durch die Sendung des Geistes so gründlich und konsequent auf den Menschen eingelassen, daß er nicht mehr zurück kann. Dieses letztere wird mit dem Ausdruck »Neuer Bund« bezeichnet.

Der Ausdruck »Kind Gottes« ist zwar dem Alten Testament der Sache nach bekannt (nicht die genaue Formulierung »Sohn Gottes«), wird aber auf Israel und Engel oder den König bezogen und nur einmal auf einen hervorragenden Juden (Josef nach der apokryphen Schrift »Josef und Aseneth«). Daher kann man sagen, daß das hebräische Alte Testament von einer geläufigen Bezeichnung »Sohn Gottes« oder »Tochter Gottes« für jeden einzelnen Gläubigen doch recht weit entfernt ist. Anders ist es im nur griechisch erhaltenen jüdischen Buch der »Weisheit Salomos«, wo der typische Gerechte so genannt wird.

Indem Gott auf neutestamentliche Weise Menschen zu seinen Kindern macht, stellt er eine Intimität und enge Verwandtschaft her, die das enge Verhältnis zwischen Eltern und Kindern zum Vorbild hat. Enger kann keine Beziehung sein, ähnlicher kann kein Mensch Gott werden, als indem er zu seinem Kind erwählt, ernannt, gemacht oder berufen wird.

Wer auf dem Modell des Verhältnisses zwischen Sklave und Herrn beharrt, umgeht die Gefahr, daß bei Betonung der Kindschaft aus der Gnade eine billige Gnade wird.

In der Praxis des christlichen Lebens äußert sich dieses im ganzen recht neue Gottesverhältnis wie folgt:

– Wenn Gott sich als Vater anreden läßt, steht er wirklich als derjenige da, der sehr konkret zuständig ist für das tägliche Brot. So wird es im Vaterunser gesagt (Matthäus 6,13).

– Dann ist er darüber hinaus der Ansprechpartner für alle großen und kleinen Kümmernisse des Lebens. Er ist so wirklich zum »Partner« geworden, ohne notwendig an Hoheit etwas einzubüßen.

– Dann ist seine Liebe und Solidarität grenzenlos. Denn man darf bis zum Erweis des Gegenteils davon ausgehen, daß er im Sinne der Vater-Kind-Beziehung handelt, um die »Familie« aufrecht zu erhalten.

– Wenn es wirklich Gott ist, der jetzt Vater genannt sein und der gebraucht werden will, dann werden angesichts so guter Beziehungen zur wichtigsten Größe der Welt alle anderen Sorgen, Beziehungen und Verpflichtungen, aber auch Grenzen unwesentlich.

– In dieser Liebe des Vaters kann man im besten Sinne des Wortes »ruhig schlafen«.

Wie Kinder werden

Von »Kind Gottes« zu unterscheiden ist der von Jesus öfter gebrauchte bildliche Imperativ »Werdet wie Kinder...«. Während bei »Kind Gottes« die Verkündigung der Liebe Gottes zu Menschen das Wichtigste ist, handelt es sich bei »Kind werden« um bestimmte typische Eigenschaften von Kindern, die sich die erwachsenen Hörer und Hörerinnen Jesu abgucken sollen, um an Gottes Herrschaft teilzuhaben. Auf die Frage, was denn Jesus an Kindern so fasziniert habe, daß er sie zum Maßstab für Gottes Reich machte, hat man verschiedene Antworten versucht. War es die »Unschuld« der Kinder? War es ihre Armut, ihr insistentes Geschrei? War es ihre Hilflosigkeit oder ihre Vertrauensseligkeit? – Vielleicht war es die gänzliche Abhängigkeit der Kinder von den Erwachsenen und die darin begründete Notwendigkeit, alles, aber auch wirklich alles von den Eltern zu erwarten.

Diese Einsicht und das daraus begründete Verhalten heißt christlich »Demut«. Sie besteht darin, daß jeder einzelne seinen schäbigen und niedrigen Stand vor Gott annimmt und im Sprechen mit Gott sich danach verhält. Bei Gebeten spricht man von Selbsterniedrigung. Sie besteht darin, daß die Beterin oder der Beter sagt: Nicht mein, sondern dein Wille geschehe. So sagt es Jesus in Gethsemane nach Markus 14,36b, und ähnlich sagt Maria: *Siehe, ich bin des Herrn Magd* (Lukas 1,38, revidierte Luther-Fassung; Berger/Nord: *So will ich denn dem Herrn gehorchen*). Darauf geht Maria dann auch im Magnificat ein mit den Worten: *Gnädig nimmt er mich an, mich unwürdige Frau* (Lukas 1,48; revidierter Luthertext: *Er hat die Niedrigkeit seiner Magd angesehen*). Zwar sind Kinder durchweg nur selten demütig, aber indem sie nach den Eltern rufen und von ihnen alles erwarten, bekennen sie ihre Abhängigkeit. Es könnte sein, daß Jesus in diesem Sinne gesprochen hat.

Kind Gottes werden

Für Bernhard und die Zisterzienser der ersten Generation ist Selbsterkenntnis mit Gotteserkenntnis geradezu identisch. Das kommt ganz mit der Richtung des Thomas-Evangeliums überein. »Der Mensch verlor das göttliche Ebenbild: darin liegt sein Elend. Das göttliche Bild behielt er: darin liegt seine Größe. Da die Sünde dieses Bild mit einem fremden Bild bedeckt hat, muß dieses nun abgestreift werden: das lernt der Novize als erstes zu Citeaux. Um es jedoch abstreifen zu können, muß er es als fremd anerkennen, muß sich mithin als den erkennen, der er geworden ist« (St. Gilson, Die Mystik des Hl. Bernhard, 1936, 111f). – Der Mensch lebt so lange im Bereich der »Unähnlichkeit« *(regio dissimilitudinis),* wie er sich und Gott selbst nicht erkannt hat und fremd ist.

Geradezu mustergültig kommt dieser Ansatz bereits im Thomas-Evangelium, Logion 3 vor: »(4) Wenn ihr euch selbst erkennt, wird Gott euch erkennen und erwählen. Dann werdet ihr begreifen, daß ihr Kinder des lebendigen Vaters seid. (5) Wenn ihr euch aber nicht selbst erkennt, lebt ihr weiter in Armut und seid geradezu die Armut selbst.« – Die »Armut« ist nichts anderes als der Bereich der »Unähnlichkeit«.

Dieses Wort des Thomas-Evangeliums ist in gewisser Hinsicht die Brücke zwischen dem Werden »wie die Kinder« und dem Kind-Gottes-Sein. Denn zunächst geht es um demütige Selbsterkenntnis. Das ist zu verstehen im Sinne des Werdens »wie die Kinder«. Denn wer sich selbst erkennt, nimmt wahr, daß er nicht gut ist, daß er daher nichts von sich selbst her erwarten kann, sondern alles von einem anderen braucht. Insofern ist er mit den Kindern zu vergleichen, die sich zum Beispiel einen langen Wunschzettel aufstellen, wenn es um Wünsche an die Erwachsenen geht.

Wer so weit gekommen ist, den kann Gott erwählen, denn ein solcher Mensch hat allen falschen Dünkel abgelegt und kann Gott und sich recht einschätzen; er macht sich über die Größenverhältnisse keine Illusionen. Wenn ihn Gott erwählt und »erkennt«, dann heißt das: Gott nimmt Kontakt mit ihm auf (wie damals, als Adam Eva »erkannte«), und dieses Erkennen Gottes macht aus dem Menschen etwas Neues, nämlich Gottes erwähltes, und das heißt: geliebtes Kind.

Die Selbsterkenntnis kann sich nach den frühen Zisterziensern nur darauf beziehen, daß der Mensch Gottes Ebenbild war. Er entdeckt die Differenz zwischen dem, was er war, und dem, was er ist, in der Selbsterkenntnis. – Die Gotteskindschaft hat deshalb etwas mit Ebenbildlichkeit zu tun: Ebenbild ist immer derjenige, der einem anderen am nächsten steht, also das Kind den Eltern. Daher heißt es auch in 1. Mose 5,3, daß Adam (selbst nach Gottes Ebenbild geschaffen; vgl. 5,1) Seth nach seinem Ebenbild gezeugt hat. Das heißt: Seth ist der Sohn, der ihm am ähnlichsten ist.

Wenn man das verfehlt, das heißt: Wenn man nicht zur rechten Selbsteinschätzung gelangt, nicht wahrnimmt, wie arm man ist, dann bleibt man arm. Das sagt der Schlußsatz. Er macht deutlich, daß es bei der Selbsterkenntnis von V. 4 um die zutreffende Wahrnehmung der eigenen Armut ging. Doch die Erkenntnis und damit das Eingeständnis der eigenen Armut führt über sie hinaus. Nicht automatisch, aber weil es Gott gibt, der auf diese Demut mit Erwählung antwortet. Das Jesuswort in Thomas-Evangelium 3,4–5 sagt daher: Die Demütigen werden Gottes Kinder.

Auch die anderen Stellen, an denen das Thomas-Evangelium von Gottes Kindern spricht, betonen jeweils den Neuanfang; der Mensch, der Gottes Kind wird, ist damit (wie) eine neue Kreatur (Thomas-Evangelium 22,1–7; 37,1–3).

Die Demut des Kindes

Bernhard von Clairvaux sagt in seiner 3. Homilie zum Lob der Gottesmutter: »Uns ist er geboren…, nicht den Engeln, die nicht des kleinen Kindes bedurften, da sie doch den großen Gott hatten. Uns also ist er geboren, denn wir bedürfen seiner… Siehe, ein kleines Kind wird in unsere Mitte gestellt. O Kind, ersehnt von den Kleinen… Bemühen wir uns, jenes Kindlein zu werden, lernen wir von ihm, denn es ist sanft und demütig von Herzen, damit nicht der große Gott ohne Grund ein kleiner Mensch geworden ist, damit er nicht vergeblich gestorben, nicht unnütz gekreuzigt worden ist! Lernen wir seine Demut, ahmen wir seine Sanftmut nach, umfassen wir seine Liebe…«

Bernhard sieht daher das Kleinwerden Gottes als Urbild für unsere eigene Demut an (vgl. den ähnlichen Gedankenweg in Philipper 2,5–11!). Alle Erlösung kommt vom Kleinwerden Gottes her und wird in unserer eigenen Demut angeeignet.

Unser Weg durch die Texte hat den Zusammenhang von Demut und Gotteskindschaft als wichtiges Element frühchristlicher und späterer Spiritualität freigelegt. Hier liegt auch die Brücke zwischen dem Gebrauch von »Kind« in der Verkündigung Jesu und »Kind (Sohn) Gottes« als christologischem Titel in den Evangelien und bei Paulus.

Unsere Beobachtungen zur Verknüpfung von Demut und Kindsein werfen vielleicht Licht auf beides und dazu auf eine Reihe von Bibeltexten.

Neues Licht fällt auf Demut: Wer demütig ist, macht sich nicht künstlich schlecht oder gering, sondern er schließt Frieden mit der Wahrheit. Er nimmt aber auch nicht stumm alles hin, sondern erwartet in seinem Rufen und Schreien alles von Gott.

Das Kindsein bedeutet nicht Unschuld oder mildernde Umstände, sondern Mangel. Christen erkennen sich im Bild von Kindern, weil sie sehr bedürftig sind, besonders im Blick auf Liebe. Das Gotteskind bleibt in vieler Hinsicht im Mangel, weiß sich aber geliebt.

Der Zusammenhang von Demut und Kindsein ist wichtig zum Beispiel zum Verständnis von Matthäus 3,13–17:

(14) Johannes wollte Jesus daran hindern, sich taufen zu lassen, und sagte: *»Ich müßte von dir getauft werden, was kommst du da zu mir?«* (15) Doch Jesus entgegnete: *»Laß mich, wir beide sollen nur das tun, was Gott von jedem verlangt, den er als Gerechten annehmen will.«* Da gab Johannes nach. (16) *Kaum hatte Jesus sich taufen lassen und war aus dem Wasser wieder heraufgestiegen, da öffnete sich der Himmel, und Jesus sah, wie der Heilige Geist auf ihn herabflog und sich auf ihn setzte wie eine Taube. (17) Und eine Stimme rief vom Himmel her: »Dies ist mein lieber Sohn, an ihm habe ich meine Freude.«*

Die traditionelle Deutung von V. 15 auf die Demut Jesu ist sicher zutreffend. Im Sinne unserer obigen Beobachtungen ist die Demut Jesu hier die Voraussetzung für seine Proklamation zum Gottessohn. Damit hat die Erzählung im Sinne des oben Dargestellten ihre theologische Konsequenz. Wahrscheinlich ist auch das Wort *die Frieden schaffen* in Matthäus 5,9 im Sinne von demütigem Handeln zu verstehen, denn ihnen gilt die Verheißung *sie werden Kinder Gottes genannt werden.*

Aber auch die Erzählung von der Entstehung Jesu bestätigt den Zusammenhang von Demut und Gotteskindschaft in der Abfolge von Demut Mariens (Lukas 1,38.48) und Empfängnis des Gottessohnes. Nur ist das, was sonst einen einzelnen betrifft (der Demütige wird zum Sohn Gottes erwählt) auf Mutter und Kind verteilt: Die Demut der Mutter ist – in gewissem Sinne – die Voraussetzung für die Entstehung des Gottessohnes.

Die Braut

Der Ruf der Braut

Nach Offenbarung 22,16f bestätigen sich die Braut (die Gemeinde) und der Geist gegenseitig in ihrem Ruf, und die Gemeinde betet nach, was ihr vorgesprochen wurde: *Jesus sagt: »Ich habe meinen Boten, den Seher Johannes, gesandt, damit er euch dies alles weitersagt für die Gemeinden. Denn ich bin der Sproß aus Davids Geschlecht, ich bin der Morgenstern.« (17) Und der heilige Geist und die Braut des Lammes rufen: »Komm!« Und jeder, der es hört, soll in den Ruf einstimmen und rufen: »Komm!« Jeder, der Durst hat, soll kommen, jeder, der trinken will, soll frisches Wasser geschenkt bekommen.*
Die Gemeinde sieht sich demnach in einem Zwischenzustand, in welchem sie auf das Kommen des Bräutigams wartet. Dringlich wird die Wiederkunft des Herrn erwartet.
Uns Heutigen erscheint problematisch, ob der Herr als Bräutigam angesehen werden kann. Denn die Braut wäre ja nur so etwas wie seine Partnerin. Und viele fragen: Kann es das so einfach geben – der Mensch als »Partner« Gottes? – In der Tat läßt sich beobachten, daß im Neuen Testament sowohl der Epheserbrief als auch die Offenbarung des Johannes zumindest ein Nebenproblem solcher Partnerschaft darin erblicken, daß die Braut nicht rein ist, sondern erst von ihren früheren Untaten gereinigt und befreit werden muß. Dennoch steht im Zentrum des Bildfeldes zweifellos die erwählende Liebe des Bräutigams. Nach unserem Text ist die Braut in einer Zwischenzeit, in der sie sehnsüchtig ruft. Fragt man danach, wo diese Sehnsucht

möglicherweise heute vorkommt, dann findet man sie wohl am ehesten in den adventlichen Liedern der Kirche, ob sie nun beginnen mit »Tauet, Himmel, den Gerechten…« oder »Macht hoch die Tür, die Tor macht weit« oder »O Heiland, reiß die Himmel auf« oder »Es kommt ein Schiff, geladen«. Diese Lieder sind eigentlich alle extrem schwer verständlich, und das gilt auch für »Tochter Zion, freue dich«. Gemeinsam ist ihnen aber auch, daß man sie mit froher Erwartung singt. Das gilt auch für die gregorianische Melodie zu Beginn des *Rorate caeli desuper…* (Tauet, Himmel, von oben). – In dem Lied »Tochter Zion, freue dich« wird sogar klassische christliche Brautmystik angesprochen; denn Gottes Tochter Zion/ Sion ist nicht nur Bild für das (jüdische) Gottesvolk, sondern darüber hinaus im Mittelalter auch Bild für Maria und die Kirche, so besonders in der liturgischen Verwendung der alttestamentlichen Sion-Texte.

Die Spiritualität des sehnsüchtigen Erwartens, die hier angesprochen wird, hat es also gewiß in der Christenheit immer gegeben, wenn auch auf einen besonderen Abschnitt des Kirchenjahres beschränkt.

Das Lied der Lieder

Für jede Frage nach künftiger Spiritualität sollte man wieder beachten, daß zwischen 240 und 1240, also ein ganzes Jahrtausend lang, die Kommentierungen (Predigten usw.) zum Hohenlied eine sehr häufige Gattung christlicher Schriftstellerei waren. Dieser erstaunliche Tatbestand wurde oft vergessen, und damit geriet auch in eigenartige Vergessenheit, daß das biblische, Altes und Neues Testament umgreifende Hauptgebot von sehr konkreter Liebe spricht. Es ist nicht erkennbar, daß dies irgendwie spiritualisiert würde.

Das Hohelied spricht von Sexualität. Seit den »Einsichten« Sigmund Freuds sind wir in der Beurteilung des Verhältnisses von Sexualität und Religion zumindest befangen, wenn nicht ärmer dran als je zuvor. Denn eine besondere Hermeneutik des Verdachts (»Verdrängung«) bestimmt jetzt unsere Rezeption.

Maria Assumpta Schenkl O. Cist. hat kürzlich in einem Beitrag versucht, eine Lanze für die zisterziensische Rede von der Liebe zu brechen. Sie weist darauf hin, daß die zahlreichen entsprechenden Texte (zum Beispiel die Predigten Bernhards zum Hohenlied) von großer Unbefangenheit sind, daß die Verfasser ein völlig natürliches Verhältnis zu Leib und Geschlechtlichkeit hatten, fern von jeder Ängstlichkeit und Prüderie, die im 19. Jahrhundert leider so kennzeichnend für die christliche Haltung zur Sexualität wurde. Unschuldigste Bilder – ohne erotische Vorstellungen.

In der Tat – wenn es bei der Liebe um die »Hauptsache« der christlichen Religion geht, dann ist nicht einzusehen, warum das biblische Buch über Liebe dazu nichts zu sagen haben sollte.

Nach mystischer Wahrnehmung, die vielfältigen Niederschlag in der Kunst fand, löst der Gekreuzigte die Hände vom Kreuz und streckt die Arme nach den Menschen aus. Ähnliches findet sich auch heute wieder, zum Beispiel in einem Gedicht von Hilde Domin: »Nur der Gekreuzigte, beide Arme weit offen, der Hier-bin-ich…« Die Liebe Gottes ist wie die im Hohenlied: ohne Ordnung, heftig und maßlos. Gott läuft mit törichter Liebe dem Menschen nach.

Es geht um »ein radikal theozentrisches und kontemplatives Christentum, das nicht einen Augenblick der Versuchung verfällt, in Gott nur eine Energiequelle zu sehen, die man zum Wohl der Menschheit ausbeutet, ein Christentum, das weiß und das glaubt, daß Gott wirklich ein Jemand ist, jemand, den man lieben und den man suchen und für den man alles übrige opfern muß, wirklich und wahrhaftig, hier und jetzt, weil das ein Jemand ist, der uns zuerst geliebt hat« (L. Boujer: La spiritualité de Citeaux, Paris 1955, 245–248).

Worin liegen Chancen für eine fruchtbare *relecture* der frühmittelalterlichen Predigten zum Hohenlied?

– Christliche Liebe ist gerade nicht »abgehoben«. Vielmehr ist Liebe unteilbar; das gilt nicht nur zwischen Personen, sondern auch für ein und dieselbe Person, »innerhalb ihrer selbst«. Es ist zunächst eine Frage der Ehrlichkeit, wie man davon sprechen kann, »Gott zu lieben aus ganzem Herzen…«. Wie soll eine derartige Liebe, die die Bibel ausdrücklich umfassend meint, verstanden werden? – Zum anderen ist es sicher auch ein Thema der Integration einer Person in sich selbst, wieweit das, was Liebe zu nennen ist, nicht doch nur auf ganz unterschiedlichen Stockwerken »ausgelebt« wird.

Das Neue Testament läßt erkennen, daß es eine ernstzunehmende zumindest teilweise Konkurrenz zwischen Religion und sexueller Liebe gibt, auch wenn das heutzutage vermutlich niemand hören will. Das wird nicht nur bei Paulus in 1. Korinther 7,1–4.34–38 deutlich, das gilt natürlich auch für Matthäus 19,13 (das Wort von den Eunuchen um des Himmelreiches willen), aber auch für Bestimmungen darüber, nur einmal verheiratet zu sein. Und zum Verhältnis von Religion und Sexualität sagt auch 1. Korinther 6,17 etwas: *Wenn ein Mensch mit dem Herrn eins ist* (wörtlich: »sich an den Herrn hängt«), *dann ist da ein einziger Heiliger Geist.* Das Wort »sich hängen an« wird (siehe 1. Mose 2,24) vom Verhältnis Mann – Frau gedacht.
Nur in den bekannten monotheistischen Religionen gibt es Auswirkungen des Gottesverhältnisses auf Ehe und Sexualität, zum Beispiel das Verbot der Mischehe. Polytheismus und moralische Beliebigkeit werden gemeinsam bekämpft (Die Verehrer Gottes sind sein Exklusiveigentum.) Religiöse wie sexuelle Treue sind Ausdruck stabiler Identität. Die Strenge der Gottesbindung hat offensichtlich häufig eine Analogie in der Bindung der Ehefrau an ihren Eigentümer, den Mann. Diese Wechselseitigkeit kann nun auch zur direkten Konkurrenz werden. So ist nach Paulus eine Zugehörigkeit zur Dirne nicht gleichzeitig mit der Zugehörigkeit zu Jesus möglich.

– Während in der heutigen Gesellschaft bisweilen der Eindruck entsteht, Religion sei eine Sache von Vernunft und Moral, weisen uns die Auslegungen zum Hohenlied in eine andere Richtung. Es ist zu fragen, ob man dem Phänomen Religion, jedenfalls soweit wir es als christlich-jüdische Religion kennen, nicht wirklich eher mit dem Ausdruck Liebe, also mit einem Wort, das affektives Verhalten beschreibt, gerecht wird. – Die Frage muß sogleich lauten: Wo kann man sehen und erkennen, daß es so ist? Wo wird wirklich deutlich, daß die jüdisch-christliche Religion den Menschen gegebenenfalls sogar mehr bedeutet als das eigene Leben? Gibt es das noch irgendwo, daß Menschen – wie Offenbarung 12,11 es sagt – *durch ihr Bekenntnis Zeugnis ablegen, ihr irdisches Leben geringschätzen und den Tod verachten?*

Die Antwort mag auf den ersten Blick überraschen, ist jedoch belegbar: *Auch heute noch ist ein sehr großer Anteil der Christen in gegebener Situation bereit, ihren Glauben als das höchste Gut zu verteidigen Diese Bereitschaft kann man nur Liebe nennen.*

Als Beispiele sind zu nennen: der spontane Widerstand vieler Christen im sogenannten Kruzifixstreit und der Widerstand gegen staatliche Abschaffung der Religion in totalitären Staaten des 20. Jahrhunderts. Sowie eine staatliche Behörde der Versuchung erliegt, restriktiv gegen Religion vorzugehen, erwacht ein Widerstand von ungeahnter Kraft. Christen verhalten sich dann so, als wolle man ihnen ihr Liebstes nehmen. Sie demonstrieren zu Tausenden für ihre Religion und praktizieren aktiven zivilen Ungehorsam. Und der antikommunistische Widerstand in den Ostblockstaaten im 20. Jahrhundert zeigt ungeahnte Lebendigkeit des christlichen Glaubens. Die oft lange inhaftierten Geistlichen waren die wirklichen Volkshelden dieser Jahre. Das gilt besonders für die eindrucksvollen Kirchenführer in Polen, Ungarn und der Tschechoslowakei, aber auch in China. – Die Situation der Verfolgung bringt eine katalysatorische Wirkung zustande. Wenn Menschen bereit waren, unbeugsam mit ihrem Leben (oder mit langen Jahrzehnten Kerkerhaft) für ihren Glauben einzustehen, dann kann man das nur mit der erschütternden Treue großer klassischer Liebespaare vergleichen.

Denn die Situation der Verfolgung macht deutlich: Im Judentum und Christentum bezieht sich Religion sehr radikal auf die letzte und höchste Freiheit des Menschen, bedingungslos anzubeten. Wo diese Freiheit berührt wird, indem man sie bedroht, erwacht der Widerstand zu voller Stärke, sind Menschen nach wie vor bereit, »alles« zu lassen und zu geben, um ihre Freiheit anzubeten zu bewahren. Religion zu verbieten zeitigt dieselbe Wirkung wie Liebe zu verbieten. Märtyrer stehen für die höchste und unantastbare Würde des Menschen.

Nicht ganz zufällig ist das Mönchtum die historische Verlängerung der Verfolgungssituation, und die monastische *Conversio*, verbunden mit der Bereitschaft, alles aufzugeben, ist nur möglich in großer Liebe. Um sich die Glut dieser Liebe vorzustellen, sei der Hinweis auf die leuchtenden Farben der gotischen Glasfenster gestattet, die Luther in der Erfurter Augustinerkirche täglich vor sich sah (als nahezu einzige Erbauung für die Sinne).

Wenn es aber um einen Fall von Liebe geht, im ganzen, dann hilft vielleicht doch nicht, um dieses heute plausibel zu machen, mühsames Argumentieren, sondern am besten wäre wohl doch die Liebe auf den ersten Blick.

Hoffnung auf die künftige Hochzeit

Die Brautmetaphorik ist im Christentum immer eschatologisch gedacht. Das gilt auch für die oben zitierte im wesentlichen monastische Tradition. Daß diese Tradition seit dem 19. Jahrhundert in Vergessenheit geriet, hängt auch damit zusammen, daß das Christentum die Frage nach Zukunftshoffnungen denen überlassen hat, die sie säkularisiert haben.

Gerade die Sterbeliturgien der alten Ostkirchen sind voll von hochzeitlichen Bildern (die Seitenangaben im folgenden nach Becker/Ühlein II):

»… daß wir die Hochzeit des Bräutigams nicht verlassen müssen« (898). »Mit den himmlischen Heerscharen erheben sich die Gerechten in der Höhe, unseren Herrn zu treffen, wenn er wiederkommt. Mit ihm treten sie ein ins Brautgemach, um in Empfang zu nehmen, was du ihnen verheißen…« (1044). »Gelobt sei Christus, der Bräutigam in den Höhen und das

Licht der Gerechten, bei dessen Ankunft die klugen Jungfrauen jubeln und frohlocken« (1053). »… unser Herr erfreue dich im Brautgemach seines Königreiches…« (1061). »… damit sie erfreut werde im Hochzeitsgemach deines Königreiches«. »…erneuere mich in deinem Brautgemach« (1122). »… alle Verstorbenen werden sich mit brennenden Lampen erheben, um mit dem Bräutigam in das Brautgemach eintreten zu können« (1166). »… in das himmlische Königreich zu deiner Hochzeit des Lichts« (1405). »… von denen, die zu deiner Hochzeit geladen…, wirf unseren Bruder nicht hinaus. Er soll nicht wie der törichte Mensch sein, der sich das Hochzeitsgewand nicht anzog, nicht im Finstern sitzen wie die fünf törichten Jungfrauen« (1402).

Bild der Kirche

Die Kirche ist für die Liturgie Christi Braut. Diese Rede von der Braut ist hier ein alter, vielbeschrittener Weg, um Aussagen über die Kirche zu machen.

Zur Weihe der Kirche St. Johannes im Lateran (Rom): »Sie ist, Herr, die Mutter aller Lebendigen, Leben und Heil aller, die an dich glauben. Sie ist die Braut deines Lammes, ist ganz hell im Glanze seiner eigenen Herrlichkeit. Für sie hat, gütiger Vater, dein Eingeborener das Kreuz ertragen und den Feind besiegt…« – (Paralleltext:) »Sie ist das wahre Haus des Gebetes…, hier wohnt deine Herrlichkeit, der Sitz unveränderlicher Wahrheit, das Heiligtum der ewigen Liebe. Sie ist die geliebte und einzige Braut, die Christus mit seinem Blut erworben und mit dem Heiligen Geist belebt hat« (Corpus Praef. Nr. 983 und 984).

»… Christi Braut, die Kirche, heiligst du immerwährend, damit sie als Mutter sich freut über ungezählten Nachwuchs und in deine himmlische Herrlichkeit eingehe« (Corpus Praef. Nr. 896).

»So gibt es unvergängliche Gaben kostbarer Liebe. So gab der Bräutigam der Braut kostbare Geschenke, nämlich lebendiges Wasser. Nur durch ein einziges Bad darin wird die Braut gewaschen, um ihm zu gefallen. Er gab ihr Öl der Freude. Er nannte sie seinen Tisch und hat sie mit Weizen gesättigt, mit süßem Wein erfüllt. Gerechtigkeit verlieh er ihr als Schmuck. Er schenkte ihr ein Gewand, goldbesetzt mit vielen Fähigkeiten. Sein Leben hat er eingesetzt für sie...« (Corpus Praef. Nr. 592).

Zugänge zur biblischen Spiritualität

Staunen

Staunen als Befreiung

Hier ist zunächst auf ein sprachliches Problem aufmerksam zu machen (das übrigens nicht das einzige im Verhältnis zwischen Neuem Testament und Mystik ist; s. unten zu »Einssein«): In der späteren Mystik (besonders seit Meister Eckhart) bedeutet Leerwerden etwas Positives, eine grundlegende geistliche Erfahrung. Im Neuen Testament und in verwandten Schriften dagegen ist »Leere« negativ besetzt. Sie bedeutet Gottesferne und Wertlosigkeit. Ein leerer Geist ist nach dem »Hirten des Hermas« ein wertloser, teuflischer Geist.

Der positiven Bedeutung des Leerwerdens in der späteren Mystik entspricht dagegen im frühchristlichen Schrifttum ein ganz anderes Wort: staunen können und staunen.

»Staunen« ist im frühen Christentum immer die Reaktion auf eine Überraschung und bedeutet damit: von Erwartungen frei zu werden. Die Erwartungen, die man mit Jesus verbindet, sind nicht hoch. Was ist von einem Zimmermannssohn aus Nazareth schon zu erwarten? Und dann staunen die Menschen über seine Taten. Sie sehen sich vor etwas nie Dagewesenes gestellt. Sie fragen: Wer ist denn dieser? weil ihre Begriffe und Kategorien nicht ausreichen. Auch wo man dennoch geredet hat, ist die Vielzahl der »Namen Jesu«, das heißt der

Titel und Namen, mit denen man versuchte, das Geheimnis seiner Individualität zu umschreiben, ein Zeichen dieser Hilflosigkeit. Doch diese Hilflosigkeit hat auch ihre positive Seite; sie bedeutet: erkennen, daß man nicht weiß, aufgeben von Vorurteilen, Beseitigung von Blockaden zugunsten einer fruchtbaren Unwissenheit. Denn zu erkennen, daß man nicht weiß, oder – neutestamentlich formuliert – die Fassungslosigkeit kann immer nur der Beginn eines neuen, positiven Weges sein. Genau diese Krise heißt später das Leerwerden (von liebgewordenen Vorstellungen älterer, jetzt aber nicht mehr angemessener Art).

Thomas-Evangelium Logion 2 lautet: »(1) Jesus sagt: ›Wer sucht, soll so lange weitersuchen, bis er findet. (2) Wenn er aber findet, wird er erschrocken sein. (3) Wenn er erschrocken ist, wird er staunen. (4) Und er wird König sein über die unsichtbare Welt.‹«

Dieses Jesuswort stellt uns einen Weg vor Augen: suchen, finden, erschrecken, staunen, König sein. Im Rahmen der üblichen frühchristlichen Sprache ist diese Folge so aufzulösen:

Suchen: neugierig sein, unterwegs sein nach Wissen, fragen, eingestehen, daß man sucht und noch nicht hat.

Finden: eine theologische Einsicht bekommen, zum Beispiel über eine Stelle aus der Schrift (Altes Testament).

Erschrecken: wahrnehmen, daß menschliche Möglichkeiten zu Ende sind, weil man es mit Gott zu tun hat, erschrecken über Gottes Größe

Staunen: sich überraschen lassen (besonders: von der Faszination Gottes), feststellen, daß keine der üblichen Schubladen mehr ausreicht, um das Neue zu erfassen.

König sein: König sein ist anders als in unserer Sprache nicht die Beschreibung einer Herrschaft, die gegen andere und auf deren Kosten ausgeübt wird, sondern meint radikale Freiheit von allen Grenzen und von allem, was einengt und belastet, so zum Beispiel auch vom Tod.

Sowohl in der Beschreibung eines Weges (s. oben zu »Weg«) als auch wegen der starken Betonung des Freiwerdens ist das

Logion 2 des Thomas-Evangeliums ein sehr wichtiges und typisches Zeugnis urchristlicher Spiritualität.

Wunderbare Geheimnisse

In der Antiphon zum *Benedictus* in den *Laudes* des 1. Januar heißt es im zisterziensischen Stundengebet:

»Ein staunenswertes Geheimnis wird heute verkündet: Göttliche und menschliche Natur begegnen sich in einem neuen Geschehen. Gott wird Mensch. Was seit jeher war, ist die göttliche Natur geblieben, das, was erst in der Zeit geworden ist, hat sie zu sich emporgezogen. Doch weder vermischt noch geteilt wurde sie dabei.«

Besonders in Präfationen werden die staunenswerten Geheimnisse bedacht:

»Dies ist ein wunderbares Geheimnis des Glaubens: Getötet zu werden bedeutet Lob, getötet zu haben bedeutet Verurteilung. Dies ist ein heiliger Krieg, in dem die einen wirklich, die anderen nur scheinbar umgebracht werden. Dies ist ein besonderer Kampf: Der die anderen vernichtend geschlagen, unterwirft sich dem Tod, den Sieger verfolgt der Teufel mit glühender Wut, denen aber, die weiterhin ermordet werden, kommt Christus mit der Kraft der Geduld zu Hilfe. Der Teufel wird mit dem Mörder bestraft, mit den Ermordeten triumphiert Christus, der Teufel stürzt seinen Diener mit sich selbst in die Hölle, Christus führt seine Märtyrer zum himmlischen Reich« (Corpus Praef. Nr. 223).

»Jesus Christus hat, um uns ins hohe Himmelreich zu geleiten, es nicht gescheut, verachtet zu sterben und die Hölle zu durchwandern. So wollte er denen … schenken, das wunderbare, süße ewige Leben zu genießen, für die er den bitteren Trunk der Galle genommen hatte. So wollte er die gekrönt mit herrlicher Krone in den Himmel aufnehmen, für die er die Dornenkrone auf dem Haupt getragen. Denn jene dürfen in wunderbarem Lauf in den Himmel steigen, für die er, mit Geißeln gepeinigt, den Kreuzesgalgen bestiegen hat« (Corpus Praef. Nr. 497).

»Er ist das Lamm Gottes, das die Sünden der Welt trägt. Obwohl geopfert, stirbt er niemals, sondern er lebt für immer, obwohl er getötet wurde« (Corpus Praef. Nr. 865).

»Du wolltest nicht, daß der Abschied des Menschen von dem irdischen Leib sein Ende bedeute, sondern nur Schlaf. So hast du beim Abschied zum Schlaf Kraft gegeben durch das Vertrauen auf die Auferstehung. Denn das Lebendigsein derer, die an dich glauben, wird nicht beseitigt, sondern in den Himmel versetzt. Und das Leben deiner Auserwählten wird nur gewandelt, nicht genommen. Denn weder unterschiedlicher Tod noch verschiedene Weisen umzukommen widerstehen deiner Kraft, den Menschen wiederherzustellen... Die Erde wird den lebendig wieder hergeben und alles Genommene dem wiedererstatten, der wiederauflebt. So wird er Unvergänglichkeit anziehen, wenn er die Vergänglichkeit abgelegt hat« (Corpus Praef. Nr. 225).

Diese Texte leben von den Gegensätzen zwischen Tod und Leben, Vergänglichem und Unvergänglichem, Gott und Mensch. Und wo können diese Gegensätze stärker sein und wunderbarer aufeinander prallen als dort, wo es um Gott den Schöpfer geht? Der Beter stellt die Daten der ihm vertrauten Heilsgeschichte zu Gegensätzen zusammen. Dadurch entstehen Aussagen, die in ihrer Dichte einzigartig und Meditation »im Vollzug« sind.

Das heißt: Mit den liturgischen Texten des 1. Jahrtausends sollte man die Dramatik der Zuwendung Gottes zum Menschen, die Aufnahme des Menschen in Gott, das »Erscheinen«, den »Tausch«, die »Verwandlung«, die »Teilhabe« oder wie auch immer man das genannt hat, zum Thema machen. Das heißt: Mit dem Thema »Gott« ist auch das Thema »Gott und Mensch« wiederzugewinnen.

Furcht und Zittern

Wenn Paulus vor einer ihm unbekannten Hörerschaft steht, die er für das Evangelium gewinnen will, überfällt ihn Furcht und Zittern. Also nicht missionarischer Eroberungsdrang oder siegreiches Selbstbewußtsein, sondern Angst. Nicht vor den Menschen, sondern weil das, was er vermitteln muß, heilige Gegenwart Gottes ist. Weil mit seinen Worten und unter seinen Händen das Entscheidendste geschieht, was geschehen kann: Heiliger Geist erreicht definitiv die Menschen. Gott selbst kommt zu den Herzen, in denen er wohnen will. Das Wort, das Paulus ausrichtet, will Echo und Antwort finden bei den Menschen. Dies ist der entscheidende, riskante Vorgang. Ähnlich sagt es Paulus auch den Christen: Wirkt in Furcht und Zittern euer Heil (Philipper 2,12b). Die Christen selbst also sollen auch ihrerseits, wenn sie dann in ihrem Werk Antwort geben auf ihren Glauben, eher scheu und ehrfürchtig dem Wirken des Geistes in ihnen selbst Raum geben. Denn hier ist Gott am Werk.

Furcht und Zittern sind in der jüdischen Religionsgeschichte immer Antwort auf Theophanie, auf Gottes Erscheinen unter Menschen, auf seine heilige, wirkmächtige und hilfreiche Gegenwart.

Offenbar ist das ein uns fremder Zug in der frühchristlichen Spiritualität, um so fremder, wenn in unseren Tagen angesehene Theologen die definitive Befreiung von jeder Angst im Christentum verkünden. Und dagegen steht dann Jesu Wort, die Menschen sollten Angst nicht vor dem Teufel haben, sondern vor Gott. So Matthäus 10,28: *Habt keine Angst vor denen, die euch zwar leiblich umbringen, doch euer Innerstes nicht töten können. Habt aber Angst vor Gott. Denn er kann euch äußerlich wie innerlich in der Hölle umkommen lassen.* Man kann überlegen, ob man in ein Buch, das den Menschen biblische Spiritualität nahebringen will, diese Passagen über Furcht und Zittern überhaupt aufnehmen soll. Ist nicht Spiritualität genau jenes Erlebnis, das uns in einer Gruppe und ihrem Gottesdienst heimisch machen könnte? Ist da nicht die Rede von Furcht, Angst und Zittern sehr störend?

Philipper 2,12–15: *Daran, meine Lieben, sollt ihr zuallererst denken. Ihr habt immer gehorcht, nicht nur, wenn ich bei euch war, auch wenn ich nicht bei euch war. Ich fordere euch daher auf: Wagt euch mit Furcht und Zittern auf den Weg zu eurem Heil bei Gott. (13) Denn ihr habt es mit Gott zu tun. Er allein kann, wie er will, euch die Kraft geben zum Wollen und zum Tun. (14) Tut alles ohne Murren und Einwände. (15) So bleibt ihr lauter und rein, unschuldige Kinder Gottes, inmitten einer verkehrten und verdrehten Gesellschaft. Dann seid ihr wie das Licht der Welt.*

Paulus liebt die Wechselbäder – wie sonst, so auch hier: einerseits Angst mit Furcht und Zittern, andererseits Vertrauen ohne Grenzen. Denn Gott gibt die Kraft zum Wollen und zum Tun. Was brauchen wir mehr?

Die Bibel unterscheidet nicht zwischen Furcht und Angst, kennt nicht den feinen Unterschied des Deutschen, wo wir Furcht für angenehme Oberherren reservieren, Angst für die unangenehmeren. Doch wenn Jesus von der Angst vor Gott redet, meint er den, den die Bibel »Schrecken Jakobs« nennen kann. Angst muß man unsere Zeit nicht erst lehren. Weltkriege und Terror, Gestapo und Stasi sitzen uns noch in den Knochen.

Aber Angst vor Gott? Ist das nicht ein Rückfall ins Mittelalter? Viele Menschen sagen, sie seien in ihrer Jugend mit Höllenangst religiös erzogen worden. Prüft man nach, so bleibt in der Regel nicht viel davon, nur eine ganz bestimmte Rolle der Kirche. Sie soll auch noch für alle Ängste geradestehen, die die Menschen je gehabt und die angeblich *sie* ihnen eingeredet hat.

Doch gerade hier sollte man mit dem Wort Jesu unterscheiden. Die Angst vor Gott ist keine diffuse und hoffnungslose, wie sonst die Angst vor den unberechenbar Mächtigen. Ich denke an Mose vor dem brennenden Dornbusch. Gott sagt ihm: Zieh die Schuhe aus, denn hier ist heiliges Land. Heilig ist Gott selbst, wie ein Tabu, denn er ist Ursprung von Leben und

Tod, Gefährdung und Ursprung zugleich. Vergessen wir das nicht: Gerade weil Gott uns in Jesus Christus nahegerückt ist, ist er nahe auch als der Richter. Und selbst die Christus-Ikonen der Ostkirche sagen etwas von Gottes unnahbarer Heiligkeit. Daher warnen die Mönche: Man kann wahnsinnig werden, wenn man lange allein hinschaut.

Die erste Regel aller Theologie heißt: Gott ist heilig und unfaßbar groß. Die zweite Regel heißt: Noch unfaßbarer als seine Größe ist seine Liebe. Aber beides gehört zusammen, und zwar genau in dieser Reihenfolge. Nur weil es der große und heilige Gott ist, kann er uns auch die Hand führen. Nur weil er uns näher ist als wir uns selbst, können wir uns auf ihn verlassen. Nur weil er so unfaßbar groß ist, kann er uns vor allem schützen, selbst vor den Folgen unseres verkehrten Tuns. In dem Text Philipper 2,12f kommt beides auf einzigartige Weise zusammen: die Größe Gottes und seine Zärtlichkeit. Und seine Zärtlichkeit ist doch nur deshalb ein Wunder über alle Wunder, das uns schier fassungslos macht, weil es eigentlich und in Wahrheit Gott ist, der so gut zu uns ist.

In der Offenbarung hört der Seher Johannes das Heilig, heilig, heilig, das beim Thron Gottes gesungen wird. Im 20. Jahrhundert wurde dieses Lied für den Religionsphilosophen Rudolf Otto zum zentralen Erlebnis. Er beschreibt seine Erfahrung in einer armseligen Synagoge in Marokko: »Plötzlich löst sich die Stimmenverwirrung und – ein feierlicher Schreck fährt durch die Glieder – einheitlich klar und unmißverständlich hebt es an: *qadosch, qadosch, qadosch, elohim adonai zebaoth maleu haschamajim wahaarez kebodo* (Heilig, heilig, heilig ist Gott, der Herr der Heerscharen. Himmel und Erde sind seiner Herrlichkeit voll.) Ich habe«, schreibt er weiter, »das *sanctus, sanctus, sanctus* von den Kardinälen in Sankt Peter und das *swiat, swiat, swiat* in der Kathedrale des Kreml und das *hagios, hagios, hagios* vom Patriarchen in Jerusalem gehört. In welcher Sprache immer sie erklingen, diese erhabensten Worte, die je von Menschenlippen gekommen sind, immer greifen sie in die tiefsten Gründe der Seele, aufregend und rührend mit mächtigem Schauer das Geheimnis des Überweltlichen, das dort unten schläft.« Heilig, heilig, heilig. Gott selbst aber flüstert – welch ein Gegensatz zum donnernden Zeus der Griechen.

Der erste Unterschied zum gewöhnlichen Entsetzen ist dieser: Diese Angst lähmt nicht, denn dieser nahe Gott ist einer, der uns drängt. Er ist ja der Schöpfer. Deshalb sagt Paulus: Die Liebe Christi drängt mich, sie treibt mich an und drängt mich zum Handeln. So ist der schöpferische Gott, der doch bei alledem der unfaßbar große Gott bleibt, bei uns wie einer, der uns die Hand führt. Früher machte man das so beim Schreibenlernen: Man führte dem Kind die Hand. Das Kind saß dazu auf dem Schoß der Mutter. So ist das mit Gott. Was er von uns erwartet, das tut er, indem er die Hand führt. Ein mütterlicher, zärtlicher Gott, uns so nahe, daß wir sein Herz schlagen hören. Ehrfurcht also weniger vor dem gestirnten Himmel über uns als vor Gottes Werk an uns, in uns. Er führt uns die Hand, doch wir müssen schreiben. Er gibt uns das Geld, doch wir sollen es ausgeben. Wir müßten genauer auf Gottes Herz hören, dann wüßten wir auch, was Gott will. Das Gras wachsen hören kann man nur, wenn man sich sehr tief beugt. Dann aber brauchen wir nicht lange zu suchen, wenn wir versuchen, Gott so zuzuhören. Wenn wir die Sprache des Herzens nicht vorschnell mit Ausreden überdecken.

Und das ist der zweite Unterschied zur gewöhnlichen Angst. Bei der üblichen Angst muß man um sein Leben besorgt sein und zusehen, wie man der Angst entkommt. Bei der Angst vor dem Richtigen blicken wir von uns weg. Dann bleibt keine Zeit für das Starren auf uns selbst. Gewöhnliche Angst lähmt uns, denn wir haben Angst vor dem eigenen Versagen.

Paulus aber sagt uns: Gerade wenn ihr in Furcht und Zittern vor ihm seid, braucht ihr euch nicht vor dem eigenen Versagen zu fürchten, denn Gott führt eure Hand. Nur hier kommt die größte Angst mit dem größten Trost zusammen, Furcht und Zittern mit dem Vertrauen darauf, daß dieser Gott uns doch nahe ist wie eine Mutter.

Paulus sagt: Ihr müßt die Angst eben nicht vor euch selbst haben. Das kommt, wenn man nur auf sich selbst starrt. Nur wenn ihr auf Gott blickt, werdet ihr erlöst aus dem Elfenbeinturm der Angst vor dem eigenen Versagen. Denn wenn ihr auf Gott blickt, dann könnt und dürft und müßt ihr euch etwas schenken lassen. So fordert Paulus uns eindeutig auf: Werft eure Sorgen auf den Herrn!

Leiden

Weltweit leiden viele Menschen und Tiere. Wird das Leiden nicht verharmlost, wenn man es unter dem Stichwort »Spiritualität« erörtert?

Teil von Christi Leiden

Nach der Auffassung des Paulus sind die Mißhandlungen und Strapazen, die er zu erleiden hat, identisch mit dem, was Jesus erlitten hat, sind ein Teil davon. Man geht nicht ganz fehl, wenn man in dieser Auffassung seines Berufs auch den Schlüssel zum Verstehen der Theologie des Paulus erblickt. Der Apostel ist mit seinem gesamten Wirken eingebettet in das Tun des Messias Jesus. Das ist der Unterschied zu den Nichtchristen und Tieren: Paulus erfährt sein Leiden anders. So bleibt es nicht stumm und sinnlos, sondern bekommt seinen Sinn, weil es in den Apostolat des Paulus eingefügt ist. So klagt Paulus nicht wehleidig über das, was alles ihm wehtut, und beschuldigt nicht die anderen, sondern sieht seinen Leidensweg als Teil von Gottes Kampf um die Welt. Er sieht sein Leben und seine Aufgabe untrennbar zusammen. In seinen Leiden setzt sich der Dienst Jesu fort, und in seinen Verfolgungen sieht er den fortdauernden Widerstand der Welt gegen Gott.

2. Korinther 4,6–11: *Diesen Dienst hat Gott mit dem Wort begründet: »Wo Finsternis war, soll Licht strahlen.« Gott selbst*

ist das Licht in unseren Herzen geworden und hat uns seine
strahlende Herrlichkeit spüren lassen, die im Widerschein auf
dem Antlitz Jesu Christi leuchtet. (7) Sie ist ein unermeßlicher
Schatz, den ich in meinem Leib wie in einem Tongefäß ver-
wahre. Daran wird ganz deutlich, daß die reiche Vollmacht,
die ich habe, von Gott kommt und nicht von mir selbst. Das
zeigt sich auch an meinem Geschick: (8) Immer wieder gerate
ich in Bedrängnis, doch nie in Verzweiflung, ständig gerate
ich in tausend Nöte, doch nie in Hoffnungslosigkeit. (9) Ich
werde verfolgt und bin doch nicht von Gott verlassen, ich werde
verleumdet und gehe doch nicht unter. (10) Tagtäglich ertrage
ich Jesu Leiden und Sterben am eigenen Leibe. Doch jedes-
mal rettet mich sichtbar und offenkundig die Kraft des Le-
bens, die von Jesus ausgeht. (11) Denn solange ich lebe, wer-
de ich wegen Jesus immer wieder dem Tod ausgesetzt. So soll
die von Jesus ausgehende Kraft des Lebens auch an meinem
sterblichen Leib sichtbar werden. (12) Daher gilt: Auf meiner
Seite wirkt der Tod, auf eurer dagegen das Leben.

Was bedeutet das für den einzelnen Christen? Die Leiden und
Beeinträchtigungen, die Paulus nennt, sind nicht beliebige
Infektionen, sondern Nachteile bis hin zur physischen Folter,
die der Christ wegen seines Glaubens, und weil er ihn mutig
vertritt, in Kauf nehmen muß. An der bekannten Stelle aus der
Apostelgeschichte (9,4) wird das deutlich: Als Paulus Christen verfolgt, erscheint ihm der auferstandene Jesus und fragt
ihn tadelnd: Saul, Saul, warum verfolgst du mich? Das heißt
doch: Wenn Paulus Christen verfolgt, verfolgt er Jesus Christus selbst. Das gilt deshalb, weil die Kirche nach Paulus der
Leib Christi ist. Wenn in einem Leib ein Glied leidet, dann
leiden die anderen mit. Paulus nennt das »Sympathie«. Denn
im Leib Christi gilt: Mitgefangen, mitgehangen. Oder freund-
licher formuliert: Wo immer ein Christ wegen seines Glaubens oder als Christ leidet, da leiden die anderen mit. Geteil-
tes Leid wird auf diese Weise halbes Leid; doch das ist kein
psychischer Vorgang, sondern ist in der paulinischen (und wohl
auch schon jesuanischen) Auffassung von Kirche begründet.

Schon bei Jesus kann man Spuren der Auffassung entdecken, daß der Menschensohn – um diesen »Namen« Jesu geht es – eine kirchliche, »kollektive« Dimension von seinem Ursprung in Daniel 7 her besitzt und auch im Neuen Testament nie verloren hat. So werden zum Beispiel nach Matthäus 19,28 die zwölf Jünger als exemplarische Jünger herrschen, wenn der Menschensohn herrscht. Und in der Offenbarung des Sehers Johannes werden die Christen gemeinsam als Könige regieren (zum Beispiel nach 20,6). Es gibt also in der Tat Hinweise darauf, daß Jesus von Anfang an oder wenigstens sehr früh grundsätzlich nicht allein steht, sondern immer mit seinen Jüngern zusammen. Hier liegt der Grund dafür, daß auch das Leiden des einzelnen Christen nicht sein privates Unglück ist, sondern wirklich Teil des Leidens Jesu Christi.

Das bedeutet: Jeder einzelne Christ ist Teil der vordersten Frontlinie im Kampf zwischen Gott und Welt. Dazu gehören Leiden bis hin zu physischen Qualen. Wenn der einzelne Christ Außenposten Gottes ist, kann das auch nicht anders sein. Denn in der Sturmflut ist jeder Meter Böschung beteiligt.

Schon das Alte Testament sieht wohl das Leiden aller Gerechten im Bild des Gottesknechtes »zusammen«. In unserer Zeit ist Christentum weltweit wieder eine Religion der Märtyrer geworden (16 000 pro Jahr).

Entscheidend ist die Auffassung des einzelnen von seinem Leiden, und so kann er es auch ertragen. Was er leidet, ist nicht zufälliges Mißgeschick, sondern verbindet ihn mit Christus. Und was anderen als Strafe für eigenes Fehlverhalten erscheinen könnte, ist in Wirklichkeit Teil der zukünftigen Ordnung, ist in Wahrheit Ehre und verborgene Herrlichkeit der kommenden Welt. Denn das Leiden, das einer wegen Christus erträgt, hat Anteil an dem totalen Wertkontrast, der zwischen dieser und der künftigen Welt besteht. Dieser Kontrast bedeutet für ihn Schmerz und Peinigung, bis hin zum Martyrium. Es geht daher um eine Erfahrung dessen, wie aus dem Alten das Neue sich heraushebt, daß dabei aber Gottes »Wertordnung« in totalem Gegensatz steht zu dem, das normalerweise etwas gilt.

Das Leiden des Christen bedeutet daher in Wahrheit Auszeichnung und Erwählung. Was bürgerlich gesehen Schande zu sein scheint, ist in Wirklichkeit Gottes Herrlichkeit.

So ist die Erfahrung von Leid und Verfolgung zwar alles andere als angenehm, doch es handelt sich um eine unbezweifelbare Wahrnehmung und Bestätigung der Glaubensaussage, die sich schon in Jesu Wort nach dem Johannes-Evangelium ankündigt: Werden sie mich verfolgen, dann auch euch (Johannes 15,20). Wenn die Jünger und Jüngerinnen nun auf schmerzvolle Weise erleben müssen, was der Meister angekündigt hat, ist das leidvolle Bestätigung der grundsätzlichen Aussage Jesu über die Unvereinbarkeit von Gott und Unrecht.

Insofern gibt es ein verborgenes Geheimnis des Leidens aller Verfolgten und Märtyrer: Mit ihnen und in ihnen und für sie ist die neue, unsichtbare Welt Gottes schon wirklich. Wenn der Schmerz ein Geheimnis und eine Zukunft hat, nicht endlos ist und nicht ohne Hoffnung besteht, ja wegen dieser Hoffnung erlitten wird, dann ist die Evidenz des Schmerzes besser als gar nichts.

Geduld

Disqualifizierte Geduld

Karl Marx und Friedrich Engels haben bekanntlich 1839/41 an der Universität Bonn hauptsächlich bei Bruno Bauer (evangelische) Theologie studiert und schon in dieser Zeit zum Stöhnen der Kreatur nach Römer 8,22 die Konzeption entwickelt, das Christentum mache zwar die Leiden sichtbar, vertröste aber die Menschen nur (K. Marx, Frühschriften, 1953, 207.224). Es sei vielmehr jetzt wichtig, die Geschicke der Welt endlich selbst in die Hand zu nehmen und »Abhilfe« zu schaffen. Christentum sei nur »Opium des Volkes« (so der exakte Wortlaut).

Auch der Kapitalismus hat seine eigene Weise der Ungeduld. So ist die Abwertung der Geduld allgemein ein Nebenprodukt der säkularisierten Fortschrittsidee der Aufklärung.

Seit dieser Zeit pflegte man Geduld zu disqualifizieren und setzte an ihre Stelle das Wort »Veränderung«. Denn Geduld steht für endlose und sinnlose Vertröstung, für das Sich-Arrangieren mit den Mächtigen.

Nachdem nun der Marxismus in verschiedenen Spielarten vorerst gescheitert ist und in Gestalt von Leninismus und Maoismus unverhältnismäßig viele Todesopfer gekostet hat, wäre es vielleicht an der Zeit, die Geduld zu rehabilitieren. Die Spiritualität des Urchristentums ist in mehrfacher Hinsicht eine Spiritualität der Geduld.

Geduld ist nicht Passivität

Es läßt sich schon an der Natur beobachten, daß jedes Leben, insbesondere das Leben eines Menschen, sehr lange braucht, um zu werden. Das gilt auch für die Erziehung. Sie wird nicht in einmaligen Aktionen erreicht, sondern dauert Jahre. In beiden Fällen geht es bekanntlich nicht um passives Abwarten, sondern jedes Werden ist ein komplexer Prozeß, zu dem Geben und Nehmen, Aktivität und Passivität genauso dazugehören wie zu Leben auch sonst, nur wesentlich weniger für das Auge sichtbar, in unbemerkten, eben nur auf die Dauer wichtigen »kleinen« Prozessen.

Geduld ist die besondere Brücke zwischen Leiden und Herrlichkeit. Man könnte dagegen einwenden, die Brücke zwischen jetzt und dann sei die unverbrüchliche Wahrheit des Glaubens; Geduld sei zu subjektiv. – Interessant ist aber, daß es im Neuen Testament kein Wort für das gibt, was wir »Glaubenswahrheit« nennen. Anders beispielsweise bei Thomas von Aquin: In seiner Summa theologica konstruiert er eine universale, für immer gültige Wahrheit.

Das, was wir im Neuen Testament zumeist mit »Wahrheit« wiedergeben (zum Beispiel Johannes 8,32: *Die Wahrheit wird euch frei machen...*) bezieht sich nicht auf Aufklärung über Sachverhalte, sondern auf Gottes Treue und Beständigkeit; die Wahrheit ist Gott selbst und auch Jesus selbst *(Ich bin die Wahrheit...)*. Das kann aber unmöglich eine Ansicht über einen Sachverhalt sein, sondern liegt auf einer ganz anderen Ebene. Wenn Gott die Wahrheit selbst ist, dann besteht die Weise, in der diese Wahrheit existiert, darin, daß Gott treu ist. Nicht Wissenschaftler mit ihren Beweisen und Argumenten, sondern Zeugen müssen mit ihrer ganzen Existenz für diese Wahrheit einstehen.

Es könnte sein, daß die Zeiten für das thomistische Wahrheitskonzept (das übrigens auch das der protestantischen Orthodoxie ist) in gewisser Hinsicht vorbei sind und daß es – wie zur Zeit des Neuen Testaments – wieder viel mehr auf das persönliche Zeugnis und die persönliche Glaubwürdigkeit ankommt. Wird nicht christliche Wahrheit heute eher so vermittelt? Und entspricht das nicht der Art, in der Offenbarung geschehen ist, sehr viel mehr als ein aristotelisches Konzept? – Damit sollen weder kognitive (auf Erkennen gerichtete) Elemente im Christentum geleugnet noch Dogmen bestritten noch lehrhafte Formulierungen des Christentums untergraben werden. Es geht nur um die Priorität und das eigenständige biblische Konzept von der Treue und Stabilität Gottes, das nur zu oft mit der Wahrheit von Glaubenssätzen verwechselt wurde. Es geht auch nicht um eine existentielle Auflösung der Wahrheit, sondern um die viel schlichtere Einsicht, daß das biblische Wort, das wir mit Wahrheit übersetzen, auf anderer Ebene liegt als unsere Lehrwahrheiten. Das aber hat erhebliche Konsequenzen, die in unserem Zusammenhang bedeuten:

Geduld ist treues Durchhalten, unbeirrte Bewährung des Glaubens im Alltag, Nichtaufgeben des Glaubens in Not und Verfolgung. Die so verstandene *Geduld ist die spiegelbildliche Entsprechung zur Treue Gottes*. Sie hat dieselbe zeitlich zerdehnte »Struktur«. Geduld ist daher die Weise, in der Christen von der Zuwendung Gottes zeugen und sie gewissermaßen abbilden.

Dieser Beschreibung der Geduld entspricht auch genau ihr Ziel. Es besteht darin, daß wir »erhoffen, daß wir dein Angesicht sehen werden« (*vultus tu visionem:* 1. Vesper zum 1. Advent im zisterziensischen Stundengebet). Dabei versteht sich von selbst, daß die Geduld schon ihrer Entstehung nach so etwas wie ein Siegel-Abdruck Gottes in der Kreatur ist.

Geduld wird deshalb unter »Spiritualität« behandelt und nicht einfach nur unter Ethik, weil es sich um eine sich durchhaltende alltägliche Erfahrung handelt. Christen erfahren nicht nur Leiden (s. oben), sondern vor allem auch, daß sich Gottes Verheißungen hinauszögern, daß lange, viel zu lange alles beim alten bleibt und sie dennoch die Kraft haben, immer wieder zu warten. Um Spiritualität geht es deshalb, weil diese Art von Treue und Widerstandsfähigkeit immer auch eine große Gnade ist.

Geduld und die Frage nach dem Bösen in der Welt

Nun ist die Treue Gottes offensichtlich nicht gerade das, was Menschen heutzutage von Gott wahrnehmen. An die Stelle der Treue ist, so könnte man sagen, Untreue und Abwesenheit getreten.

Viel anders war das freilich zu Zeiten der Entstehung der Bibel auch nicht. Und die Psalmen appellieren an Gottes Treue auch dann, wenn sie sie loben. Umgekehrt ist auch der Ruf von Psalm 22, den Jesus wiederholt *(Mein Gott, wozu hast du mich verlassen?),* ein Appell in der Form der Klage und Frage.

Geduld setzt im wesentlichen voraus, daß Gott nicht ständig in die Welt eingreift. Die Geduld richtet sich gewissermaßen mit dieser Situation ein. An dieser Stelle ergibt sich daher ein sehr enger Zusammenhang von Spiritualität und Dogmatik. Denn es ist natürlich zu fragen, woher wir das Recht nehmen zu sagen, Geduld habe ein Ziel.

Dieses Recht entnehmen wir den paulinischen Aussagen. Nach Paulus hat Gott seine Schöpfung noch nicht vollendet, er kann sein Schöpfungswerk erst wirklich beenden, wie er es wollte, wenn der Tod besiegt ist. Begonnen hat diese zweite Schöpfungsphase mit der Auferweckung Jesu Christi. Erst wenn der Tod besiegt ist, kann Gott alles in allem sein. Bis dahin benötigen wir Geduld. Aber ganz sicher ist nach Paulus auch, daß Gott den Tod des Menschen nicht gewünscht und gewollt hat. So ist Geduld auch darauf gerichtet, daß sich Gott am Ende als der erweist, der unter keinen Umständen Leiden und Böses gewollt hat. Daher ist auch das Leiden begrenzt und damit die Zeit der Geduld.

Man könnte sagen: Sünde ist eigentlich Ungeduld. Denn der Sünder hat »keine Zeit« und macht kurzen Prozeß dort, wo er sich etwas geduldig aneignen müßte (zum Beispiel Geld/Bankeinbruch) und was Gott ihm eigentlich zu seiner Zeit geben wollte. Daher schenkt Gott nach dem Neuen Testament von sich aus, was er nach der Paradieseserzählung dem Ungeduldigen verbieten mußte (vom Baum des Lebens zu essen/ewiges Leben). Das heißt: Gott will dem Menschen alles geben, was er braucht, nur eben zu seiner Zeit.

Als Weg, die eigene Ungeduld zu überwinden, wird immer wieder das Gebet genannt (zum Beispiel Offenbarung 6,9f). Aus diesem Grund hilft das Gebet auch gegen Versuchungen zu sündigen, denn eben dabei ging es um die mangelnde Geduld (vgl. Markus 14,38 und Kontext; es geht direkt um Jesu Leidensfähigkeit und Geduld).

Manchmal scheint Gott dem Menschen auch jetzt etwas zu versagen, weil er ihm in Zukunft das um so Herrlichere schenken will. Auch das erfordert sehr viel Geduld. Beispiel: Nach Johannes 11,3–4 versagt Jesus dem Lazarus die Heilung. Er muß vielmehr erst sterben. Danach erst wird er auferweckt. Im Interesse der Herrlichkeit Gottes (11,4) war das Warten und Sterben des Lazarus sinnvoll, denn sie konnte sich in ihrer Durchschlagskraft an ihm machtvoller erweisen, als er schon tot war.

Man kann die Form, in der sich Geduld äußert, auch – weniger fromm ausgedrückt – Kultur des Widerstands nennen. An dieser Stelle wird dann der Zusammenhang von Spiritualität und Kultur erkennbar. Unter Kultur kann man die Verhaltensweisen einer Gruppe verstehen, die sich von anderen Gruppen unterscheidet. Dazu gehört häufig eine bestimmte Tradition, etwas, das gemeinsam bewahrt wird und daher die Stabilität einer Gruppe entweder besonders begründet oder besonders in Frage stellt. »Geduld« kann insofern kulturell gesehen ein konservatives Verhalten sein. Denn man spricht nicht nur von der geduldigen Entwicklung von Neuem, sondern auch von der Geduld und Standhaftigkeit, mit der man sich etwas nicht nehmen läßt. Dieser Kampf ist häufig gegen übermächtige Gegner gerichtet, die einer bestimmten Gruppe – häufig vergeblich – ihr »Eigenstes« nehmen wollen. Spiritualität der Geduld ist dann das Festhalten an dem, was als erinnerte Kultur wesentlich die Zusammengehörigkeit einer Gruppe begründen und erhalten kann.

»Widerstand« ist eine Form von Geduld, besonders im Zusammenhang mit der Kultur einer Gruppe. So staunt man zu hören, daß ostdeutsche Frauenklöster seit 750 Jahren alle nur möglichen Formen von Herrschaft überstanden haben, von den Mongolen-Einfällen bis E. Honecker.

Unter diesem Stichwort sind aber besonders jüdische und apokalyptische Gruppen zu nennen. Und es trifft sicherlich zu, daß von den Frauenklöstern bis hin zu bedrängten Juden in Osteuropa die Spiritualität des Widerstands sich oft als eine bestimmte Mystik äußert.

In der Mystik der Verfolgten und Bedrängten wird die himmlische Wirklichkeit, auf die sie sich verlassen, in demselben Maße mit Händen zu greifen wie die irdische Tyrannenmacht der Verfolger ihrerseits handgreiflich wird. Beides provoziert sich gegenseitig, man könnte sagen: schaukelt sich gegenseitig hoch. Die Mystik ist der Raum, den der Glaube den Bedrängten schenkt, um jetzt und hier schon das Haupt zu erheben (Lukas 21,28), weil mit dem physischen Ende auch die Rettung nahe ist. Nicht zufällig sind große Märtyrergestalten des 20. Jahrhunderts in der Kerkerhaft zu großen Mystikern geworden (Dietrich Bonhoeffer; Alfred Delp).

Zur Mystik des Widerstands gehört die Gewaltlosigkeit, wie sie denn in allem ein negatives Spiegelbild der Unterdrücker ist. Damit haben wir einen letzten, abschließenden Aspekt der Spiritualität der Geduld gewonnen.

Wachsen

Immer wieder verwendet das Neue Testament das Bild des Wachsens, nicht nur für Pflanzen, sondern auch für Menschen. Vom Reich Gottes bis hin zu den Früchten des Geistes, vom Wachsen des Sauerteigs im Teig des Brotes bis zum Wachsen »auf die Größe Jesu Christi hin« reichen die Themen, auf die man mit Bildern des Wachstums eine Antwort sucht.

Vergleicht man in dieser Hinsicht biblische Texte mit modernen Auslegungen und Predigten, so ist das Ergebnis ungeheuer aufschlußreich. Denn abgesehen von Zitaten ist die selbständige Verwendung von Bildern des Wachstums gleich null, sieht man vom bloßen Verb wachsen einmal ab. Es ist auch auf den ersten Blick verständlich, warum das so ist. Abgesehen von der Entfremdung des Menschen von der Natur hat niemand Geduld und Zeit, Phasen des Wachstums zu verfolgen, abzuwarten, zu beobachten oder überhaupt zu beachten.

Es gibt daher eine verlorene biblische Spiritualität des Wachsens. Sie wird zum Beispiel deutlich an der sogenannten »Filiation von Tugenden«. Sie findet sich in Texten wie diesen: Galater 5,22f: *Wer sich aber vom Heiligen Geist leiten läßt, der kann lieben, sich freuen, Frieden halten, der hat einen langen Atem, ist freundlich und gütig, treu, (23) von sanfter Geduld und Selbstbeherrschung.*

Hirt des Hermas, Vision 3,8: »»Die erste, die ihre Hände gefaltet hält, ist der Glaube. Durch sie werden alle gerettet, die Gott auserwählt hat. (4) Die zweite trägt einen Gürtel und sieht tapfer aus. Sie ist die Selbstbeherrschung. Sie ist eine Tochter des Glaubens. Wer ihr nachfolgt, hat ein glückliches Leben, denn er wird alle bösen Taten meiden. Er darf darauf vertrauen, das ewige Leben zu haben, wenn er alle maßlose Triebhaftigkeit meidet.‹ (5) ›Und die übrigen fünf, verehrte Frau?‹ ›Sie sind jeweils Mutter und Tochter, und zwar in dieser Reihenfolge: Lauterkeit, Weisheit, Unschuld, Heiligkeit und Liebe. Wenn du alles das tust, was der Glaube, ihrer aller Mutter, an Werken fordert, dann kannst du das Leben haben.‹ (6) ›Ich möchte gerne wissen, verehrte Frau‹, sagte ich, ›wer von ihnen welche Wirkung hat.‹ ›Das will ich dir sagen‹, erwiderte sie. (7) ›Ihre Wirkungen stützen sich gegenseitig, sie folgen eine aus der anderen – je nachdem, wer Mutter und wer Tochter ist.‹«

Von der Geburt spricht auch Jakobus 1,15f; von dem Hervorkommen anderer Verhaltensweisen aus dem Glauben 2. Petrus 1,5–7.

Sehr häufig steht der Glaube am Anfang. Er hat so viel Kraft in sich, daß alles andere seine Früchte sind oder seine Kinder und Kindeskinder. Das Ganze ist jeweils ein organischer Prozeß des Hervorgehens. Darin wird die innere Konsequenz im christlichen Ethos sichtbar. Es kommt nichts Fremdes hinzu, das Ganze gewinnt eine abschließende Gestalt.

Die nicht-christlichen Philosophen in der Umwelt des Neuen Testaments sprechen hier davon, daß ein Verhalten die Ursache für ein anderes sei oder daß eines zur Blüte eines anderen führe.

Wenn das eine die Frucht von etwas anderem ist, muß man weniger mit Imperativen »aus dem Stand« die Menschen zu etwas auffordern, sondern kann an die Grundmelodie ihres christlichen Weges anknüpfen. Es geht um Konsequenzen und neue Stationen des Weges. Es ist wichtig, daß der kräftige Anfang entfaltet wird in einer Himmel und Erde umspannenden Gemeinschaft.

Man kann fragen: Wie verhält sich dieses organische Werden zu der Tatsache, daß der Mensch noch Sünder bleibt? – Antwort: Das Ziel des Weges ist nicht Perfektion, sondern einen Sinn zu finden.

Die Bedeutung dieses Bildes für die Auffassung von der Rechtfertigung: Liebe und andere »Verhaltensweisen« sind die Entfaltung dessen, daß Gott den Menschen grundsätzlich angenommen und »akzeptiert« hat. Damit kommt überein, daß Paulus auch die Auferstehung als letzte Konsequenz der Gerechtmachung des Menschen betrachten kann.

Das hat große Bedeutung für die Frage der Spiritualität: In ihr geht es, wie wir sie in diesem Buch sehen, ganz wesentlich wirklich um Liebe. Weil Liebe unteilbar ist zwischen den Partnern, deshalb ist jedes Aufrechnen nach Geben oder Nehmen müßig und eigentlich unsachgemäß. Und Wachsen und Werden in den Blick zu nehmen bedeutet nicht Glorifizierung des menschlichen Fortschritts, sondern dankbares Anerkennen, daß es hier Abläufe und Prozesse gibt, wie sie zu jedem Leben gehören, das diesen Namen verdient hat.

Dieses Gewinnen der eigenen Geschichte – und darin der Identität im Gegenüber zur Liebe Gottes – ist ein wichtiger Unterschied zum modischen Buddhismus. Sowohl das Schema »Verheißung und Erfüllung« als auch Liebe und Dank sind sehr besonders darin christlich, daß sie alle die für unsere Kultur wesentlichen Dimensionen von Personalität und Geschichte betreffen. Wer den Buddhismus wählt, verabschiedet sich aus diesen Rahmenbedingungen unseres Denkens.

Sehnsucht

Sehnsucht – eine theologische Kategorie?

Sehnsucht hat grundsätzlich etwas mit der Ausrichtung des Menschen auf Zukunft zu tun, also mit dem, was die Theologen Eschatologie nennen. Sehnsucht ist der Nostalgie strikt entgegengesetzt. Während Nostalgie Vergangenes unwahrhaftig verklärt, ist Sehnsucht eine Regung des Herzens im Blick auf Zukunft, weitaus fruchtbarer als Angst. Ob Sehnsucht religiös »sinnvoll« ist, hängt ab von der Entferntheit des Ersehnten von der Wirklichkeit.

Sehnsucht hat also etwas mit Utopien zu tun, und unter den Utopien ist zu scheiden zwischen solchen außerhalb jeder Reichweite, die ein Fortschreiten und Bessern eher verhindern können, und solchen, die beflügeln und das alltägliche Tun des Menschen als Leitziele begleiten können.

Nun hat »Spiritualität« es mit dem Alltagsleben zu tun. Und wenn dieses von Zielvorstellungen geprägt ist, nach denen man sich wirklich sehnen darf, dann wäre das ein gutes Beispiel gelebter, sinnvoller Spiritualität.

Sehr einprägsam ist zum Beispiel in den Vierungen romanischer Domkirchen jeweils der große Radleuchter, der das himmlische Jerusalem abbildet (ich denke an den Dom von Hildesheim; an Groß St. Martin in Köln). Hier wird der Gemeinde gewissermaßen das Idealbild kommenden Miteinanders als Kunstwerk buchstäblich vor Augen gehalten. Ich finde es sehr erheblich, daß es dabei um eine Stadt für Menschen geht, eine Stadt mit offenen Toren und Wasser des Lebens und Bäumen des Lebens in ihrer Mitte, um eine menschenfreundliche große Stadt, die nicht nur den Architekten und Stadtplaner zum Sinnen anregen könnte.

Oft wird die Sehnsucht auch in der monastischen Tradition mit der nach der himmlischen Stadt Jerusalem verbunden, denn nach Bernhard ist jeder Mönch *monachus et Ierosolymita,* Mönch und Bewohner von Jerusalem – vielleicht doch ein wenig anders als in dem Sinn, in dem Kennedy ein »Berliner« war.

Das Kloster erscheint als das Abbild des himmlischen Jerusalem (wie S. Stefano in rotondo in Rom), man betrachtet jetzt schon das himmlische Jerusalem »aus Sehnsucht«. Und in der Biographie des seligen David von Himmerod heißt es: »Wie bei einem Heiligen strahlte sein Gesicht vor Freude; er hatte das Gesicht eines Mannes, der nach Jerusalem zieht.«

Das heißt: Wenn die Utopie, von der sich Christen leiten lassen, wirklich ein konkretes Miteinander in Konvivenz ist, dann ist auch christliche Spiritualität nichts, was sich selbst genügt oder nur der Seele dient, sondern hat einen Anspruch bis zu den Grenzen der Welt und der Zeit.

Paulus und die Sprache der Sehnsucht

Wenn Paulus von seiner eigenen Hoffnung spricht, dann redet er von Schmerz und Wehen, vom Stöhnen und von der Heimatlosigkeit des Exilierten. Dann wünscht er sich Freiheit von der lästigen Erdenschwere seines Leibes und Daheimsein im Himmel. Paulus redet hier sehr persönlich und sehr leidenschaftlich. Man könnte es die Sprache der Sehnsucht nennen. Es treibt ihn nicht die Angst der Unversöhnten, sondern er selbst möchte zu Jesus gehen. Die umgekehrte Perspektive hätte eine Sehnsucht, die sagen kann: »So einer müßte kommen wie Jesus!«

Paulus äußert sich vor allem in seinen späteren Briefen in der Sprache der Sehnsucht:

2. Korinther 5,2–9: *Jetzt hier auf Erden stöhnen wir noch [unter der Last der Vergänglichkeit] und sehnen uns danach, unser neues himmlisches Haus in Besitz zu nehmen, den neuen Leib wie ein Kleid anzuziehen. (4) ...Denn wir wünschen uns doch so sehr, daß alles, was sterben kann und was tot ist, vom Leben Gottes aufgehoben und wie verschlungen werden möge... (6) Deswegen blicken wir stets mit großer Vorfreude auf das, was kommt. In unserem irdischen Leib leben wir wie im Exil, fern vom Herrn... (8) Wir wünschen uns von Herzen, daß wir aus dem Exil dieses irdischen Leibes in unsere Heimat beim Herrn wandern und dort wohnen dürfen, und darauf freuen wir uns. (9) Deshalb setzen wir alles daran, unserem Herrn Freude zu machen, jetzt im Exil und dann in der Heimat.*

Philipper 1,22b–25: *Ich weiß nicht, was ich wählen sollte, (23) und bin zwischen den zwei Möglichkeiten hin- und hergeris-*

sen. Einerseits sehne ich mich danach, hier Abschied zu nehmen und ganz bei Christus zu sein. Das ist bei weitem das beste Los. (24) Andererseits ist es wegen euch weitaus notwendiger, daß ich am Leben bleibe. (25) Doch davon bin ich fest überzeugt: Wenn ich bleibe, werde ich vor allem deshalb bei euch allen bleiben, damit ihr als Christen etwas davon habt, vor allem Freude.

Römer 8,22–25: *Noch stöhnt die ganze Schöpfung, alle Kreaturen gemeinsam, in Wehen, (23) auch wir Christen. Aber weil Gott uns – gewissermaßen als Anzahlung – den Heiligen Geist geschenkt hat, können wir auch auf das Ganze hoffen, doch wir stöhnen um so mehr, weil unser Leib noch nicht vom Tod erlöst ist und wir uns doch so sehr danach sehnen, durch und durch Kinder Gottes zu sein. (24) Denn der größere Teil – das, was wir erst erhoffen – steht noch aus. Was man erhofft, kann man noch nicht sehen, denn was man schon sehen kann, braucht man nicht zu erhoffen. (25) Da wir also auf etwas hoffen, das unsichtbar ist, brauchen wir viel Geduld, wenn wir unsere Sehnsucht nicht aufgeben wollen.*

Es fällt auf: Paulus spricht von Sehnsucht und Heimat, vom Exil und vom Stöhnen jetzt. Sowohl in 2. Korinther 5 als auch in Römer 8 verbindet Paulus diese Gedanken mit dem Bild der Anzahlung, die Gott schon – durch den Heiligen Geist – geleistet hat.

Die Sehnsucht in der Sprache der Liturgie

Der Ruf »Komm!« bestimmt viele Gebete der Kirche des 1. Jahrtausends, immer wieder heißt es »Komm, Heiliger Geist« oder »Komm, Heiligmacher«. Über den Ruf der Braut und des Geistes »Komm!« in der Offenbarung des Johannes haben wir schon gesprochen.

Sehr deutlich wird die Tradition der Bittrufe um das Kommen in den O-Antiphonen zu den Vespern zwischen dem 17. und dem 23. Dezember in der Adventszeit:

»Du bist die Weisheit, Wort des höchsten Gottes. Du bist ausgespannt von einem Ende des Raumes und der Zeit bis zum anderen. Alles ordnest du voller Klarheit und ohne Gewalt. Komm, lehre uns den rechten, klugen Weg.« (17. 12.)

»Du bist Adonai, du führst Israel an. Du bist dem Mose im Feuer des brennenden Dornstrauchs erschienen. Du hast ihm auf dem Berg Sinai das Gesetz gegeben. Komm, erlöse uns mit deinem starken Arm.« (18. 12.)

»Du bist der Wurzeltrieb aus Jesse. Du stehst da als Zeichen für die Völker. Vor deinem Anblick verstummen die Könige, zu dir flehen die Völker auf Knien. Komm, befreie uns und zögere nicht länger!« (19. 12.)

»Du bist der Schlüssel Davids, das Szepter des Hauses Israel. Was du aufschließt, kann niemand zuschließen, was du verschließt, kann niemand öffnen. Komm, führe den Gefesselten aus dem Kerker, denn er sitzt da in Finsternis und Todesschatten.« (20. 12.)

»Du bist der Sonnenaufgang. Du bist der Abglanz des ewigen Lichtes. Du bist die Sonne der Gerechtigkeit. Komm, erleuchte alle, die in Finsternis sitzen und in Todesschatten.« (21. 12.)

»Du bist der König der Völker. Du bist ihre Sehnsucht. Du bist der Eckstein des Hauses, der die beiden Räume zu einem einzigen macht. Komm, rette den Menschen, den du aus Lehm geformt hast.« (22. 12.)

»Du bist der Emanuel. Du gehst uns als König und als Bannerträger voran. Dich ersehnen die Völker, du wirst sie erlösen. Komm, uns zu erlösen, Herr, unser Gott.« (23. 12.)

Die beiden letzten Antiphonen nennen ausdrücklich die Sehnsucht der Völker. – Und wie in der Erotik, so bringt auch in der Apokalyptik die Sehnsucht Schönheit hervor; das sogenannte Vierte Buch Esra ist wohl aus diesem Grunde randvoll mit reiner Poesie gefüllt. So gehören diese Antiphonen zu den Perlen der Liturgie.

Und selbst wenn es nicht um das kommende Reich, sondern um die herbstlichen Farben des Abschieds geht, können liturgische Texte von großer, ergreifender Schönheit sein – wie der folgende Text aus der koptischen Totenliturgie:

»Wenn die Krüge am Brunnen zerbrechen, die Silberschnur zerreißt und das Aussehen des Goldes matt wird, der Gesang der Töchter abbricht und auf der Gasse die umhergehen, die sich sonst verbergen, und die Mägde, die mahlen, müßig werden, dann kehrt auch der Staub in den Staub zurück und macht sich der Geist auf den Weg zu dir, du unser Schöpfer und unser Gott, unser Tröster in all unserer Trauer, die uns so stark ergriffen hat!

Unser Fleisch ist vertrocknet und unsere Bewegungskraft matt geworden. Unsere Zunge ist zum Schweigen gebracht, leer geworden unser Denken; unsere Ohren sind versiegelt, getrübt unsere Augen, ja ausgelöscht, die sonst mit Glanz schauen. Die Pupille des Auges hat sich verfinstert, das sonst wie ein Blitz leuchtet. Der Atem von Mund und Nase ist unterbrochen, die Zunge erstarrt und zum Schweigen gebracht die süße Stimme, fort von der Unterredung. Die Hände sind gehindert, etwas auszuführen, die Füße aufgehalten, hinzugehen; dem Ausspähen der Augen ist das, was es von ferne anschaut, an seinem Ort verborgen. Aber die geistliche Seele kommt zu dir, daß du ihr verzeihen mögest und sie ihren Lohn empfange« (Becker/Ühlein II, 1474).

Sehnsucht als Quelle der Mystik

Nach Bernhard von Clairvaux (»Über die Gottesliebe«) gilt der Satz: »Wenn ihr nicht sehnsüchtig wartet, werdet ihr nicht vollkommen lieben können.« Und mitten in seinen Predigten fällt immer wieder der Satz: »Sehnsucht, nicht Vernunft, ist mein Ratgeber« *(desiderio feror, non ratione)*, und er kann hinzufügen: »das Gefühl drängt mich« *(affectio urget)*. Noch radikaler heißt es bei Wilhelm von St. Thierry, das erste Wesen des Menschen sei nur die Sehnsucht nach Gott, und das wahre Vermögen, Gott zu erkennen, bestehe nur in der Liebe: »Deine Frage sei Gebet, deine Liebe und Frömmigkeit demütige Sehnsucht.« »Betrachte ich mich, so wird mein eigenes Selbst mir lästiges, widerwärtiges Rätsel. Dennoch zumindest, Herr, bin ich durch deine Gnade sicherlich sicher, Sehnsucht nach deiner Sehnsucht und Liebe für deine Liebe zu haben. Ich sehne mich danach, dich zu ersehnen.«

»Die sehnende Liebe ist nicht zufrieden, bis sie nicht in dem ruht, was er ist.«

In seiner Schrift »De contemplando Deo« nennt Wilhelm von St. Thierry den Jünger Thomas von Johannes 20 den »Mann der Sehnsüchte«, der »ihn ganz zu schauen und zu betasten begehrte, und nicht bloß das, sondern hingehen will zur hochheiligen Seitenwunde, zur Tür der Arche…«.

Wir fragen: Können moderne Menschen sich unter dieser Art von Sehnsucht etwas vorstellen? Vielleicht können wir den Satz des Augustinus über die Unruhe des Herzens verstehen *(Inquietum est cor nostrum, donec requiescat in te)*. Vielleicht auch dies, daß diese Herzensunruhe auf die eine »blaue Blume« zielt, die Vollkommenheit und das Licht.

Liebe

Die starke Betonung der Liebe in den wichtigen Schriften des Neuen Testaments hängt sicher damit zusammen, daß es hier eben nicht um eine Entdeckung des »religiösen Individualismus« (A. von Harnack, Wesen des Christentums, 1900) geht, sondern um eher familiäre Gemeinde- und Kirchenstrukturen. Und dies hat seinen letzten Grund darin, daß Gott sich nach dem Verständnis des Neuen Testaments in einer Person offenbart, in Jesus Christus selbst. So kann man an dieser Offenbarung nur teilhaben durch »Freundschaft« oder »Familiarität« mit dieser Person. – Das hebräische *ahab* (lieben) ist wie sein Äquivalent in der griechischen Bibel, das klangähnliche *agapan* (lieben), vor allem ein Wort aus der Intimität von Sippenstrukturen. Deshalb steht auch in 3. Mose 19,18 der Nächste, der »geliebt« werden soll, dem »Bruder« im gleichen Sachzusammenhang unmittelbar parallel (Vers 17). – Im Neuen Testament finden wir mit dem Aufleben der Vater- und Kind-

Metaphorik eine Gemeinde, in der man sich als Geschwister versteht (Markus 10,29f).

Ähnliches werden wir auch bei den Mönchen des 12. Jahrhunderts beobachten: Bei Bernhard von Clairvaux ist die Liebe deshalb so wichtig, weil er die Dimensionen der christlichen Personalität zusammen mit familiärer, ja bräutlicher Liebe entdeckt. Der christliche Personalismus, der hier entdeckt wird, ist eben etwas anderes als Individualismus.

Liebe im Dualismus

In beiden Fällen ist die familiäre Struktur verknüpft mit einem starken Dualismus. Im Neuen Testament wird das exemplarisch am Johannes-Evangelium erkennbar. Die Grenze zu den Außenstehenden ist die Trennlinie von Licht und Finsternis, und Jesus ist das Licht der Welt. Das Gericht »ist« schon über die ergangen, die zur Finsternis gehören. Dem kräftigen Dualismus entspricht, daß nirgends sonst so eindringlich und auch so monoton die Liebe als das neue Gebot eingeschärft wird. – Auch für Paulus gilt Ähnliches: Wo die Grenzen nach außen hin scharf betont werden, wie im Galaterbrief, dort ist auch die Liebe wichtig (Galater 5f). Die Gemeinde der Heiligen (so versteht Paulus die Gemeinde von Korinth) muß auch in ihrem Gottesdienst missionarisch wirken (1. Korinther 14,23), und sie bekommt mit 1. Korinther 13 die Liebe vor Augen gezeichnet. – Ähnliches gilt auch in Qumran für das intensive Gemeinschaftsleben der Gruppe von 1 QS, die sich als Kinder des Lichts versteht.

Wir können daher zusammenfassen: Die Betonung der Liebe im Miteinander steht in direkter Beziehung zur Intensität der Gemeinschaft und zu deren Abgrenzung nach außen.

Zweifellos gilt das auch für die Gottesliebe, denn diese wird in 5. Mose 6,4f geradezu anbefohlen im Kontrast zu den anderen Göttern, die eben nicht der eine und einzige sind.

Die Liebe wird daher theologisch so wichtig in einem ganz besonderen Spannungsfeld. In einem Judentum, das sich mit dem umgebenden Heidentum auseinandersetzen muß, tritt eine Gruppe auf, die sich auch innerhalb des Judentums abgrenzt. Aber Liebe ist hier nicht nur eine bestimmte Form des Verhaltens, sondern sie ist auch religiöse, theologische Konzeption des Lebens. Um diesen Zusammenhang geht es hier.

Liebe in der frühjüdischen Mystik

Nun hat die Bedeutung der Liebe im frühen Christentum nicht nur eine Entsprechung in der Konzeption von Gemeinde/Kirche. Vielmehr gibt es auch wichtige theologische Gründe, die mit einem Wandel im Gottesverhältnis zusammenhängen.

Um es kurz zu sagen: Dem Modell der Gemeinde in horizontaler Sicht (Familie) entspricht das Modell der Erlösung in vertikaler Sicht. Wie die Christen untereinander Geschwister sind, so sind sie im Blick auf Gott Kinder. Beides ergänzt sich nahtlos.

Zentral ist hier die Auffassung vom himmlischen Thron und von der Zulassung der Menschen in diesen Bereich. Damit ist gegenüber der älteren Zeit des Judentums die vertikale Dimension für den Menschen geöffnet worden. Menschen werden jetzt – unter der Bedingung wirklicher Reinheit – von Gott in den Bereich seiner »Familie« zugelassen. Diese Zulassung begreift Paulus als grundlose, wunderbare Liebe Gottes. Wir sehen darin: Das Thema der Familie hat nicht nur eine »horizontale« Erstreckung in der Art der Gemeinden (bis hin zur Bedeutung des »Hauses« für frühe Kirchenstrukturen), sondern auch eine vertikale Bedeutung.

Paulinische Texte: In Römer 8,33f wird das himmlische Tribunal (Forum) Gottes geschildert. Paulus fragt nach Ankläger und verurteilendem Richter. Die Antwort: Beides gibt es nicht, denn Christus ist unser Anwalt. Gegenüber allem, was uns von Gott trennen möchte, gibt es nur und vor allem Gottes Liebe, die uns in Jesus Christus zuteil wurde. – Ähnlich in Römer 5,2: Hier wird die Szenerie des Thrones Gottes entworfen. Gott läßt uns zu, wir haben Zugang. Und entsprechend gibt er den Geist als Liebe in unsere Herzen.

Für Paulus ist wesentlich der Heilige Geist Erweis der Liebe Gottes, denn dieser Geist ist es ja auch, der in den Kindern »Abba« (Vater) ruft (s. oben) und sie damit als Kinder erweist. Gleichzeitig ist es derselbe Heilige Geist, der die Grenzen zwischen Juden und Heiden aufhebt, der also in horizontaler Hinsicht die Zugehörigkeit zur Familie über alles andere stellt. Auch später noch hat man im Rahmen des mystischen Judentums immer die Erlaubnis, daß auch Menschen in den Bereich der Engel (der klassischen »Söhne Gottes«) und des Thrones Gottes gelangen dürfen, Erwählung und Liebe genannt. Der jüdische Maler Marc Chagall war einer der letzten Vertreter des mystisch orientierten osteuropäischen Judentums. In vielen Punkten kommen seine Bilder dem Frühjudentum der Jesus-Bewegung sehr nahe. Das gilt gerade auch für die Bedeutung des Themas »Liebe« in seiner Malerei. Und wenn immer wieder Liebespaare (oft schwebend) in Chagalls Bildern auftauchen, dann erinnert das nicht zufällig an die Bedeutung der Brautmystik und der Auslegung des Hohenliedes in der christlichen »Mystik« des 1. Jahrtausends. Es könnte sein, daß Christen über die Bilder Chagalls wieder einen Zugang zu diesem vergessenen Thema der christlichen Religion finden.

Konsequenzen

Es kann aus meiner Sicht kein Zweifel daran bestehen, daß das Modell der Familie vertikal wie horizontal das theologische und soziologische Grundmodell des Neuen Testaments ist. Von Gott als »Vater« und Jesus bzw. Christen als »Kindern« ist denn auch in allen kanonischen Theologien die Rede. Daß die Rede vom Volk Gottes eine aus der Familie abgeleitete ist, versteht sich sachlich von selbst, muß aber heutzutage ausdrücklich dazugesagt werden.

Offensichtlich ist auch, daß Christentum sich leichter und überzeugender verwirklichen ließ, wenn es die Struktur der Familie hatte (das antike »Haus« oder »Vater Abt«) oder wenn es zumindest von außen so bedrängt wurde, daß im Inneren familienartige Strukturen »gepreßt« wurden (Zeiten der Verfolgung).

Wenn das zutrifft, dann liegt hier das von allen Modellen der Reform am ehesten sachgemäße vor. Seit langem fordert man, die Kirchen müßten sich von kleineren Zellen her reorganisieren. Und bei den immer noch recht erfolgreich vermittelten Kasualien trifft die versammelte Teilgemeinde recht genau die Grenzen des antiken »Hauses«. Um jedes Mißverständnis auszuschalten: Es geht hier nicht um irgendeine Art von Familienpolitik. Vielmehr ist die Einsicht maßgebend, daß der Kreis der Großfamilie und ihrer Freunde schon aus biologischen Gründen eine stabile Form ist, an die man anknüpfen kann. Eine Familie muß dabei nicht aus »Vater, Mutter, Kindern« bestehen, sondern das »Haus« ist entsprechend weit zu fassen und ist dann ein sehr beweglicher und leicht wandelbarer Faktor an der Basis. So plädiere ich seit Jahren für eine Erneuerung der Gastfreundschaft als Basis kirchlicher Arbeit.

Mit Spiritualität hat das insofern sehr viel zu tun, als es sie »freischwebend« je länger desto weniger geben wird.

Was hat Paulus eigentlich geliebt?

In dem bisher Bemerkten haben wir gefragt, in welcher Hinsicht Paulus Liebe empfangen hat. Nun fragen wir weiter: Wenn man die paulinische Theologie von ihrer Spiritualität her erfassen will, dann muß man wohl danach fragen, was oder wen Paulus selbst eigentlich geliebt hat. Da kann man sagen: Er liebt sein Volk und den Himmel. Daß er »Jesus liebt«, wagt Paulus, im Unterschied zu modernen Amerikanern, nicht zu sagen. Wenn Paulus vom Himmel spricht, redet er in der Sprache der Sehnsucht (s. dazu oben). Und wenn er von seinem Volk redet, möchte er um dessentwillen selbst von Christus verstoßen sein (Römer 9,3).

Wie paßt das zusammen: die Liebe, die Paulus erfährt, und die Liebe, die er selbst erkennen läßt? Auch hier finden sich die beiden Dimensionen, die horizontale und die vertikale, wieder. Wenn Paulus zu erkennen gibt, daß er »den Himmel« liebt, dann meint er die vertikale Dimension. Auch hier kann uns die Metapher des Hauses helfen. Denn Paulus spricht davon, daß er im Himmel dann zu Hause sei, erlöst vom Exil auf Erden. Die paulinische Sehnsucht nach der himmlischen Heimat kann man erst im Rahmen frühjüdischer Mystik verstehen. Denn hier – und erst hier – gilt der Satz, daß das wahre Zuhause beim Thron des unsichtbaren Gottes ist. Und das Volk Gottes, die horizontale Dimension, faßt Paulus durchaus in familiarer Metaphorik, denn er redet vornehmlich von seiner Verwandtschaft (»Fleisch« in Römer 9,3; 11,14), von den Brüdern (und Schwestern) und von den gemeinsamen »Vätern« (Römer 9,3–5).

Wir fragen: Was bedeutet Liebe im Rahmen einer frühchristlichen Spiritualität?

Nur das Wesentliche zählt

Die Diskussion über Liebe in den antiken Gastmählern (seien sie nun literarisch fixiert und stilisiert oder nicht) und auch im Neuen Testament (1. Korinther 13) zeigt:

– Liebe gilt immer als das Höchste und Vornehmste, das ein Mensch zu geben hat.

– Diese Orientierung ist so radikal, daß sie immer wieder mit Ausschließlichkeit zusammen gedacht wurde, so bei der Gottesliebe (5. Mose 6,4f) und in neutestamentlicher Zeit im Verhältnis Mann/Frau, jedenfalls aber in familiärer Hinsicht (»Nichts ist der Solidarität mit der Familie vorzuziehen«). Daß Jesus teilweise die Familiensolidarität in Frage stellt (zum Beispiel Lukas 14,26: Wer nicht … haßt…), bestätigt als Ausnahme nur die Regel.

– Die Entdeckung der Liebe in ihrem fundamentalen religiösen und sozialen Wert bedeutet daher eine hilfreiche und klare Orientierung. Liebe macht alles andere unwichtig außer der einen Geschichte, die mein Gegenüber und ich teilen. Die

Orientierung, die durch Liebe gegeben ist, hat zum Beispiel der Philosoph Max Scheler in einem Entwurf eines *ordo amoris* veranschaulichen wollen, einer »Rangfolge des Liebenswerten«.

– Die bekannte Verbindung von Liebe und Herz (vgl. 5. Mose 6,4f) bedeutet sicher einen Vorrang des Affektiven, doch die Formulierung in 5. Mose 6,5 zeigt: Es geht auf jeden Fall um einen ganzheitlichen Vorgang.

Der Heilige Kuß

Im frühen Christentum wird der Heilige Kuß ein besonderes Erkennungsmerkmal der Gemeinden. Paulus fordert jeweils am Schluß der Briefe dazu auf, und das bedeutet:

– Ein familiäres Zeichen der Zärtlichkeit und Zusammengehörigkeit wird zum Zeichen der Gemeinde. Das bestätigt unseren Ansatz von der Familienhaftigkeit der Gemeinden des 1. Jahrhunderts.

– Offenbar bedeutet der Kuß auch so etwas wie gegenseitiges Mitteilen des heiligen Lebensgeistes Gottes. Das wäre recht wichtig zum Stichwort »gegenseitiges Spenden«. Wenn man den Heiligen Geist nicht quantitativ denkt, sondern eher dynamisch, dann bewirkt der Heilige Kuß keine quantitative Geistvermehrung, sondern ist ein Zeichen dafür, daß der Heilige Geist das Miteinander der Christen »zum Leben braucht«. Er »will gehaucht sein«, denn als tote Konserve ist er nicht vorstellbar.

Erst später hält hier eine gewisse Prüderie Einzug, wie man an einem apokryphen Jesuswort beobachten kann: »Wenn aber jemand, dem der christliche Bruderkuß gefallen hat, behauptet, er müsse besser doppelt gegeben werden, dann sollte man doch eher doppelt niederknien, denn wenn auch nur ein wenig an der Gesinnung fehlt, stehen wir außerhalb des ewigen Lebens« (Agraphon Nr. 72 Berger/Nord).

– Die Auffassung von der Mitteilung des Heiligen Geistes durch den Heiligen Kuß kann man bei den frühen Zisterziensern lernen (vgl. zum Beispiel Guerric von Igny, Ansprachen II 25). Hier wurde diese Meinung als Hypothese aufgegriffen und an das Neue Testament herangetragen. Meines Erachtens ist diese Hypothese besser geeignet als alle anderen, das Phänomen des Heiligen Kusses zu erklären.

– Der Heilige Kuß spielt eine große Rolle in den Kommentaren zum Hohenlied, und aus diesen Kommentierungen erwächst die genannte exegetisch vielleicht zutreffendste Deutung dieses Brauchs überhaupt. – Jedenfalls ist der Kuß ein unbestrittenes Element familiärer Zusammengehörigkeit. So verbindet der Heilige Kuß neben der Rede von Braut und Bräutigam das frühe Christentum mit den späteren Predigten zum Hohenlied und den Gemälden Chagalls.

Neue Zugänge zur Liebesmystik?

Es geht gewiß nicht darum, künstlich etwas aufzufrischen oder wiederzubeleben, das uns denkbar fern liegt. Es ist nur zu fragen, woran es liegt, daß uns die mit der Überschrift genannte Welt so fremd ist und ob wir uns – die neutestamentlichen Ansätze legen es nahe – davon vielleicht etwas abgucken können.

Wir haben zum Stichwort »Sehnsucht« schon auf wichtige Voraussetzungen hingewiesen (s. oben). Die wichtigste war: Was alle Gewaltherrscher den Christen entreißen wollen, das ist das, worauf sie neidisch sind; und nicht nur sie sind es, sondern auch andere Feinde des Christentums, für die es schlecht zu ertragen ist, daß Christen sich von etwas gehalten und getragen wissen, das mit Liebe und freier Zustimmung zugleich zusammenhängt.

Und ferner: Wenn man das Leben ganz unverhofft wieder geschenkt bekommen hat, kann es sein, daß man Gott für dieses Geschenk liebt.

Hier zur Ergänzung:

115

Die Schwierigkeiten mit dem Auferstehungsglauben rühren zumeist daher, daß wir diese Aussagen zu Biologie und Physik in Konkurrenz setzen und die entsprechenden dogmatischen Sätze dann für unvorstellbar halten und also ablehnen. Im Verhältnis zum Denken der Bibel ist es geradezu aufregend, wie stark materialistisch und wie wenig gemeinschaftsbezogen sozial wir denken. Denn bei der Frage der Auferstehung kommt man mit naturwissenschaftlichen Kategorien überhaupt nicht weiter, und die halten wir ja, einseitig wie wir sind, für die gewichtigsten. Leicht dagegen ist Auferstehung zu fassen, wenn man mit der Bibel davon ausgeht, daß die soziale Wirklichkeit die allerwichtigste ist und *alle Maßstäbe setzt.*

Sehen wir einmal für einen Augenblick vom Thema Auferstehung ab. Das, was wir vom biblischen Denken lernen können und wohl auch müssen, besteht in folgendem: Ist es denn wahr, daß allein das Meßbare wirklich ist und daß alles andere subjektiv, poetisch, irreal oder private Phantasie ist? Könnte es nicht sein, daß der Bereich der Sehnsucht und Liebe, der Religion und Vision sich auf genauso Reales bezieht, das nur anders ist und anders erfaßt werden muß? Ich nehme hier im biblischen Sinn Soziales und Religiöses eng zusammen, wie wir das in diesem Abschnitt auch bisher schon getan haben. Wie wäre es, wenn die Wirklichkeit, die durch Liebe geschaffen wird, auf ihre Weise stärker ist als der Tod? Wenn das Band einer Liebe ernstzunehmende Realität ist und nicht leere Poesie?

Daher möchte ich hier auf einen Text zurückkommen, den ich im Sommer 1980 verfaßt und in dem (inzwischen vergriffenen) Buch »Wie ein Vogel ist das Wort« (Stuttgart 1987, 167–169) publiziert habe. Es handelt sich um einen realen Liebesbrief, der aber mit einer Auferstehungspredigt verwoben wurde, so daß sich am Ende ergibt: Auferstehung kann man vielleicht von der Spitzenerfahrung des Lebens namens Verliebtsein her erfassen. »Auferstehung wird so sein, wie Du bist, wie es mit Dir ist. Auferstehung ist ein geheimnisvolles Wort, aber sein Geheimnis ist Liebe. Liebe ist das Geheimnis, das die vielen, vielen Toten vor uns mit ins Grab genommen haben. Denn darin allein fanden sie den Sinn des Lebens, lieben zu können und geliebt zu werden. Denn jeder hat einen Namen; nur die allgemeine Menschheit, die Namenlosigkeit und das Versinken darin, das ist der Tod. Wir wollen daher nicht Leben überhaupt und allgemein, sondern Auferstehung ist, wenn wir uns lieben, wenn wir uns jeden Tag wie neu sehen. Bei ›Auferstehung‹ geht es um Namen, um den Namen dessen, der uns hier vorangeht, und darum, daß wir unter seinem Namen den unseren bewahren, aber wir gemeinsam. Auferstehung ist ein wenig immer schon, wenn wir uns sehen… Ewiges Leben ist wie die Aufhebung der Zeit im Zusammensein. Denn wenn wir zusammen sind, sehen wir nicht auf die Uhr. Die Zeit ist nicht da, so wird der Himmel sein… Auferstehung ist Sonnengesang, Auferstehung besteht darin, daß Gott die Schöpfung nicht daraus entlassen wird, ihn zu loben… Es wird eine Zeit kommen, da tanzt die Sonne. Das ist, wenn Du da bist. Ihr Kreaturen alle, lobet den Herrn.«

Liebe und das sogenannte Fegefeuer

In der gegenwärtigen Diskussion in Deutschland ist ein Rekurs auf das Fegefeuer nahezu Selbstmord am eigenen Ruf. Denn fast alle sehen diese Vorstellung als den Hauptanlaß für die Reformation, und viele sind der Meinung, »an so etwas doch nicht mehr glauben« zu müssen. Wenn es aber um Liebe geht in unserem Glauben und nicht um irgendeine Unterweltsmechanik oder ein himmlisches Girokonto, dann könnte man ja den Versuch unternehmen, nicht in der Sprache rationalistischer Einteilungswut älterer Dogmatik, sondern in der Sprache eines Gebetes über die Sorgen zu reden, die Menschen haben können, wenn sie an Verstorbene denken. Ich habe noch immer geglaubt, daß wir Gott alle unsere Sorgen freimütig sagen dürfen – ohne Angst vor Dogmatik welcher Bauart auch immer.

»Herr, Gott, dieser Verstorbene war sicher ein unvollkommener Mensch und ein mittelmäßiger Christ – wie wir alle. Er hat sicher als Christ nicht die ganze Gnade angenommen, die du ihm schenken wolltest. Wir sind in großer Angst um ihn, daß er deiner Herrlichkeit nicht standhalten kann. Es ist seine Angst, die wir teilen. Wir können uns das nur so vorstellen, daß der Tod ihn fast erdrückt. Seine Rettung wird schwierig und schmerzhaft sein, wie bei einer lebensrettenden Operation stellen wir uns das vor. Wo viel ausgewechselt werden muß, weil man mit dem Alten nicht weiterleben konnte.

Herr, wir können nur in Bildern reden. So sprechen wir davon, daß wir deiner Herrlichkeit standhalten müssen oder vom Tod erdrückt werden.

Nur eines wissen wir: Deine Gnade wird siegen. Verzeih uns, daß wir uns hier einmischen. Aber wir dürfen dir doch alles sagen, was uns Sorge macht. Wir hatten den Toten lieb. Wir wissen von dir, daß du unsere Liebe verstehst. Liebe ist dir doch nicht fremd. Und unsere Liebe hat dieselbe Richtung und dasselbe Ziel wie deine Liebe, dessen sind wir ganz sicher.

Du willst den Tod des Sünders nicht. Nur deshalb bitten wir dich um dieses Sorgenkind. Amen.«

Relecture biblischer Texte
mit Mönchen des 12. Jahrhunderts

Es kann sich auch ergeben, daß die Mönche des 12. Jahrhunderts die biblischen Texte in neuem Licht erscheinen lassen und sie durch feinsinnige Beobachtungen wieder besonders interessant werden lassen.

Das gilt zum Beispiel für das Gleichnis vom verlorenen Sohn (Lukas 15,11–32): Den Satz »Gott liebt uns mehr, als wir uns selbst lieben« leitet Guerric von Igny (II 24 – 2. Ansprache zur Fastenzeit § 2) aus diesem Gleichnis ab: Der Vater hatte es noch eiliger, dem Sohn Verzeihung zu gewähren, als dieser, sie zu empfangen.

Die Verbindung von Liebe und Heiligem Geist, das Thema von 1. Korinther 12f, erhellt Wilhelm von St. Thierry (Oraisons méditatives 12,29f): »Ich finde dich also, Herr, in meiner Liebe. Ach, daß ich dich doch immer fände. Denn Liebe ist nur, wenn sie liebt. Wenn aber in mir stets die Sehnsucht nach dir brennt, die Liebe, die mich zu dir drängt – warum werde ich dann nicht fortwährend von dir mitgerissen? Ist denn Liebe etwas anderes als von Liebe mitgerissen sein? Liebe ist, wie man weiß, eine Gabe der Natur, doch dich zu lieben ist eine Gabe der Gnade. Von Liebe mitgerissen sein ist sichtbar gewordene Gnade, über die der Apostel Paulus sagt: Einem jeden wird geschenkt, daß der Heilige Geist sich sichtbar äußert, zum Wohle aller… (30) Die Liebe zu dir, Herr, ist also immer in der Seele dieses Bettlers, der vor dir steht. Aber sie schwelt wie Glut unter der Asche, bis der Heilige Geist, der weht, wo er will, sich entschließt, sie zu entfachen, wie und wieviel er will, und ihre wohltätige Kraft wirksam werden zu lassen. Komm also, komm, heilige Liebe, komm, heiliges Feuer. Brenne die Freuden der Wollust aus meinem Leib…«

Paulinische Theologie des Herzens kann man auch in diesen Sätzen Bernhards wiedererkennen: »Unter allen Regungen, Gefühlen und Trieben ist die Liebe das einzige, worin das Geschöpf dem Schöpfer wenn nicht Gleiches mit Gleichem, so doch Ähnliches mit Ähnlichem vergelten kann. Wenn zum Beispiel Gott zürnt, kann ich ihm dann ebenso zürnen? … Und wenn er mich anklagt, werde ich nicht Gegenklage erheben, sondern er wird mir gegenüber recht behalten.« (83. Predigt § 4). Oder in diesem Satz: »Ich wage es, weil ich an deine Barmherzigkeit, nicht an deine Majestät denke« (9. Predigt § 4).

Zum Thema der Spiritualität, daß nämlich Liebe eine Herrschaft ausübt, findet sich etwas bei Gilbert: »Andere haben andere Aufgaben: euer besonderer Auftrag ist die Liebe. Diese Liebe, die ein ungestümer Herausforderer in eigener Sache ist und eine köstliche Tyrannei ausübt…« (Gilbert von Hoyland, † 1172, Freund Aelreds).

Was Paulus eher von Auferstehung und Glauben sagen würde, sagt Bernhard von Menschwerdung und Liebe: »Gott ist Mensch geworden, damit er geliebt würde« (Über die Gottesliebe § 22). Über das Verhältnis von Liebe und Erkennen äußert er sich in fast johanneischem Stil: »Niemals kann jemand den Vater erkennen, wenn er ihn nicht vollkommen liebt« (Predigten zum Hohenlied 8,9). – Im 20. Jahrhundert hat dann Max Scheler das Verhältnis von Erkenntnis und Liebe zum Thema eines seiner berühmten Aufsätze gemacht (s. M. Scheler: Liebe und Erkenntnis, Bern 1955).

Ganz im Sinne paulinischer Gnadentheologie betet Wilhelm von St. Thierry (Oraisons méditatives 13): »Aus dem Nichts, das ich bin, nimm alles, was du willst, gewähre mir nur die volle, die ganze Liebe.«

Im Blick auf die Gesamtheit der Aussagen zum Thema Liebe kann man sagen: Wo die affektive Liebe betont wird, hellt sich das Gesamtbild des Christentums erheblich auf. Weil Liebe eine intensive und herzliche Beziehung zu einem Gegenüber ist, spielt die Freude eine wesentlich größere Rolle als je zuvor. Die Christen des 12. Jahrhunderts knüpfen hier vielfach an das Neue Testament an, aber entfalten doch sehr stark alles, was auf Liebe und gegenseitiger Freude aneinander beruht. Die Seligkeit dieser kühnen Aussagen ist später nur selten wieder erreicht worden.

Freude

Wenn schon die Entstehung eines Menschen bei der Zeugung mit so viel Freude verbunden ist, wieviel Freude muß Gott dann erst bei der Erschaffung der ganzen Welt gehabt haben? – So könnte eine rabbinische Weisheit lauten oder lautet sie. Der Satz ist eine Antwort auf die Frage nach dem Sinn alles Seins und der ganzen Schöpfung: Freude.

Wo immer der Mensch deshalb dem Schöpfer begegnet oder wiederbegegnet, hat er Anteil an dessen Daseinsfreude. Dies ist das Kriterium der Wahrheit.

Und: Nach biblischem und monastischem Menschenbild ist Freude unteilbar, das heißt: Sie betrifft immer Leib und Seele zusammen. Gerade auch aus den Predigten Bernhards von Clairvaux zum Hohenlied wird – nicht ohne Anhalt an den ausgelegten Texten – deutlich: Der Leib ist und bleibt Vermittler des Glücks.

Freude als Reaktion auf die Begegnung mit Gott

Daher tritt der Mensch in freudigem Jubel aus sich heraus, so wie Gott in seiner Liebe aus sich herausgetreten ist. Wenn beide aus sich heraustreten, kann neue Gemeinschaft sein. Der Ort der Begegnung zwischen Gott und Mensch ist die Freude. Sie ist das Offenbarungszelt des Neuen Bundes.

Diese Begegnung geschah durch das Evangelium oder durch einen Engel oder eine Vision. In jedem Fall bedeutet der Kontakt mit himmlischer Leichtigkeit Freude. Bezeichnend ist, daß oft zu Beginn von Engel-Erscheinungen verboten wird zu trauern oder zu weinen: »Warum weinst du?« – »Was trauerst du?« Das heißt: Traurigkeit und Weinen sind kein Weg, auf dem man Gott begegnen kann; selbst die nützliche Trauer (bei der Umkehr) ist nur vorläufig. Wo Gott sich dem Menschen zuwendet, ist Freude. Daher wird Freude oft am Anfang einer Geschichte »mit Gott« oder »vor Gott« genannt. Deshalb nehmen die Menschen die »gute Botschaft« oder gar den Boten selbst mit Freude an (Markus 4,16; 1. Thesssalonicher 1,6; Lukas 8,13; 19,6), und daher stehen oft »Glaube« als Gläubigwerden und Freude zusammen (zum Beispiel in Philipper 1,25; Johannes 11,15). Dem entspricht, daß auch das menschliche Beten nicht traurig sein darf. Denn sobald das der Fall ist, wird es tränenschwer und kann nicht mehr zum Himmel aufsteigen. (Das Gebet wird hier übrigens als Opferart nach dem Vorbild des Brandopfers gesehen: Feuchtes Holz brennt nicht.) Das Gebet soll freudig sein. Wenn daher Freude und Gebet eng beieinander stehen (1. Thessalonicher 5,16f; Philipper 1,4 [Fürbitte mit Freude]; 4,4–6), dann bedeutet das: Ganz überwiegend ist der Kontakt des Menschen mit dem Himmel durch Lachen und nicht durch Tränen bestimmt.

Dem entspricht schließlich: Der Mensch, der wirklich erfaßt ist von Gottes Offenbarung und Gegenwart, verbindet mit der Freude auch Jubel. Diese Verbindung von Freude und Jubel ist recht häufig.

Daher heißt es, wenn ein Mensch nahe zu Gott kommen darf, daß er »eintritt in die Freude seines Herrn« (vgl. Matthäus 25,21.23), das heißt: Er kommt Gott nahe, hat Anteil an seiner Art. Ähnlich ist nach Hebräer 12,2 Freude die Daseinsweise Gottes und entspricht dem Sitzen zur Rechten *(Als Auserwählter hätte sich Jesus sicher für Freude und Freiheit von Leid entscheiden können, doch statt dessen ertrug er geduldig das Kreuz. Trotz seines schändlichen Endes hat er sich rechts neben Gottes Thron gesetzt).* Ganz ähnlich auch der Augustiner-Eremit Luther: Unser Leben sei im Himmel, unten traurig, oben fröhlich, die Füße nach unten, den Kopf nach oben, »wie Torgauer Bier« (WA 40/2, 296,11).

Weil das alles zutrifft, ist Freude auch eine besonders häufig genannte Gabe des Heiligen Geistes. Und wenn die Freude »vollkommen« ist oder »vollendet« wird, dann ist sie zu ihrem eigentlichen Wesen gekommen. Denn sie ist eifersüchtig wie Gott selbst. Deshalb ist sie eigentlich nur dort, wo sie vollkommen ist.

Ergebnis: Freude ist die innere Substanz, die Innenseite himmlischer Dinge und Personen. Wenn nichts Schwaches und Vergängliches mehr da ist, dann ist Freude. Daher kann man sagen: Innerlich besteht Gott aus Freude.

Wenn Gott »substanziell« die reine Freude ist, dann besteht das Heil darin, daß diese Freude sich in ihrem ansteckenden Charakter auswirkt.

Freude steht für Christentum selbst, wenn Paulus in 2. Korinther 1,24 sagt: *Denn ich will ja euer Christentum nicht beherrschen, sondern nur zu eurer Freude beitragen. Denn ihr seid ja schon recht standfest im christlichen Glauben.*

Freude ist für das frühe Christentum also weder Heiterkeit noch gar Witz oder Schadenfreude, weder nur ein vorübergehender innerer Zustand des Menschen noch Frohsinn. Und wenn wir sagen, Gott sei wesentlich Freude, dann bedeutet das auch nicht, er sei »still in sich vergnügt« wie ein pfeiferauchender Großvater im Lehnstuhl. Vielmehr ist Freude wesentlich die Art, in der Gott Anteil an sich selbst gibt – was freilich eine sehr »anthropomorphe«, am menschlichen Bewußtsein orientierte Vorstellung ist. Die andere Weise, in der Gott Anteil an sich selbst gibt, nennen wir Heiligen Geist. Diese Formulierung orientiert sich nicht am Bewußtsein, sondern an der Grundlage des Lebens. Wegen der Nachbarschaft zum Heiligen Geist werden im Neuen Testament immer wieder Freude und Heiliger Geist zusammen genannt (Apostelgeschichte 13,52; Römer 14,17; Galater 5,22).

Daß Freude Anteil an sich geben will (»Geteilte Freude ist doppelte Freude«), kommt besonders schön zum Ausdruck in der brieflichen Wendung *freut euch mit denen, die sich freuen* (Römer 12,15) und in der dreimal wiederholten Aufforderung Jesu zur Mitfreude in Lukas 15.

Freude ist charakteristisch für das christliche Gottesbild

Religionsgeschichtlich liegt hier eine gewisse Besonderheit des Neuen Testaments gegenüber dem Alten Testament, aber auch gegenüber dem hellenistischen Gottesbild vor. Im Neuen Testament ist im Zusammenhang der Begegnung mit Gott so häufig von Freude die Rede, wie das im Alten Testament gewiß nicht gesagt werden kann[3]. Schon ein flüchtiger Blick auf den Bestand der griechischen Ausdrücke im griechischen

---

3. Erst in späten prophetischen Stellen gibt es die Freude »am Ende« der Zeit und der Welt: Jesaja 25,9; 35,10; 51,3; 61,10; 66,10; Zephanja 3,14–17; Sacharja 9,9f. Und vielleicht geht es bei der Freude Johannes des Täufers in Johannes 3,29 ebenfalls darum.

Alten Testament (Septuaginta) zeigt, daß das Neue Testament überwältigend häufiger von der Freude im Kontext der Gottesbegegnung spricht als das Alte Testament. Gegenüber dem Befund in der zeitgenössischen griechischen Umwelt gilt Ähnliches. Die »Götter« sind zuallererst »unvergänglich«; wenn sie »selig« genannt werden, dann steht das in gewisser Nähe zum Neuen Testament; doch ist diese Seligkeit nicht im Offenbarungsgeschehen mitteilbar. Bei der Rede von der Freude stoßen wir daher auf ein markantes und von der Forschung bisher völlig übersehenes Eigenprofil des Neuen Testaments. Gewiß gibt es Brücken zum Alten Testament (der Ausdruck »Evangelium« ist von dort her geprägt) und zur Umwelt, aber entscheidend ist das Übergewicht der Aussagen über Freude. Die Ursachen für diesen sehr auffälligen Befund: Gott teilt sich in einem bisher unbekannten Maß an die Menschen mit. Dabei lassen einzelne Szenen noch sehr konkret die »heilvolle« Ausrichtung der Gottesbegegnung erkennen, etwa wenn es in Matthäus 28,8 als Reaktion der Frauen auf die Vision des Engels und die Osterbotschaft heißt: *mit Angst und großer Freude.* Angst war die bis dahin übliche Reaktion in Theophanien, Freude aber kommt jetzt wegen des Inhalts der Botschaft neu hinzu. – »Verwunderung eignet der Freude, wenn man noch nicht glauben kann vor Freude (Lukas 24,41) wie die Magd, die, die Stimme des aus dem Gefängnis befreiten Petrus hörend, vergißt, die Türe zu öffnen (Apostelgeschichte 12,14)« (L. Steiger, TRE 11, 589).

Zum anderen aber ist Jesus nach christlicher Auffassung der Messias, und zumindest in einigen Bereichen ist die sprichwörtliche »messianische Fülle« schon durchgebrochen. Die messianischen Güter, die es schon in Fülle gibt, sind insbesondere alles, was »überfließt«, also Freude. In diesem Sinne wird die Wortähnlichkeit, die im Griechischen zwischen Gnade *(charis)* und Freude *(chara)* besteht, im Neuen Testament wiederentdeckt (Apostelgeschichte 11,23; Lukas 1,28).

Freude ist etwas Vormoralisches, und unsere Entdeckung der Innenseite Gottes als Freude hat nichts zu tun mit dem modischen Trend, das Gericht abzuschaffen oder Gott allein über die »Liebe« zu definieren. Freude ist vielmehr ein Versuch, Gott nach der psychischen Seite hin in einem menschlichen Bild zu erfassen. Bei Bernhard von Clairvaux kommt das gut zum Ausdruck: Der wunderbaren Heiterkeit, die wir erhoffen *(mira serenitas)*, entspricht die Leichtigkeit *(facilitas),* aus der heraus wir erschaffen wurden (Werke 5; Predigten zum Hohenlied, 165).

Den Raum der Gegenwart Gottes nennt Bernhard von Clairvaux immer wieder das »Paradies«. Nach 1. Mose 2,8 nennt er es »einen blühenden, wunderlieblichen Garten«, Stätte des wunderbaren Zeltes, wo der Mensch das Brot der Engel genießen soll. »Diesen Garten betritt man nicht mit den Füßen, sondern mit dem Herzen.« – »Es ist der verschlossene Garten, der versiegelte Quell« (Hoheslied 4,12) (Über die Bekehrung, Kap. 12 und 13).

Freude als wichtigster Teil der Geschichte mit Gott

Freude begleitet jeweils die Dramatik eines Stückes Geschichte. Sie ist die Reaktion am Höhepunkt des Dramas. Oder sie ist – als Haltung der Erwählten – Dauerbegleitung als Kontrastprogramm. – In beiden Fällen zeigt die freudige Reaktion, was Geschichte wert ist oder wo der eigentliche Wert liegt. Deshalb freuen sich die Engel, wenn ein Sünder umkehrt oder wenn Rom zerstört wird – dramatischer Wendepunkt oder Zielpunkt einer Geschichte. Um das Kontrastprogramm geht es, wenn von der Freude im Leiden die Rede ist oder wenn die Gemeinde in schwierigen Zeiten aufgefordert wird: Freut euch immer.

Freude ist auch immer dann das Echo, wenn Gott sein Ziel erreicht hat. Der »Kranz des Jubels« nach dem Buch Jesus Sirach (1,11; 6,31; 15,6) sagt, daß man sich über diesen Erfolg freuen darf.

»Angesichts der kommenden Basileia werden die Hungernden, Weinenden (Lukas 6,21) von Jesus jetzt selig gepriesen, indem er ihnen den Vorgeschmack der Freude heute gibt, nämlich zu essen und zu lachen« (L. Steiger, TRE 11, 588).

Freude im Leiden

Recht typisch für das frühe Christentum ist vor allem die Verbindung von Leiden und Freude.

Kolosser 1,11f.24: *Gott stärke euch mit seiner wunderbaren, herrlichen Kraft. Dann könnt ihr alles ertragen und aushalten und freudig dem Vater (12) dafür danken, daß ihr durch ihn dazu befähigt seid, in den Kreis der Heiligen ... aufgenommen zu werden... (24) Daher freue ich mich jetzt, daß ich zu eurem Nutzen leiden darf. So kann ich mit meinem sterblichen Körper das beitragen, was dem Leib Christi, der Kirche, an Qualen noch gefehlt hat.*

1. Thessalonicher 1,6b: *Ihr habt bewiesen, daß die Botschaft wirklich bei euch angekommen ist, denn ihr habt einerseits dafür gelitten, andererseits aber auch aus der Freude Kraft geschöpft, die Gottes Geist schenkt.*

1. Petrus 1,6f: *Ihr habt allen Grund zur Freude. Denn die Zeit, in der ihr Kummer habt und immer wieder vor Bewährungsproben gestellt werdet, ist bald vorbei. Weil die Abfolge von Schmerz und Herrlichkeit unumkehrbar ist, könnt ihr sicher sein: (7) Wenn ihr die Zeit der Bewährung treu überstanden habt, dann ist das, wie wenn Gold im Feuer geläutert ist. Dabei gehört Gold nur zu den vergänglichen Dingen. Ihr jedoch werdet dann, wenn Jesus Christus offenbart wird, gelobt, geehrt und mit Herrlichkeit gekrönt.*

1. Petrus 4,14f: *Ihr habt ja an den Leiden Jesu Christi Anteil. Darüber dürft ihr euch freuen. Denn ihr werdet auch in Freude und Jubel ausbrechen, wenn seine Herrlichkeit vor aller Augen offenbar wird. (15) Und wenn ihr jetzt beschimpft werdet, weil ihr Christen seid, dann gilt: Selig seid ihr, weil der Heilige Geist Gottes jetzt schon auf euch ruht, der Geist der Herrlichkeit.*

Jakobus 1,2f: *Liebe Brüder und Schwestern! Wenn ihr mit eurem Glauben vielen harten Bewährungsproben ausgesetzt seid,*

dürft ihr das als ganz besonderen Grund zur Freude betrach-
ten. (3) Denn je mehr euer Glaube sich bewährt, um so stär-
ker wird eure Fähigkeit, Leid und Schmerz auszuhalten.

Die Grundgedanken sind dabei:

– Das Leiden der Christen wird grundsätzlich als Bewährung verstanden. Über jeden, der die Bewährungsprobe besteht, kann man nur glücklich sein.

– Jetzt verfolgt zu werden ist angesichts des Zustands der Welt ein sicheres Zeichen dafür, auf der Seite Gottes zu stehen. Das ist eine Anwartschaft auf die herrliche Zukunft, die bald kommen muß.

– Besonders Paulus kennt den Grundsatz: Durch Leiden wurde und wird die Welt erlöst. – Wer immer als Bote Jesu Christi leidet, kann sich daher freuen, daß wieder ein Stück der von Jesus gebrachten Befreiung eingelöst wird.

– Sehr bewegend ist 1. Petrus 4,14: Die Leidenden werden selig gepriesen (wie Matthäus 5,10–11), und sie sind auch in gewisser Hinsicht selig, denn Gottes Geist ist schon auf ihnen.

Konkretion zu 1. Petrus 4,14

Vielleicht darf man in diese Vision einstimmen: Gottes Schechina über einer zusammengepferchten Schar jüdischer Märtyrer auf dem Weg in ein Vernichtungslager. Denn Schechina ist Gottes Gegenwart.

Ist ihr Weg doch nicht reine Gottverlassenheit? Trägt ihr Tod bei zur Erlösung der Welt, ist er eingefügt in den Tod des Messias?

Jüdische Märtyrerberichte früherer Zeit sprechen so: Der Prophet Jesaja, heißt es, schrie nicht und weinte nicht, während er zersägt wurde, sondern sein Mund redete mit dem Heiligen Geist, bis er in zwei Stücke zersägt worden war (Himmelfahrt Jesajas 5,14). Und der christliche Märtyrer Ignatius wird wenig später im Blick auf sein bevorstehendes Martyrium in Rom schreiben: »Je näher das Schwert kommt, desto näher bin ich

Gott. Inmitten der Bestien bin ich mitten in Gott« (Brief an die Smyrnäer 4,2). Und Märtyrertexte sprechen davon, daß die Augen Gottes auf dem Märtyrer ruhten, daß er schon zu Lebzeiten die unsichtbare Krone der Märtyrer trug.

Und selbst noch von den christlichen Toten sagt es eine alte christliche Liturgie (die maronitische): »Wie der Adler um seinen Horst schwebt und seine Fittiche über seine Jungen ausbreitet, so wird der heilige Geist über deinem Leib schweben, du hast ihn in der Taufe angezogen und mit Pracht ihm gedient.«

Es kann ja sein, daß diese Gewißheit nicht täuscht: Daß neben der Erfahrung der Gottverlassenheit des Gerechten in seinem unverschuldeten Tod (Psalm 22) jedenfalls nach Christus die Gewißheit wächst, daß Gott die Seinen nie verläßt, daß er immer bei ihnen ist, auch im Tod, als Heiliger Geist etwa.

Das bedeutet: Dort, wo der Märtyrer dem Tod am nächsten ist, ist auch Gott ihm am nächsten. Wo er von allen verlassen zu sein scheint, ist Gottes Geist doch bei ihm. Denn er redet im Märtyrer, wenn dieser mutig als Zeuge bekennt. Wie eine unsichtbare Feuersäule zieht er voran durch die Stunden größter Bedrängnis.

Es ist dies die Spiritualität der Verfolgten, der mutigen Bekenner, die oft zu einem Bekenntnis imstande waren, das ihnen kein Mensch zugetraut hätte.

Denn wenn Jesus sagt: »Selig die Verfolgten«, dann ist ein Zipfelchen Seligkeit schon jetzt bei ihnen, dann ist Gottes Verheißung über ihnen, so wie Gottes Angesicht leuchtet über Menschen. So meinen die Seligpreisungen weder eine platonische Leibfeindlichkeit noch die Unbeweglichkeit des stoischen Gemüts, sondern sie meinen die Bedeutung des Unsichtbaren für das Sichtbare.

Die Gemeinde lebt von der Freude

In Galater 5,22f erscheint die Freude unter den Früchten des Heiligen Geistes: *Wer sich aber vom Heiligen Geist leiten läßt, der kann lieben, sich freuen, Frieden halten, der hat einen langen Atem, ist freundlich und gütig, treu, (23) von sanfter Geduld und Selbstbeherrschung...* Die Freude erscheint hier neben sozialen Verhaltensweisen. Wir schätzen Freude in der Regel nicht so ein, da wir darunter vor allem das eigene Vergnügen verstehen. Die Bibel versteht darunter wohl, Freude zu teilen und zu verursachen, vielleicht auch sich über andere zu freuen, denn so kann Gemeinde entstehen.

Nicht ohne Grund steht der Aufruf, sich allezeit zu freuen, in unmittelbarer Nähe zu der Aufforderung, unaufhörlich zu beten (1. Thessalonicher 5,6). Beides kann man »eigentlich« gar nicht als Mensch auf Erden. Aber Entsprechendes bemerken wir auch an anderer Stelle. Der Ausdruck »Gemeinde« (griech. *ekklesia*) heißt eigentlich nur Versammlung. Wenn man nun eine »Gemeinde« so nennt, ist sie eigentlich zur Dauer-Versammlung geworden. Es ist also wie beim Beten und bei der Freude. Etwas, das zunächst und von Natur aus zeitlich eng begrenzt ist, wird zur Dauer-Institution erklärt. Es wird stabil und wird zum dauerhaften Merkmal von Christen. Das ist ein eigenartiger Vorgang, der zeigt, daß das frühe Christentum in nur geringem Maße auf bereits vorhandene Dauer-Einrichtungen zurückgriff.

Die Betonung gemeinsamer Freude spiegelt oft schwerwiegende Gemeindeprobleme wider und findet sich überraschend häufig in Gleichnissen; so in Lukas 15,5.6.9.32 und in Johannes 3,29 (der Bräutigam und sein Freund) und 4,36 (der Sämann und der Erntende) – im Johannes-Evangelium in beiden Fällen auf Jesus und Johannes den Täufer bezogen. Zur Mitfreude wird die Gemeinde in Römer 12,15 aufgefordert, und in Philipper 2,17f geht es um die Gemeinschaft zwischen Apostel und Gemeinde.

Ausdruck im gottesdienstlichen Jubel findet die Freude schon nach Apostelgeschichte 2,46 (Brotbrechen mit Jubel); 11,28 (in einer Textvariante [D]: Propheten kommen nach Antiochien; es entsteht großer Jubel, Christen kommen zusammen) und Martyrium des Polykarp 18,3 (»Dann werden wir zusammenkommen in Jubel und Freude, und Gott wird uns ermöglichen, den Geburtstag des Martyriums des Polykarp zu feiern…«).

Freude als Handeln und Handeln aus Freude

Wir hatten uns schon darüber gewundert: Paulus schreckt nicht davor zurück, den Christen zu befehlen: *Freut euch allezeit* (1. Thessalonicher 5,16). Und merkwürdigerweise folgt dann erst: *Laßt nicht nach im Beten* (5,17). Wir fragen: Wie kann man Freude befehlen? Und wie soll das dann das Wichtigste von allem sein? – Antwort: Freude meint auch hier nicht Lustigsein, sondern bedeutet: Sucht das, was ständige Freude bereitet, orientiert euch an dem wahren Schatz, über den ihr euch freuen könnt. Sucht euch den Wert, der euch wirklich und für immer erfreuen kann. Damit geht es um Gott und sein Reich, ähnlich wie in Matthäus 13,44.

Wenn die Suche nach der wahren und dauerhaften Freude die Suche nach Gott ist, dann können wir zwei Dinge verstehen, die uns bisher rätselhaft erschienen sind. Einmal verstehen wir, warum es dann erst an zweiter Stelle heißt: *Laßt nicht nach im Beten.* Denn das kann man nur, wenn man die wahre Freude gefunden hat.

Diesen paulinischen Ansatz sollte man wohl intensiver bedenken und nicht gleich zur Tagesordnung übergehen: Gebet ist also dem Jubel verschwistert. Nicht weil es immer einen Anlaß zum Lachen gäbe, sondern weil ein Mensch die entscheidende Wirklichkeit, die authentische Quelle, die kostbarste Orientierung, die Möglichkeit zu vertrauen gefunden hat. Vielleicht sieht er noch gar nicht einmal mehr Licht, aber er kann in die Dunkelheit gehen und seine Hand in die Hand Gottes legen. – Freude also über einen unermeßlichen Reichtum, der auch im Dunkeln nicht aufhört, Reichtum zu sein.

Und zum anderen wird verständlich, wie Jesus nach Matthäus 25,21.23 die Worte des Herrn an seinen Sklaven, der sich bewährt hat, so wiedergeben kann: *Geh ein in die Freude deines Herrn* (so die übliche, reichlich unverständliche Übersetzung;

Berger/Nord: *Du kannst dich jetzt freuen über das, was dein Herr für dich bestimmt hat).* Diese *Freude des Herrn* ist Gott selbst in seiner Herrschaft; und zur Übersetzung vergleiche man Matthäus 25,34 *(Hier ist euer Königreich, das auf euch wartet seit Erschaffung der Welt…).* Die Freude ist »direkt beim Herrn«.

Und das ist die Logik von 1. Thessalonicher 5,16: Wenn einer nur das gefunden hat, über das er sich immer freuen kann, dann kann er auch beten und danken und alles andere tun, was von einem Christen erwartet wird. Freude ist die Grundlage alles Handelns. Also nicht Angst vor dem Gericht, nicht einfach Liebe als empfangenes Verhalten, das man nun weitergeben könnte und müßte. Freude ist mehr: Sie ist begriffene, verstandene, begrüßte, angenommene Liebe. Wenn der Mensch irgend etwas tun muß, dann genügt es vollständig, sich zu freuen.

Das deutsche Wort »Gebefreudigkeit« hat eine Erinnerung bewahrt an diesen *Ursprung allen christlichen Handelns in der Freude.*

An anderer Stelle kann Paulus sagen, die Werke des Menschen geschähen aus »Überfluß«. Das ist ein ganz ähnlicher Gedanke. Wer reichlich geben kann, gibt leicht und mühelos.

Eindrücklich bringt dieses auch der 1. Klemensbrief in Kap. 34 zur Geltung. Nachdem der Verfasser festgestellt hat, daß Christen nur aus Glauben und nicht aus Werken gerechtfertigt werden, fragt er (mit Recht), ob denn nun alles Handeln egal sei oder auch unterlassen werden könne. Seine überraschende Antwort: Wie bei Gott selbst, der die Welt zur Freude geschaffen hat, geschieht auch das Handeln des Christen zur Freude. Es ist die Freude des Täters über das vollbrachte Werk.

Der Verfasser hat, was Gott betrifft, hier an die im Griechischen mögliche Doppelbedeutung von *kosmos* gedacht. Kosmos heißt eben beides: Schmuck/Zierde und Welt. Und die Frage nach dem Sinn allen geschaffenen Seins beantwortet er so: Wie man sich schmückt, um sich am Leben zu freuen, so hat auch Gott die Welt erschaffen, um sich freuen zu können. Und beim

Menschen ist es mit seinen Werken ebenso. Er darf sich freuen über alles, was er vollbringt, weil und wenn es schön ist.

1. Klemens 33,2–8: »Denn Gott selbst, Schöpfer und Herr aller Dinge, freut sich über seine Werke… (7) Alle Gerechten konnten ebenfalls viele gute Werke als ihre Zierde vorweisen, und auch der Herr Jesus Christus konnte sich freuen, weil er so viele schöne gute Werke hervorgebracht hatte. (8) Wir haben nun dieses Vorbild und müssen uns entschlossen nach seinem Willen richten. Mit ganzer Kraft wollen wir tun, was die Gerechtigkeit fordert.«

Was diese Freude ist und wie es einem dabei ergeht, das kann wohl am ehesten ein Künstler ermessen. Er darf stolz sein, darf sich freuen über das, was ihm gelungen ist.

Für den, der – wie ich – nicht Künstler ist, ein Beispiel: In den Ferien an der See baue ich regelmäßig Städte aus Sand – auch wenn sie mit der nächsten Flut oder durch tapsige Strandbesucher zerstört werden. Aber die Freude am Werk ist hier sehr ausgeprägt.

Wer nun seit seinem 16. Lebensjahr durch die strenge Schule der Dogmatik gegangen ist, weiß, daß solche Freude und solcher Stolz – auch in harmloser Form – oft als christlich unerlaubt angesehen wird. Es ist mein Herzenswunsch, daß man sich gerade an dieser Stelle menschliche Freude und ebensolchen Stolz nicht durch ein bitteres dogmatisches Christentum vergällen läßt. Denn Christentum fängt nicht dort an, wo man keine Freude mehr hat am eigenen Tun und an der eigenen Leistung. Es geht doch um Freude, nicht um Berechnung oder Angst! Und berechtigter Stolz ist nicht Schielen nach etwas anderem Sachfremdem, sondern gehört zum Tun dazu. Man sollte sich seine Freude nicht durch globalisierte Sündentheorien verderben lassen.

Praxis der Freude

Gott ist nach Wilhelm von St. Thierry »die Freude der wahrhaft Frohen und die Seligkeit der Seligen.« (Über die Natur und Würde der Liebe, § 53). Daher ist es Ziel des klösterlichen Lebens, von dieser Freude möglichst viel wahrzunehmen.

Über den klösterlichen Chorgesang sagt Bernhard, er sei nicht Geräusch des Mundes, sondern Jubel des Herzens, nicht Getön der Lippen, sondern freudige Bewegung, Zusammenklingen des Willens aller, nicht nur der Stimmen (Predigten zum Hohenlied 1,11). Hier ist auch der bekannte frühmittelalterliche Jubilus zu Psalm 33,9 *(Schmeckt und seht, denn der Herr ist freundlich)* zu nennen: »Es ist schön, Jesus, an dich zu denken. / Das gibt wahre Herzensfreude. / Wenn er nur da ist, / dann ist das süßer als Honig und alles. / Nichts kann man zärtlicher besingen, / nichts ist angenehmer zu hören, / nichts ist schöner zu denken / als du, Jesus, Gottes Sohn.«

Als Summe des Rates an seine Brüder faßt Bernhard zusammen: »Ich will, daß ihr erfahrt, was der heilige Prophet uns rät, wenn er sagt: Freut euch, wenn ihr an den Herrn denkt« (Predigten zum Hohenlied 11,2). In der Biographie des seligen David von Himmerod wird über ihn gesagt: »Wie bei einem Heiligen strahlte sein Gesicht vor Freude; er hatte das Gesicht eines Mannes, der nach Jerusalem zieht.«

Nach Wilhelm von St. Thierry (Der Spiegel des Glaubens, § 66) ist Freude schon ein Stück spürbarer Verwandlung. Dabei orientiert sich das Verwandeltwerden wohl an 2. Korinther 3,18: »Wenn die Gott liebende und in der Liebe ihn fühlende Seele plötzlich als ganze verwandelt wird, nicht zwar in das Wesen der Gottheit, aber doch in eine übermenschliche, untergöttliche Seligkeit, in die Freude der erleuchteten Gnade und in die Erfahrung eines erleuchteten Bewußtseins… dann fühlt auch das Fleisch das Angeld der verheißenen Unverweslichkeit und Verklärung. Freudig entsagt (der Mensch) sich selber und eilt eifrig seinem Geiste nach, wie dieser auf Gott zueilt. Dies sei dann »der Jubel des seligen Volkes Gottes, das den Jubel kennt, das im Licht des Antlitzes Gottes lebt.« – In § 67 derselben Schrift spricht Wilhelm von dem plötzlichen Aufblitzen der Gnade, »solche Freude« ruhe auf sicherem

Glauben auf. So kommen ewiges Leben und Freude zustande, »die dem, der sie hat, keiner rauben wird« (ebd., § 70).

Nach Wilhelm von St. Thierry kommt die Weisheit denen entgegen, die sie suchen, um »sich ihnen in heiterer Fröhlichkeit« zu zeigen (Über die Natur und Würde der Liebe, § 34). Psalm 4,7 legt Wilhelm so aus, »daß die Seele die Freude des göttlichen Heils in sich aufnimmt und durch den königlichen Geist der Weisheit gefestigt fröhlich zu Gott emporsingt: ›Dein leuchtende Angesicht ist uns als Siegel aufgedrückt, Gott‹ …«

Freudig Abendmahl feiern

Für das christliche Abendmahl muß die Dimension der Freude erst noch wiederentdeckt werden. Der Satz *Der Wein erfreut des Menschen Herz* ist zwar biblisch (Psalm 104,15), und nirgends in der Bibel ist Weingenuß mit Tod verbunden. Trotzdem assoziieren wir in der Regel beim Abendmahlskelch, er enthalte Christi Blut.

Dies ist mein Leib oder *für euch* bedeutet nicht: Dies bin ich, der Gekreuzigte, der Tote, dies ist mein Leichnam, dies ist mein Tod. Sondern es bedeutet: Ich bin für euch das Leben, so wie Brot Zeichen des Lebens ist. Und nirgends Zeichen des Todes. – Und ähnlich beim Becher: Nicht das Blut steht im Vordergrund, sondern der Bund. Der Wein steht für den Bund, Wein ist nirgends Zeichen des Todes. Der Bund wird mit Wein begossen. Daß dieser Bund am Kreuz gestiftet worden ist, soll nicht vergessen sein. Doch vor einer direkten Identifikation von Wein und Blut sei gewarnt. Selbst das Mittelalter hat das nicht gemeint, sondern lehrt, daß unter beiderlei Gestalt (Brot und Wein) der ganze Christus gegenwärtig ist.

Konsequenzen: Das Abendmahl hat nicht zuerst mit Sünde und Tod etwas zu tun, sondern es ist zuerst das Mahl des Lebens und der Freude. Statt »Christi Blut, für dich vergossen« sollte man beim Austeilen des Kelches sagen: Der Neue Bund, mit uns geschlossen.

Insofern ist das Abendmahl auch Ausblick auf das kommende Mahl, wenn Jesus wieder dabei ist. Paulus sagt: Wenn ihr das Mahl feiert, verkündet ihr den Tod des Herrn. Darf man daraus den karfreitäglichen Charakter des Abendmahles ableiten, den wir so oft inszenieren? Nein, der Ton liegt doch auf dem, was zumeist verschwiegen wird: »… bis daß der Herr wiederkommt«. Ein Herrenmahl ohne den Herrn ist nämlich sinnwidrig. Nur mit dem Herrn hat es eigentlich Sinn. Der Platz des Herrn bleibt jetzt, in der Zwischenzeit, leer. Sein Platz ist wie mit Blumen geschmückt. Insofern ist ein Herrenmahl ohne den Herrn auch Erinnerung daran, daß der Herr weg ist. Der leere Platz des Herrn erinnert an seinen Tod. Aber wir wissen, das ist nicht endgültig. Denn »bis daß er kommt«, nur so lange ist das Mahl gewissermaßen defekt. Wer Herrenmahl ohne Herrn feiert, macht deutlich, auf was er wartet: auf den wiederkommenden, durch den Tod entrissenen Herrn. Er ist bis dahin nur verhüllt gegenwärtig, in dem und durch das, was das Mahl zum Mahl macht.

Spiritualität der Freude

Wie kaum etwas anderes ist »Freude« ein Merkmal frühchristlicher und monastischer Spiritualität. Das kommt einerseits daher, daß Freude ganz zentral in das Gottesbild gehört, und andererseits ist Freude das himmlische Ziel des Menschen. In der Zwischenzeit wird die Freude im Gottesdienst gefeiert, und Freude ist auch die Art, in der die Christen dauerhaft Widerstand leisten in einer Welt der Schmerzen und der Ungerechtigkeit. Gerade weil Freude vormoralisch ist und dem Heiligen Geist »benachbart«, ist es ein Geschenk, sich daran orientieren zu können, und doch auch eine Frage des Schweigens und der Einsamkeit, ob sie denn wirklich wie eine Königin eintreten kann (so wie sich Juden den Sabbat am Freitagabend vorstellen). Nach einem Wort Bernhards von Clairvaux aus den »Sentenzen« sind Christen Menschen mit Blumen in den Händen.

Einige Beispiele für das Gemeinte:

Nach Acta Iohannis 60 (Abfassung: 1. Hälfte 3. Jahrhundert) wird von einer Herberge in Ephesus berichtet, in der der Apostel Johannes sich zur Ruhe begibt. »Als er sich nun niedergelegt hatte, wurde er von zahllosen Wanzen belästigt; und als sie ihm immer lästiger wurden und die Nacht schon zur Hälfte fortgeschritten war, sagte er zu ihnen ...: ›Ich sage euch, ihr Wanzen, seid allesamt einsichtig, verlaßt augenblicklich eure Heimstatt, verhaltet euch ruhig an einem Ort und bleibt fern von den Knechten Gottes!‹ ... (61) Als aber der Tag heraufdämmerte ..., sahen wir an der Tür eine Menge Wanzen... Da sprach Johannes zu den Wanzen: ›Da ihr sehr einsichtig wart und euch vor meiner Strafe gehütet habt, so geht nun wieder an euren Platz!‹ Da ... eilten die Wanzen behende von der Tür zum Bett, stiegen an dessen Beinen empor und schlüpften in die Fugen.«

Nach dem Kindheitsevangelium des Thomas (Kap. 3–5; Berger/Nord 1296f) wirkt Jesus in seiner Kindheit einige Wunder besonderer Art. Einen Spielkameraden, der ihn ärgert, verwandelt er kurzerhand in ein Stück Holz. Einen anderen Jungen, der ihn anrempelt, läßt er tot umfallen. Leute, die dann diese Geschichten weitererzählen, läßt er erblinden. Erst in Kap. 8 werden alle wiederhergestellt, aber keiner wagt es fortan, Jesus zu erzürnen.

Nach der jüdischen Überlieferung (Babylonischer Talmud, Berakhot V 1,33a) betete Rabbi Chanina so inständig, daß eine Wasserschlange, die ihn beim Beten biß, tot von ihm abfiel. Daraufhin sagten die Leute: Wehe dem Menschen, den die Wasserschlange beißt. Aber wehe der Wasserschlange, die den Rabbi beißt.

Das, was wir heute als »Übermut« deuten könnten, hängt mit Wundergeschichten zusammen. Doch das Phänomen Übermut in biblischer und nachbiblischer Mystik zu diskutieren ist ein riskantes Unternehmen. Ein bibelgriechisches Wort dafür gibt es nicht. Das erkenntnistheoretische Problem liegt auf der Hand: Deuten wir etwas als Übermut, was es für die damaligen Menschen keineswegs war?

Wie war das mit der Hochzeit von Kana nach Johannes 2,1–11? War nicht die durch das Wunder bereitgestellte Menge guten Weins ein Vielfaches von dem, was wirklich benötigt wurde? Ist Jesus hier – wie die Wundertäter in den anderen Erzählungen auch – nicht über das Ziel weit hinausgeschossen? Ganz zu schweigen von den Geschichten mit den getauften Löwen, die in der Arena niederknien usw.?

Nehmen wir versuchsweise an, es ginge in diesen Geschichten um Übermut. Was wäre das dann für ein Phänomen? Sicher ginge es um ungebändigten Überfluß, um das messianische Übermaß, nach dem die Segenskraft das wirklich Benötigte weit übersteigt. Aufgehoben würde dann mit diesen Geschichten nicht der Bereich der Naturgesetze, sondern gerade auch alle alltägliche Notdurft, ja Ernsthaftigkeit. Dabei wird erkennbar, daß unsere gewöhnlichen Vorstellungen nicht heilig sind, sondern von Menschen gemacht. Das Heilige äußert sich gegenüber diesen Ordnungskategorien durchaus auch komisch. Wenn der Abstand des Heiligen sehr groß ist, dann ist die Freiheit und das Maß an Kraft, die hier ungehindert waltet, ebenfalls besonders groß.

Die Formulierung »Übermut« habe ich hier der Deutung von Überlieferungen zu Martin Luther entnommen. Er berichtet in seinen Tischgesprächen (!), daß er morgens beim Aufstehen den ersten Furz, den er lassen müsse, dem Teufel widme, und zwar mit den Worten: »Da, nimm's als Stecken, und zieh damit gen Rom…« Luther verhält sich übermütig. Der Sieg der Gnade ist ihm so gewiß, daß er den Erzfeind mit Furzen lächerlich machen kann. Der Übermut Luthers hat seine konkrete Ursache in der Rechtfertigungsbotschaft. Weil der Teufel ein prinzipiell Besiegter ist, kann man ihn »vorführen«.

Es geht also bei diesen Geschichten nicht einfach um Witzchen, sondern um Geschichten, die die Überfülle des Sieges verdeutlichen helfen. Das gar nicht zu bremsende Übermaß der Wunderkraft schießt weit über das Ziel hinaus und macht damit nicht die handelnden Figuren (insbesondere nicht den Wundertäter) lächerlich, sondern die gewöhnlichen Grenzen unseres Einordnens. Der Feind des Heiligen ist der Bier-Ernst des Alltags. Auch die Weise, in der Marc Chagall, der letzte Vertreter des mystischen Judentums, mit den Gesetzen der Schwerkraft und der angeblichen Dummheit der Tiere umgeht, ist gut vergleichbar. Angesichts der mystischen Kraft der Liebe, die er darstellen will, ist der Rest der Welt zur Disposition gestellt, werden alle anderen Dinge wie leicht knetbare Masse.

Gehen wir darauf unsere Beispiele noch einmal durch:

In den Acta Iohannis wird die in Kap. 60 berichtete Erzählung ausdrücklich als *paignion* (eine lustige Geschichte) bezeichnet, und auf den Befehl des Johannes hin »lachen« die Gefährten. Außerdem gibt der Apostel eine Anwendung: »Dieses Getier hörte die Stimme eines Menschen und hielt sich still für sich, ohne den Befehl zu übertreten. Wir aber hören die Stimme Gottes und sind seinen Geboten ungehorsam und leichtfertig – und wie lange!« Die Geschichte wird als lustig, aber gerade darin als lehrreich empfunden. Es ist in der Tat schwer, sie zu vergessen.

Im Thomas-Evangelium (griech.) liegt der Fall anders: Die Geschichten sind für unseren Geschmack »grotesk«, wie wir das in anderer Weise auch von Jesusworten kennen (Splitter und Balken; Kamel und Nadelöhr; Perlen vor die Säue). Die groteske Wundererzählung bewahrt einen wichtigen Zug: die Verletzbarkeit des Heiligen. Ähnlich ist es auch in der Erzählung über Ananias und Saphira in Apostelgeschichte 5. Hier gibt es – wegen eines aus unserer Sicht vergleichbar nichtigen Anlasses – gleich zwei Todesopfer, und zwar endgültige. Ziel der Erzählungen dieser Art ist die Einschüchterung von Menschen, ein Ziel, das gewiß nicht über jeden Zweifel erhaben ist.

Bei der talmudischen Erzählung über Rabbi Chanina geht es um einen ganz anderen Aspekt, nämlich um das Thema der Immunität des Frommen, das auch im Neuen Testament (Markus 16,18) und aus zahlreichen Heiligenlegenden bekannt ist. Anders als im Thomas-Evangelium geht es hier nicht um die Verletzlichkeit des Heiligen, sondern gerade um seine Unverletzlichkeit.

Schließlich Johannes 2,1–11: Hier geht es um ein messianisches »Mengenwunder« reinster Art. Die Not steht in keinem Verhältnis zur Fülle des Geschenkten. Lustig wäre allenfalls, wenn man sich vorstellen müßte, die Hochzeitsgäste hätten das alles austrinken müssen. Aber davon spricht die Geschichte natürlich nicht.

Über das Phänomen des Grotesken in Jesu Wort und Tat wäre noch weiter nachzudenken. Das Groteske ist ja nicht einfach »falsch« oder »unwirklich«. Es kommt freilich im Alltag nicht vor, sondern in fiktionalen Texten. Gegenüber der Funktion zum Beispiel in der Karikatur erhält es in der Verkündigung Jesu eine besondere Rolle. Das Dargestellte (etwa Perlen, vor Säue geworfen) ist lächerlich, aber doch in der Weise, daß einem das Lachen im Halse stecken bleibt. Sowohl in Jesusworten als auch in den Legenden des Thomas-Evangeliums als auch in späteren Heiligenlegenden hat es immer die Funktion, durch ganz Ungewöhnliches die Aufmerksamkeit zu wecken und dann ein Spiel zwischen Lachen und Schrecken zu beginnen, das eben gekonnt sein muß. An der Stelle des Spiels zwischen Lachen und Schrecken kann auch das zwischen Lachen und wirklichem Heilsangebot stehen.

Das Thema »Übermut« eröffnet demnach kaum bekannte Aspekte frühchristlicher Rhetorik. Mit Spiritualität haben einige der genannten Texte deshalb etwas zu tun, weil gerade in den grotesken Schilderungen etwas von der Brechung des Heiligen mit dem Alltäglichen erkennbar wird, das wir sonst nicht kennen.

Angewandt auf Jesus, den Wundertäter von Johannes 2,1–11, heißt das: Jesus, der Schüler des asketischen und völlig abstinenten Täufers Johannes, vollbringt seine erste Tat als große, jedes Maß sprengende Weinschwemme. Darin zeigt er sich als Messias. Denn dessen Zeichen ist (oder besser: kann nach

jüdischer Auffassung sein) die Fülle des Weins. Jesus feiert in diesem Sinne seine Messianität öfter mit Tischgenossen und handelt sich daher die – nun wiederum ihrerseits grotesken – Titel »Fresser« und »Weinsäufer« ein. *Daß er so mit Menschen beim Wein feiert, macht zweifellos einen gewichtigen Teil der Spiritualität Jesu aus.*
Feiern aber sprengt das Alltägliche, und zur Festfreude gehört insofern auch ein Stück Übermut.

KLASSISCHE SCHRIFTSTELLEN

Einige neutestamentliche Stellen sind für das Thema Spiritualität zu Klassikern geworden, weil sie zu fast allen Zeiten geistliche Lehrer und Mystiker angeregt und auch schon im Neuen Testament eine unübersehbar wichtige Rolle gespielt haben.

Christi Gestalt gewinnen

Galater 4,19f: *Ihr seid doch meine Kinder, und wie eine Mutter liege ich noch einmal in schmerzhaften Wehen, solange bis Christus in euch Gestalt gewinnt. (20) Ich wünschte, ich könnte bei euch sein und so zu euch reden, wie ihr es gerade jetzt nötig habt. Denn ich bin ratlos, was ich mit euch anfangen soll.*
Wehen hat eine gebärende Frau bis zur Geburt. Sie gebiert (so ist es die Regel und ihr Wunsch), wenn das Kind Gestalt gewonnen hat. Noch ist also für die Galater noch nicht einmal die Stunde gekommen, da sie als Gemeinde das Licht der Welt erblicken können. Die Ursache für dieses Noch nicht: Die Gemeinde hat nicht etwa kein Profil gewonnen, vielmehr ist sie nicht fertig. Denn Christus hat noch nicht Gestalt gewonnen in ihr. Sie sollte ja nicht ein eigenes Profil gewinnen, sondern Jesus soll in ihr Gestalt gewinnen. Hier durchbricht Paulus daher die Metaphorik, er verletzt deren Regeln.

Christus soll so in der Gemeinde sein, daß man ihn erkennen kann. Nicht die Gemeinde, sondern ihn. Denn er will und muß in der Gemeinde sich zur Geltung bringen. Das aber geschieht nicht durch Meinungen, sondern durch die Gestalt, die eine Gemeinde in ihrer gesamten Praxis bekommt und sich schenken läßt. So soll hervorkommen, was in den Christen darin steckt, was Paulus in ihnen grundgelegt hat.

Galater 4,19 bei den frühen Zisterziensern

Für die frühen Zisterzienser ist es wichtig, von der Gestaltwerdung Christi in den Christen zu sprechen, weil der Christ erfährt, daß er nicht mit einem Mal vollkommen ist, sondern daß Christwerden ein langer Prozeß ist. Ferner ist es wichtig zu fragen, was oder wer denn das Ziel dieses Prozesses ist. Es kann nichts Abstraktes sein, sondern nur Christus selbst, angeeignet durch die Christen. Und ferner ist im 12. Jahrhundert – ganz anders als bei uns – Schwangerschaft für die erwachsene Frau eigentlich der Normalzustand. Die Schwangerschaft eignet sich auch wegen ihrer offenbaren Verborgenheit gut, die Existenz des Christen in der Welt zu schildern, wenn man denn in der Frau überhaupt das Bild für die Situation des Christen in der Welt erblickt. Schließlich verrät die Orientierung an der Gestalt *(forma)* eine besondere Sinnlichkeit, ja sie ist Konzentration auf eine einzige Art von Sinnlichkeit, die bei aller monastischen Strenge erlaubt ist: daß eben Christus in jedem einzelnen Christen greifbar wird wie in einer Plastik.

Die Rede von der Gestalt verrät mithin ein besonderes (gespaltenes!) Interesse an der zeitgenössischen romanischen Plastik, die im übrigen von den Zisterziensern (der zweiten Generation) nicht nachvollzogen wird, in der Rede von der Christusgestalt aber sozusagen ihren Ersatz findet. Man vergleiche dazu Bernhards »Apologie an Abt Wilhelm«, § 28ff *(De pïcturis et sculpturis… 2,192ff).* Abt Wilhelm war Kluniazenser (Benediktiner), und Bernhard grenzt sich im Rahmen des sogenannten Observanzstreits von ihm ab. – Das heißt: Nur die Gestalt, die Christus in jedem einzelnen Christen gewinnt, ist erlaubte »Plastik«. Die Kühnheit dieser Spiritualisierung hat auch heute noch nichts von ihrer Großartigkeit eingebüßt.

Von diesen Grundvoraussetzungen her werden die reichen Texte verständlich, die im folgenden zitiert werden.

In der 51. Predigt sagt Bernhard (9,567): »Wer nämlich das Evangelium verkündet, der trägt Jesus gleichsam im Schoß, um ihn für andere, oder besser andere für ihn zur Welt zu bringen *(ut eum aliis, vel potius alios ei pariat)*. Einer von ihnen war Paulus: Galater 4,19. Wer sich für Christus einsetzt…, der trägt ihn auf der Schulter.« – In der 6. Predigt zur Weihnachtsvigil (7,223) zitiert Bernhard Galater 4,19 und sagt dazu: »Wenn nämlich Christus, sooft er in ihnen Gestalt annahm, in ihnen geboren zu werden schien, wie sollte nicht auch jemand sich erkühnen zu sagen, daß er in gleicher Weise in dem geboren wird, der in ihnen gewissermaßen mit ihm in Geburtswehen lag?« – In der 85. Predigt (6,645) § 13 nennt Bernhard Paulus eine »liebende Mutter und eine treue Gattin« wegen Galater 4,19. Dann nennt er zwei Arten von geistlichen Müttern: Die einen gebären durch Verkündigung, die anderen durch Betrachtung der Erkenntnisse des Geistes. – In der 12. Predigt § 2 schildert Bernhard: Paulus habe für die Gemeinde immer neue Geburtswehen erlitten, »bis Christus in ihnen Gestalt annehmen würde und die Glieder ihrem Haupt gleichgestaltet würden« (5,171). In der 29. Predigt (5,463) sagt Bernhard zu den Hörern, er habe die Frucht seines Schmerzes vor sich, »indem ich sehe, daß Christus in meinen Kindern Gestalt angenommen hat«. Nach Brief 341 muß Christus erst in den Brüdern Gestalt annehmen, bis sie zur Gänze unterwiesen sind, die Kämpfe des Herrn zu bestehen (3,591).

Guerric von Igny spricht von der Christusgeburt im Menschen. Das Ziel des Lebens des Mönches: Christus soll in ihm Gestalt gewinnen. Die Gemeinde ist die Mutter Christi, die in sich die Gestalt Christi ausprägen soll.

Christus hat »uns eine Form geschenkt« (durch Geburt, Leben, Sterben), »nach der wir geformt werden sollten« (3. Ansprache zu Weihnachten; I, 126). In der 2. Ansprache zu Weihnachten (II, 84) mahnt er: »Auch ihr selige Mütter eines so herrlichen Kindes, achtet auf euch selbst, bis Christus in euch Gestalt annimmt.« Als Mensch wird Christus in unserem Leib geboren. In der 3. Ansprache zur Verkündigung (II, 94): Die Kirche trägt sie, bis Christus in ihnen Gestalt annimmt *(formetur)*. In der 2. Ansprache zum Palmsonntag (II, 207) sagt Guerric zu Galater 5,24, die Kreuzigung der maßlosen Triebe beziehe sich auf das Modell *(forma)* des gekreuzigten Christus selbst. Uns hefte unsere Gottesfurcht ans Kreuz.

Vgl. ferner: 1. Ansprache zum 15. 8. (II, 240): Paulus will seine Kinder in Sorge und liebender Sehnsucht immer wieder gebären, bis Christus in ihnen Gestalt annimmt. – 2. Ansprache zum 8. 9. (II, 278): Maria wünscht, ihren Sohn in allen angenommenen Kindern zu formen, bis sie den Zustand des vollkommenen Menschen erreichen, das Maß des Vollalters ihres Sohnes. »Dann nämlich ist Christus vollkommen nach dem Maß, wie es in diesem Leben möglich ist, ausgeformt *(formatus)*, wenn du die Wahrheit, die er selbst ist, erkannt und die erkannte Wahrheit zur Ehre gebracht hast in Gottesfurcht und Hoffnung« (II, 279).

Ein Schlüsselbegriff ist für Guerric, »daß Christus Gestalt gewinne«, und er formuliert das mit den Begriffen *forma, formare* und *informare*. – Interessant ist der Wechsel des Subjekts: Statt Paulus können es auch die Kirche oder Maria sein, die ihren Kindern die Gestalt Jesu geben.

Das Leben Jesu hatte die Form, nach der Christus in den Mönchen geformt werden muß. Diese *forma Christi* ist Ursache und Zielgestalt des göttlichen Gnadenwirkens im Menschen. Während Gott sich selbst Form ist, besteht Gottes Wirken darin, daß er formt und mit seiner Gnade wirkt. So hat Jesus dreifache Gestalt: als ewiges Wort in Gott *(forma verbi)*, als Mensch *(forma carnis)* und als der in den Christen Geborene *(forma spiritualis)*. Das heißt: Jesus drückt sein Bild in den Jüngern aus.

Spiritualität nach unserem Verständnis bedeutet, daß Menschen geprägt sind durch das, was ihnen wiederholt begegnet ist und was daher immer wieder »durchscheint«. Diese Konzeption des Geprägtseins hängt entscheidend mit der frühmittelalterlichen Auffassung der *forma* zusammen.

Über das oben zu Galater 4,19 Gesagte hinaus ist die »Gestalt« für Bernhard in seiner gesamten Heilslehre wichtig. So spricht er davon, daß die ursprüngliche innere Gestalt des Menschen verlorenging und wiederhergestellt werden mußte. Das geschieht durch eine Verwandlung *(transformari)*. Wegen dieser geschehenen Verwandlung kann dann die »Seele« sich mit dem Wort verbinden. So wird der Mensch Gott ähnlich durch Gleichgestaltung (vereint werden durch Umwandlung). (Vgl. besonders die Traktate über Gnade und über Gottesliebe.)

Zum Ganzen lohnt es sich auch, auf Wilhelm von St. Thierry zu hören (Oraisons meditatives 12,17):

»Du aber hast Gestalt gegeben, ohne selbst Gestalt zu haben. Denn da du weder eine Gestalt bist noch etwas, das Gestalt besitzt, kann es auch keine Gestalt deiner Liebe geben, die nach irgend etwas irgendwie Gestaltetem gestaltet wäre. Sie ist nämlich die Weisheit, über die es heißt: ›Sie ist der Atem der Macht Gottes, hell und rein strömt sie aus der Klarheit des allmächtigen Gottes hervor. Nichts Unreines kann ihr etwas anhaben. Sie ist der Lichtglanz des ewigen Lichtes, makelloser Spiegel der Majestät Gottes, Abbild seiner Güte.‹ Daher können wir sie uns nicht einfach nehmen, wenn wir wollen. Sie muß vielmehr zu uns kommen, sie muß uns zuerst gnädig entgegen kommen. Sonst bringt uns jegliche Anstrengung unseres Verstandes kaum einen Schritt voran.«

Christozentrische Anthropologie

Unter diesem anspruchsvollen Stichwort gilt es, anhand des paulinischen Konzeptes der Gestalt einige Aussagen über das christliche Menschenbild zu machen, um das es dieser Richtung der Spiritualität geht. Wer Galater 4,19 in den Blickpunkt stellt und von daher ein Menschenbild entwirft, kommt zu folgenden Gesichtspunkten:

– Im Unterschied zu unserem individualistischen Weltbild geht es hier nicht um Selbstverwirklichung oder die Frage, wie ich mich selbst gewinne oder zu mir selbst kommen kann. Sondern es geht wirklich um Christus.

– Wenn Christus Gestalt gewinnt, geht es um jeden einzelnen, aber nicht um ein Heer von Menschen, die wie geklont gleich aussehen. Es geht hier um die Einheit in der Verschiedenheit.

– Wenn Christus Gestalt gewinnt, geht es in gleicher Weise und ohne Einschränkung um die Gemeinde oder jeweilige Gemeinschaft. Als Leib Christi (1. Korinther 12) stellt sie im Ganzen Christus dar, und zwar durch messianische Gerechtigkeit nach innen und als missionarische Gruppe (»Licht der Welt«) nach außen. Dabei ist »messianische Gerechtigkeit« das, was mit der Person des Messias nach jüdischer Erwartung verbunden ist und was Paulus in 1. Korinther 11–14 für die Gemeinde konkret ausführt: daß keiner benachteiligt sei. Garantiert und umgesetzt wird das durch die Person des Messias. Und die missionarische Funktion als »Licht der Welt« teilt die Gemeinde konsequent mit Jesus selbst (vgl. Matthäus 5,14–16 mit Johannes 8,12).

– Daraus folgt: Die christusförmige Gestalt des einzelnen und aller zusammen besteht nicht in Prinzipien, sondern in der Darstellung einer Person. Denn nicht unabhängig vom Messias, sondern nur mit ihm zusammen hat die Gemeinde ihre Aufgabe in der Welt.

– Aus den beiden genannten Aspekten ergeben sich für den Gottesdienst als Zentrum der Gemeinde wichtige Folgerungen. Denn der Gottesdienst bringt die verborgene Anwesenheit des Messias für die Beteiligten nach innen wie nach außen zur Geltung. Dieses »zur Geltung bringen« geschieht durch Gestalt. Paulus wie die frühen Zisterzienser denken diese Gestalt durchaus sinnlich und erfahrbar. Alles andere würde nur dazu verführen, um das Wesentliche herumzureden. Ein Verhältnis zu dieser Art Gestalt zu gewinnen ist eine ökumenische Aufgabe ersten Ranges.

Manfred Seitz erörtert in seinem Artikel »Frömmigkeit« (TRE 11, 676) auch das Problem der Gestalt: Die Dinge haben Macht, weil sie Gestalt besitzen und greifbar sind. Von ihnen geht Kraft aus, weil sie wiederkehren, sich einüben und es an sich haben, immer da zu sein. Sie sind nicht bloßes Wort. Sie haben Gewicht und prägen unser Gesicht, ja unser ganzes Leben. Deshalb kann nur Gestalt, nicht bloßes Wort mit ihnen konkurrieren. Einen Glauben, der nicht gestaltet ist und bloß als gedacht und in Gedanken existiert, verweht der Wind. Hängt damit das Zugehen auf Gestaltelemente des Glaubens zusammen und das Suchen nach »glaubwürdiger Leibhaftigkeit«? So ist nach M. Seitz auch in der evangelischen Theologie Frömmigkeit wieder zum Thema geworden und das Problem der Gestalt entstanden.

Zur Ergänzung: Da der Gottesdienst das maßgebliche (öffentliche) Realsymbol ist, in dem sich die Gemeinde darstellt, sind alle Zeichenhandlungen der einen Gestalt ein- und unterzuordnen, daß der Gottesdienst Christus darstellt und verkündigt, und zwar in der oben dargestellten Doppelrolle. Von daher fallen viele zirkusartige Inszenierungen moderner Gottesdienste von selbst in sich zusammen, da sie oftmals diesem Anspruch nicht im entferntesten genügen.

»Brannte nicht unser Herz?«

In Lukas 24,31f heißt es über die Emmausjünger: *Da gingen ihnen die Augen auf und sie erkannten ihn. Doch in dem Augenblick war er verschwunden. (32) Und sie sagten zueinander: »Brannte nicht unser Herz, als er unterwegs mit uns sprach und uns die Schrift erklärte?«*
Wenn einem das Herz brennt, dann nicht wegen der schönen Worte allein; die rhetorische Herleitung greift hier zu kurz. Vielmehr: Wenn das Herz brennt, dann ist man kurz davor, sich

durch das entscheidende, befreiende Wort Luft zu verschaffen. So sagt es Psalm 39,4 über den Schmerz. Der Schmerz bäumte sich auf, das Herz glühte, wie Feuer brannte es im Inneren. Und dann heißt es: »Da mußte meine Zunge reden.« Ähnlich Jeremia 20,9: Wollte der Prophet nicht mehr an Gott denken und von ihm reden, so würde es in seinem Innern wie brennendes Feuer sein. Das heißt: Er könnte das Denkverbot und das eigene Schweigen nicht ertragen. Entsprechend sagt in den apokryphen »Testamenten der Patriarchen« in Testament Naphtali 7,4 der Patriarch Naphtali über den Verkauf Josephs: »Ich brannte in meinem Innern, dem Jakob offen zu sagen, daß Joseph verkauft worden war, aber ich fürchtete meine Brüder.« Und schließlich kennen wir einen Zauberpapyrus, nach dem eine begehrte Frau herangeführt werden soll, »brennend in ihrer Seele und in ihrem Herzen«, das heißt: brennend vor Begierde oder Lust, die dann gestillt werden muß. – In allen genannten Fällen geht es keineswegs um betörende Worte, sondern die Situation ist überall gleich: Da ist einer, der unbedingt etwas sagen oder auch tun will, es aber (noch) nicht kann. Im Deutschen gibt es verwandte Ausdrücke: »Es liegt mir auf der Zunge« – doch hier fehlt der innere Drang; »das Siegel der Lippen lösen« – doch hier geht es um das Brechen des Schweigens überhaupt; »Haltet an das Feuer und beißt in die Lippen« – das verstand man im 19. Jahrhundert; bei Goethe findet sich: »Ich biß die glühende Lippe mir wund« – hier kommt der Wortlaut und der Sinn dem biblischen wenigstens nahe.

Das meint also Lukas 24,32: Es brannte den Jüngern auf der Zunge, aber es bestand noch eine Barriere, eine Sperre, das, was im Herzen brannte, auch laut zu sagen. – Jedenfalls steht auf der einen Seite das Herz voll Ahnungen, Wünschen, zwingenden Folgerungen, erfüllten Sehnsüchten, und auf der anderen der Mund, der noch stumm ist, noch nicht zu sprechen wagt, den noch Ängste verschließen. Die Jünger hatten es noch nicht »über die Zunge gebracht«, was sie doch im Herzen ganz sicher wußten und hätten sagen wollen. Nichts anderes hätten sie sagen wollen als dies: Du bist der Messias selbst.

»Brannte nicht unser Herz?« Das, was sich längst nahelegt, was man mit ganzem Herzen schon weiß – und dann spricht ein anderer das befreiende, erlösende, klärende Wort.

Gibt es das auch heute in unserer Religion, vielleicht im Verhältnis zu Jesus? Daß Menschen die Ahnung haben, eigentlich Christen sein zu müssen, und es ist keiner, der das befreiende Wort spricht? Ich meine nicht die »anonymen Christen«, sondern alle die, die innerlich ganz darauf vorbereitet sind, Christen sein zu können. »Eigentlich kann man mich als Christen betrachten«, aber oft hindern die sozialen Umstände daran, den Schritt offen zu tun.

Aber die »Sehnsucht nach der Sehnsucht« ist da, um es mit Wilhelm von St. Thierry zu sagen: »So weit kam ich durch dein Wirken voran, daß ich mich sehne, dich zu ersehnen, und daß ich es liebe, dich zu lieben. Doch indem ich so liebe, weiß ich nicht, was ich liebe. Was heißt denn das: die Liebe lieben und die Sehnsucht ersehnen? … Von der Sehnsucht jedoch: Was sollen wir von ihr sagen? Wenn ich sage: Ich sehne mich, sehnsüchtig zu sein, so hab ich schon Sehnsucht« (De contemplando Deo § 4).

Origenes († 254) bringt in seiner Jeremia-Homilie 20,8 das brennende Herz aus Lukas 24,32 in Zusammenhang mit dem Feuer, von dem Jesus in Lukas 12,49 sagt, er sei gekommen, dieses Feuer zu entzünden *(Ich bin dazu da, ein Feuer auf Erden zu entzünden. Ach, wäre es doch schon entfacht!)*. Die Auslegung ist sinnvoll, wenn man unter dem Feuer Gott selbst versteht, ähnlich in dem Ungeschriebenen Jesuswort (Agraphon Nr. 80 Berger/Nord): »Wer mir nahe ist, der ist dem Feuer nahe. Und wer fern von mir ist, der ist fern von Gottes Heil.« Mit Origenes könnte man sagen: Das Feuer im Herzen der Jünger, ihre Sehnsucht und Gewißheit war Gott selbst. (Exegetisch ist das wohl in Lukas 24,32 nicht direkt gemeint, theologisch im Sinne des Origenes ist es nicht unmöglich, vielleicht anregend und daher legitim.)

Nimmt man das in diesen beiden Absätzen Ausgeführte zusammen, so kann man wohl sagen: Oft brennt das Herz bei modernen Dichtern, oft in der bildenden Kunst. »Gott verlangt nur heilige Sehnsucht« (J. Leclercq). Denn das, was wir hier unter dem Schriftwort Lukas 24,32 betrachtet haben, ist eine »Spiritualität des Ungesagten«. Man sollte sie, angesichts der Überflutung auch durch kirchliche Äußerungen, nicht unterschätzen.

Gottes Reich mit Gewalt nehmen

Matthäus 11,12: *Seitdem Johannes der Täufer aufgetreten ist, wird noch immer und bis heute um Gottes Herrschaft gekämpft, und nur wer kämpft, erringt diese Herrschaft.*
Dieses rätselhafte Jesuswort ist eines der Lieblingsthemen der monastischen Bibelauslegung. Versucht man, seinem Wortsinn auf die Spur zu kommen, so könnte sich folgendes ergeben: Keine Herrschaft, kein »Königreich« fällt irgend jemandem in den Schoß. Da ist auch die Gottesherrschaft keine Ausnahme. Zwar ist sie irgendwie »da«, liegt aber im Bereich dessen, was man ergreifen kann und muß.
Nur ist die Gewalt, um die es hier geht, von ganz besonderer Art. Ihr Maßstab ist das gleichfalls nur bei Matthäus überlieferte Jesuswort: *Denn alle, die das Schwert ergreifen, werden durch das Schwert umkommen* (Matthäus 26,52) und im Ganzen das Bild des auf Gewaltverzicht drängenden Jesus des Matthäus-Evangeliums. Um es »paradox« zu sagen: Was Jesus in der Bergpredigt verkündigt, ist eine »gewaltige Anstrengung an Gewaltlosigkeit«. Nur diese Anstrengung endet nicht in Gewalt, sagt Jesus.
Der modernen Exegese ist diese Stelle, nicht zuletzt im Sog reformatorischer Rechtfertigungslehre, inhaltlich verschlossen geblieben. Denn »gewaltige Anstrengung« paßte nun wirklich nicht zum Programm der Reformatoren mit ihrer Betonung des *sola gratia* (allein aus Gnade). Die Mönche des 12. Jahrhunderts dagegen könnten mit ihrem Verständnis einen Schlüssel für diesen Text hergeben.

Bernhard von Clairvaux, Predigt 25 § 1f: »Es scheint so zu sein wie bei einem Räuber, der aufgegriffen wurde und dem Galgen schon ganz nahe ist. Wenn er ganz verzweifelt ist und nichts in sich findet, weshalb er um Gnade flehen könnte, dann breitet er die Arme aus und sagt: So hat Christus gelitten, um die Herzen derer, die ihn festhalten, zum Mitleid zu bewegen. (§ 2) Ich glaube, daß man von solchen sagen kann: Matthäus 11,12. Gewalt wendet auch jener Zöllner dem Himmelreich gegenüber an, der es nicht wagte, seine Augen zum Himmel zu erheben. So konnte er erreichen, daß der Himmel sich ihm zuneigte. Ähnliches scheint jene Frau getan zu haben, die unter Blutungen litt und es nicht wagte, vor Christus hinzutreten: Sie bewirkte, daß Kraft von ihm ausströmte.«

Predigt 27 § 1: »Wenn du aber … dem Reich der Liebe zu jeder Zeit Gewalt antust, so daß du dich seiner als frommer Eroberer bis zu seinen äußersten Grenzen zu bemächtigen vermagst, wenn du glaubst, nicht einmal den Feinden dein liebevolles Herz verschließen zu dürfen…«

Predigt 73 § 2: »… die überaus kostbare Beute der Wahrheit ganz gierig an sich zu reißen und für sich fortzutragen. Mit dem Propheten sagt sie zu Gott: ›Ich freue mich über deine Verheißung wie einer, der reiche Beute gewonnen hat‹ (Psalm 118 [119],162). So nämlich wird dem Reich der Wahrheit Gewalt angetan, und die Gewalttätigen reißen es an sich.«

2. Predigt zu Septuagesimae § 3: »Weder kann ich mich ohne Schmerzen losringen noch ohne Seufzen aufschwingen, denn: Matthäus 11,12 (also nur mit Gewalt gegen mich selbst?).«

7. Predigt zu Psalm 90: »›Tut Buße!‹ – Aber: Matthäus 11,12. Zu ihm gibt es für mich keinen Zugang außer mitten durch die Schlachtreihen der Feinde. Mitten auf dem Weg lagern Riesen, sie fliegen in der Luft, sie halten den Durchgang besetzt und lauern auf alle, die hindurchgehen. Und doch, sei voll Zuversicht, fürchte dich nicht!«

Predigt zum 8. 9. § 16: »Ringe mit dem Engel, damit du nicht unterliegst, denn das Himmelreich leidet Gewalt, und die Gewalttätigen reißen es an sich. Oder ist das kein Ringen: ›Mein Geliebter ist mein, und ich bin sein‹ (Hoheslied 2,16)?«

Brief 551: »Die Demut allein ist es, die den Tugenden Glückseligkeit und Dauer verleiht. Sie tut dem Himmelreich Gewalt an, sie hat den Herrn der Majestät bis zum Tod, ja bis zum Tod am Kreuz erniedrigt. Denn die Demut war es, die zuerst das in der Höhe thronende Wort Gottes einlud, zu uns herabzusteigen; die Wahrheit, mit der es sein Kommen versprochen hatte, war es, die es dazu nötigte *(compulit)*.«

Brief 77 § 5: »Matthäus 11,12 kann nur gelten, wenn zur Zeit Jesu das Himmelreich nicht gewaltsam verschlossen war.«

Brief 98 § 5: »Weil Johannes der Täufer wußte, daß von seinen Tagen an das Himmelreich Gewalt erleidet, rief er aus: Tut Buße, das Himmelreich ist nahe.«

Leben des Malachias V 11: »Siehst du…, was das beharrliche Gebet des Gerechten vermag? Wahrlich: Matthäus 11,12. – Scheint es dir nicht, daß das Gebet des Malachias sozusagen die Pforten des Himmels erbrochen…«

Die Texte Bernhards ergeben:

– Die Gewalt gegenüber dem Himmelreich ist gewaltlos.

– Sie besteht in Gebet (Gebet ist ein Ringen!) oder in Nötigung des Himmels durch Demut (da kann Gott nicht anders als sogar Mensch werden). Auch wenn die Blutflüssige Jesus berührte, war das eine Art Nötigung.

– Sie besteht in Liebe, besonders in Feindesliebe.

– Sie besteht in Umkehr/Buße. Denn Reich Gottes wird mit Umkehr verknüpft.

– Sie besteht darin, daß man die Wahrheit wie eine Beute davonträgt (Bezug auf Psalm 118 [119],162).

Vor allem Gebet und Nötigung durch Demut werden hier als eine Art Psycho-Terror gegenüber Gott verstanden. Diese Psycho-Terroristen nötigen Gott.

Besonders die Auslegungen von Matthäus 11,12 auf das Gebet sind interessant.

In der 2. Ansprache zum Fest Johannes des Täufers sagt Guerric von Igny (§ 1):

Seit der Geburt Johannes des Täufers »können wir das Reich Gottes an uns reißen, das wir durch Gerechtigkeit nicht verdienen konnten«. »Oder war jener tapfere Ringer, der Patriarch Jakob, nicht Gott gegenüber wirklich gewalttätig, der, wie geschrieben steht, stark war gegen Gott und gewann? ... Ich behaupte, daß er mit Gott gerungen hat... Es war also eine gute Gewalttätigkeit, die den Segen entriß, ein glückliches Ringen, in dem Gott dem Menschen unterlag und der Besiegte den Sieger mit der Gnade des Segens und mit der Ehre eines heiligeren Namens beschenkte... Ich will die Kraft des ganzen Körpers, nicht nur der Hüfte, verlieren, wenn ich den Segen des Engels verdiente... Daher sagen wir euch, Brüder, die ihr begonnen habt, den Himmel an euch zu reißen, die ihr zusammengekommen seid, um mit dem Engel zu ringen, der den Weg zum Baum des Lebens bewacht (1. Mose 3,24), euch sagen wir: Es ist unbedingt notwendig, standhaft und unermüdlich zu ringen. Ich sage: Nicht bloß bis zur Entkräftung der Hüfte, von der die fleischliche Fortpflanzung ausgeht, sondern auch bis zur Abtötung des Leibes... Doch das ist nur möglich, wenn ihr von der Kraft Gottes berührt seid...

Oder scheinst du nicht mit dem Engel, ja mit Gott selbst zu kämpfen, wenn er täglich deinen ungeduldigen Gebeten widersteht?

Du badest dich gleichsam in Schneewasser – und er selbst taucht dich in den Schmutz.

Du sagst: ich will weise werden, und er selbst entfernt sich noch weiter von dir.

Du rufst zu ihm, und er erhört dich nicht.

Du willst ihm nahen, und er stößt dich zurück.

Du entscheidest eine Sache, und das Gegenteil geschieht.

Und fast in allem widersteht er dir mit harter Hand...

Er liebt es ja, von dir Gewalt zu erleiden. Er sehnt sich danach, von dir besiegt zu werden...

Mit der Macht der Liebe sollst du also bewaffnet sein, wer immer du bist, du frommer Eroberer, der du das Reich Gottes an dich reißen willst. Und du kannst sicher sein, daß du sogar den König des Himmels leicht besiegen wirst… Er will durch den Widerstand den Mut anspornen.«

In § 4 mahnt Guerric von Igny: Umgürtet euch mit Großmut und Beständigkeit. »Der Schwache soll sagen: Ich bin stark. Und in freudiger Hoffnung soll er nicht daran denken, daß er schwach ist, da er doch jederzeit den Himmel mit solcher Leichtigkeit erobern kann. Gewiß reißt der den Himmel gewalttätig an sich, der seine Schwachheit oder seinem Alter Gewalt antut. Vielmehr … tut er seiner eigenen Verlorenheit Gewalt an, der sich selbst gegenüber keine Schonung kennt… Denn in Mühen arbeitet der Mensch für sich, wie die Schrift sagt, ›und tut Gewalt an seinem Verderben‹ (Sprüche 16,26 LXX). … Folgt … Johannes, von dessen Tagen an es möglich wurde, den Himmel zu erobern. Denn er ist es, der wie ein zweiter David Oberst einer Freischar wurde, Anführer von frommen Banditen, und jenes siegreiche Heer der Zöllner und Sünder durch eine lobenswerte und heilige Gewalttätigkeit mit sich in das Himmelreich hineinführte. Denn welcher Verbrecher oder Frevler rüstete sich nicht sofort zum Krieg, wenn er seine Tuba hörte: Tut Buße, denn das Reich Gottes ist nahe…«

In seiner 3. Ansprache für den Advent zitiert Guerric 1. Mose 19,2f: Abraham drängte die Engel sehr, bei ihm einzukehren. »Liebevolle Gewalt, mit der man das Himmelreich an sich reißt. Lobenswerte Unverschämtheit, die als Gast sich Christus gewinnt oder Engel!«

Bei Guerric kommt noch stärker als bei Bernhard das Element des Ringens im Gebet zur Geltung, und dabei ist Guerric ein Text von klassischer Schönheit gelungen.

Im Neuen Testament meine ich derartige Elemente in Lukas 18,1–8 (Witwe und gottloser Richter) und in Römer 15,30 (ringt bzw. kämpft mit mir im Gebet) zu erkennen. Die rabbinische Tradition kann Ähnliches von Mose berichten. In meinem Buch »Wie kann Gott Leid und Katastrophen zulassen?« (Stuttgart 1996) habe ich (158–163) die Texte 1. Mose 32,23–32 und Lukas 18,1–8 typologisch einander gegenübergestellt. Ohne daß ich den oben zitierten Text Guerrics kannte, laufen doch seine Auslegung aus dem 12. Jahrhundert und die meine auf exakt dasselbe Ziel hinaus. Die Verbindung zu Matthäus 11,12 habe ich damals nicht gezogen.

Bei alledem tritt ein wichtiger Aspekt der frühchristlichen und offensichtlich auch monastischen Frömmigkeit hervor:

– Das Gebet kann ein geistlicher Kampf mit oder gegen Gott sein. Die Erfahrung von Gott, die der Beter macht: Gott ist widerständig, widerspenstig, will nicht geben. Um Segen muß man kämpfen.

– Diese Gotteserfahrung hat auch physische Dimensionen (vgl. bei mir a. a. O., 162: »Beten, bis man Gottes Widerstand physisch spürt«).

– Der Widerstand Gottes ist zumindest entfernt vergleichbar mit dem (vorläufigen) Widerstand zum Beispiel des weiblichen Partners in der sexuellen Begegnung. (Vgl. dazu a. a. O., 163: »Jakob sagt: Gott will segnen. Aber nur wenn er weiß, daß er wirklich gebraucht wird. [Ist das nicht mit der Liebe unter Menschen ähnlich?]«).

Es geht jedenfalls um die ohne Zweifel bleibende Erfahrung, daß die Dimension des Gebetes mit leicht und schnell gesprochenen Tischgebeten noch nicht ausgelotet ist.

Der Beitrag der Mystik
zur Erklärung von Matthäus 11,12

Die umfassende Beachtung, die Matthäus 11,12 jedenfalls bei frühen Zisterziensern gefunden hat, könnte – gewissermaßen über Jahrhunderte nach rückwärts (ins 1. Jahrhundert n. Chr.) wie nach vorwärts (ins 21. Jahrhundert n. Chr.) hin – Nützliches nicht nur zur Auslegung der Stelle, sondern auch zu einer wichtigen Seite der christlichen Spiritualität beitragen.

Vor allem dies: Man könnte Matthäus 11,12 (und andere Texte des Neuen Testaments) versuchsweise auf dem Hintergrund geistlicher Erfahrung lesen. Nirgendwo in der Auslegung des Neuen Testaments spielt diese bisher eine Rolle, schon gar nicht bei den Aussagen über Gottes Herrschaft. Aber es könn-

te doch sein, daß nach Matthäus 11,12 ein unwiderstehlicher
»Zwang« auf Gott und seine Herrschaft ausgeübt wird, so daß
man sie auf diesem Wege erobern und sich aneignen oder zu-
mindest den Zugang öffnen kann. Denn das ist ja das Problem
bei vielen Basileia-Worten (Worten über das Reich Gottes):
Wie kann der Mensch da hineingehen? Es könnte ja sein, daß
Demut, demütige Umkehr und Gebet das einzige sind, das an
Gott »heranreicht«, ihn überhaupt erreicht.

Hineinwachsen in immer mehr Herrlichkeit

2. Korinther 3,18; 4,4–6: *Wir Christen müssen unser Gesicht
nicht mit einer Decke verhüllen. Frei und offen dürfen wir die
Herrlichkeit des Herrn sehen, die auf unserem Antlitz widerscheint. Und weil wir auf den Herrn selbst blicken, der uns
den Geist schenkt, werden wir immer mehr in die Herrlichkeit
des Herrn hineinverwandelt. (4,4) … für die Botschaft des
Lichts und der Herrlichkeit, deren Inhalt Jesus Christus selbst
ist, Gottes Ebenbild. (5) Ihn möchte ich verkündigen, nicht
mich selbst. Jesus Christus ist der Herr, und eben deswegen
bin ich euer Sklave. So verkündige ich es. (6) Diesen Dienst
hat Gott mit dem Wort begründet: »Wo Finsternis war, soll
Licht strahlen.« Gott selbst ist das Licht in unseren Herzen
geworden und hat uns seine strahlende Herrlichkeit spüren
lassen, die im Widerschein auf dem Antlitz Jesu Christi leuchtet.*
Dieser Text scheint für die These über mystische Alltagswahr-
nehmungen bei Paulus wie geschaffen. Denn es ist ja die Rede
von einem kontinuierlichen Verwandeltwerden. Das könnte
dem Konzept des »inneren Menschen« entsprechen, der nach
2. Korinther 4 von Tag zu Tag als neue Wirklichkeit im Chri-
sten-Menschen entsteht.
Wir fragen: Welche konkreten Erfahrungen stehen hinter
2. Korinther 3,18? Eine Antwort könnte man mit Hilfe von
2. Korinther 4,6 geben: Es könnte einfach darum gehen, daß

das Evangelium von dem einzigen Gott in den Herzen der Menschen Fuß faßt. Sein Inhalt: Einer ist Gott, die Götzen sind nichtig. Und einer ist der Mittler, Jesus Christus. Die Erschaffung des Lichtes durch den einen Schöpfer begründet auch die universale Geltung dieser Erkenntnis.

Aber ist damit wirklich schon alles erklärt?

Offenbar gibt es bei Paulus zwei mögliche Wege, auf denen der Christ seinen Status als Getaufter prozeßhaft einholt: Der eine Weg ist mit dem Stichwort »Kreuz« benannt, der andere mit dem Stichwort »Herrlichkeit«. Für beide Wege ist das Entscheidende der Gegensatz von alt und neu.

Der Weg des Kreuzes besteht in fortschreitendem Abschiednehmen. Die alte Welt läuft ohnehin auf das Ende zu. Wer sich »für die Welt kreuzigen« läßt, antizipiert diesen Prozeß für sich, und zwar nicht als Vergehen, sondern als Ablösung von der Welt. Die zeitliche Differenz ist wichtig: nicht erst warten, bis es ohnehin so weit ist. Weisheit ist hier das Vorherwissen, so wie kluge Vögel vor dem nahenden Winter Vorsorge treffen. Das Mitgekreuzigtwerden, das bei der Taufe schon grundsätzlich vollzogen war, wird in einem lebenslangen Prozeß des Abschiednehmens umgesetzt, in dem der Getaufte nachvollzieht, daß er »der Welt gekreuzigt« ist. Das heißt: Nein sagen lernen. Das Kreuz bedeutet Entfremdetwerden gegenüber allem, »was glänzt«, also gegenüber dem Wertesystem der normalen Mitmenschen.

Der andere Weg wird in 2. Korinther 4,4–6 begangen. Verwandeltwerden bedeutet als Kehrseite der Kreuzestheologie: Vertrautwerden mit dem, was wahrhaft glänzt. Völlig offen ist freilich, wie Paulus sich das gedacht hat. Wie blickt man Christus ins Angesicht? Wie sieht man das Unsichtbare? Geht es darum, die Wahrheit des Evangeliums wirklich als Licht zu erfassen und ernstzunehmen, das heißt als etwas, das den Zusammenhang des Lebens und Sterbens erschließt? Oder geht es darum, das Alte Testament als Bilderbuch des Neuen zu lesen? Bei Tertullian gibt es in seiner Schrift gegen Markion (5,11) den Gedanken, daß »der Geist neu wird aus der Betrachtung der biblischen Verheißungen«. Oder sollen die Taten der Apostel bedacht werden? Sollen Christen die stellvertretende Tat Jesu bedenken? Sollen sie sich an Paulus orientieren? Sieht die Gemeinde per Gottesdienst in das Antlitz Jesu Christi? Oder denkt Paulus analog zu dem apokryphen Jesuswort: »Wenn du deinen Bruder siehst, erblickst du deinen Gott« (Agraphon Nr. 75 Berger/Nord)?

Und wie ist das Wachsen »zu immer größerer Herrlichkeit« zu verstehen? Wird das Evangelium immer klarer? Oder kann Gottes Wirklichkeit unter Menschen – ähnlich wie bei den Früchten des Heiligen Geistes – nur prozeßhaft eindringen?

Die Exegeten denken entweder an ein Werden des Auferstehungslebens, das »um sich greift«, oder an zunehmende Kenntnis Gottes und seiner Gebote, daran, daß die Liebe eifriger wird; nach Billroth »wird das Unendliche« durch »Hoffnung auf Auferweckung«. Die Protestanten des 20. Jahrhunderts denken an das »jeden Morgen neu« (»tägliche Regeneration der verbrauchten Kräfte« [Windisch]), um die Fortschrittsidee auszuschließen, und gerade umgekehrt deutete vor einem Jahrtausend Bruno der Karthäuser auf *continue*, kontínuierlich oder »von Tugend zu Tugend«. Bei Tertullian geht es um den täglichen Fortschritt in Glaube und Zucht (Über die Auferstehung 4ß0), bei Origenes (Über die Ursprünge 4,4,9) um die Erneuerung durch Umkehr.

Die schönste Auslegung von 2. Korinther 3,18 fand ich bei Guerric von Igny in seiner 2. Ansprache zum 6. 1.: »Führe uns vom Glauben zum Glauben, von Klarheit zu Klarheit, wie sie von deinem Geist ausgeht, damit wir von Tag zu Tag immer tiefer eindringen in die Schätze des Lichts, damit unser Glaube umfassender, die Erkenntnis reicher, die Liebe glühender und weitherziger werde, bis wir schließlich durch den Glauben hingelangen vor dein Angesicht.« – Dann zitiert er auch Sprüche 4,18 und kommentiert: »Der Pfad der Gerechten ist wie das Licht am Morgen, es wird immer heller bis zum vollen Tag.«

Beachtenswert ist: Guerric verbindet hier – exegetisch meines Erachtens sachgemäß – die Wendung »von Klarheit zu Klarheit« aus 2. Korinther 3,18 mit der Wendung »von Glaube zu

Glaube« aus Römer 1,17. – In der Gattung des Gebets ist im übrigen die Spannung zwischen Gegenwart und Eschatologie aufgehoben.

Was bedeutet Verwandeltwerden?

Verwandlung ist deshalb ein Thema der Spiritualität, weil es sich um einen spürbaren Prozeß handelt, um Weg, Wachstum und Werden.

In der Zisterzienser-Mystik erfreut sich 2. Korinther 3,18 größter Beliebtheit. Allein Bernhard zitiert den Abschnitt vierundzwanzigmal. Doch es überrascht, daß er dabei nur an einer Stelle auf mystische Erfahrung zu sprechen kommt, und zwar in der 41. Predigt § 11:

»Wir sind fern vom Angesicht Gottes, vom Anblick seiner Herrlichkeit, von der Anschauung seiner Größe, außer daß der barmherzige und gnädige Herr bisweilen sein Angesicht über uns leuchten läßt. Das geschieht aber nur, wenn jene Wolke entfernt wird, die dazwischen stand, so daß sie das Gebet nicht durchdringen konnte. Dann treten wir vor ihn hin und erstrahlen, ›wenn wir mit enthülltem Antlitz die Herrlichkeit des Herrn schauen‹. Wir dürfen aber das Wort ›mit enthülltem Antlitz‹ nicht in seinem ureigensten Sinn verstehen, da wir ihn vorläufig nur wie in einem Spiegel und in rätselhaften Umrissen schauen können und vom Kerker des Leibes festgehalten werden. ›Enthüllt‹ sagt er vielmehr im Hinblick auf die Blindheit des Leibes. Daher steigt der geschaffene Geist dann und wann zum Schöpfer der Geistwesen empor, vereinigt sich mit ihm und wird ein Geist mit ihm. Doch ist diese Beschauung nicht von Dauer, da der Geist, der vom Käfig des Leibes umgeben ist, häufig durch irdische Gedanken zurückgeworfen wird. Doch auch der Schöpfergeist … naht sich uns bisweilen, ohne daß wir es wissen, und bald zieht er sich zurück, ohne daß wir es merken… Und häufig ist es so, daß er sich, je häufiger er gesucht wird, um so schneller wieder entfernt… Es kommt sogar vor, daß er dann kommt, wenn er nicht gesucht wird…

Keineswegs aber ist das Finden dieses Antlitzes mit dem Antlitz der Herrlichkeit des Herrn gleichzusetzen…, denn dieses zeigt sich allen Engeln, für uns aber ist es überschattet im Widerschein dunkler Bilder.«

Zu einer eher präsentischen Deutung der Stelle gibt für Bernhard in der 62. Predigt (§ 5) die Beziehung zu Johannes 1,14 *(Wir haben seine Herrlichkeit gesehen)* Anlaß. Doch das Entscheidende sieht Bernhard in der Liebe.

»Süß ist die Herrlichkeit, die allein aus der Betrachtung seiner Süßigkeit erwächst, wie beim Blick auf den Reichtum seiner Güte und seines großen Erbarmens… Ganz gütig und wahrhaft väterlich ist nämlich, was in diesem Teilausschnitt von der Herrlichkeit zu sehen ist. Keineswegs wird mich diese Herrlichkeit erdrücken *(opprimet),* mag ich mich ihr auch mit allen Kräften zuwenden, vielmehr werde ich in sie hineingedrückt werden *(imprimar illi)* (2. Korinther 3,18). Wir werden umgestaltet *(transformamur),* wenn wir ihr gleichgestaltet werden *(conformamur).* Verwerflich ist es jedoch vom Menschen, in der Herrlichkeit der Majestät und nicht vielmehr in der Bescheidenheit des Willens gottgleich werden zu wollen… Seid barmherzig, das ist die Gestalt der Liebe, die der Bräutigam zu sehen wünscht, wenn er zur Kirche sagt: Dein Gesicht laß mich sehen.«

Interessant ist die Deutung der Stelle in Predigt 36,6: Die Selbsterkenntnis wird der entscheidende Schritt zur Gotteserkenntnis sein, »und in seinem Bild, das in dir wiederhergestellt wird, wird er selbst zu sehen sein, während du nun mit enthülltem Angesicht die Herrlichkeit des Herrn voll Zuversicht schaust (2. Korinther 3,18)…«.

Im übrigen wird die Stelle 2. Korinther 3,18 gedeutet
– auf die zukünftige Seligkeit im Himmel (Brief 393; für die Gegenwart gilt aber schon Lukas 1,78), die die Heiligen jetzt schon haben (Predigt 69,7).
– Diese Seligkeit wird dabei zum Teil als die geistliche Hochzeit im Brautgemach verstanden. Christus ist der Bräutigam (Brief 113,2; 8. Predigt § 9 mit dem Zusatz »soweit es möglich ist«).

– Überhaupt als zukünftiger Zustand der Christen, wenn sie reifer (»genügend erleuchtet«) sind als jetzt (Predigt 31,2).

– Als etwas, von dem man jetzt schon Geschmack und Sehnsucht bekommen kann (Predigt zu St. Martin), aber auch hier wohl eher zukünftig.

– Vom moralischen Fortschritt der Christen. Dabei wird das paulinische »von Herrlichkeit zu Herrlichkeit« gedeutet als »von Tugend zu Tugend« (wenn auch aus Gnade). (Über die Gnade § 41)

– Auf »heilige und vollkommene Menschen«, von denen Bernhard aber als von anderen spricht (17. Sermo zu Psalm 90). Ebenfalls um andere (im Zusammenhang mit der »beschaulichen Maria«) geht es in Predigt 57 § 11: Sie sinnen Tag und Nacht über Gottes Weisung. »Bisweilen schauen sie sogar mit enthülltem Angesicht die Herrlichkeit des Bräutigams und werden so in sein eigenes Bild verwandelt von Herrlichkeit zu Herrlichkeit durch den Geist des Herrn.« – Auch in Predigt 67,8 zitiert Bernhard 2. Korinther 3,18 mit dem Kommentar: »Wie wenige gibt es, die das sagen können.«. Von Maria, der beschaulichen, läßt er die Stelle in der 3. Predigt zu Mariae Himmelfahrt gelten. Nach Predigt 25 § 5 gilt es von den Heiligen, aber nur von ihrem Inneren.

– In der 24. Predigt § 5 deutet Bernhard moralisch: Weil Gott Geist ist, muß im Herzen der Geist erneuert werden, dann gilt 2. Korinther 3,18.

– In der Nähe zur moralischen Deutung kann Bernhard 2. Korinther 3,18 auch zugestehen, wenn Christen »wachsam« sind. Aber von dieser Bedingung ist die Verwandlung abhängig (Brief 109,2). In Predigt 45,5 wird 2. Korinther 3,18 wiederum erst für die Zukunft gültig, »deshalb schau jetzt, soviel du vermagst, und wenn du mehr vermagst, wirst du mehr schauen«.

– In der 4. Predigt zur Himmelfahrt verbindet Bernhard 2. Korinther 3,18 in § 9 mit dem Berg der Verklärung (»Wenn ihr diesen Berg emporsteigt und mit enthülltem Antlitz die Herrlichkeit des Herrn schaut…«), macht aber dann in § 10 darauf aufmerksam, daß es nötig sei, auch den Berg der Bergpredigt zu ersteigen. Und das wertet er offenbar höher.

– Von der Hinwendung zur Barmherzigkeit (Predigt 62,5).

Man kann daher sagen: Bernhard behandelt 2. Korinther 3,18 mit großer Zurückhaltung. Das liegt daran, daß er an der Mehrzahl der Stellen das in 2. Korinther 3,18 angesprochene Sehen im Sinne der Schau der Seligen auffaßt. Und die kann es naturgemäß hier auf Erden nicht oder nur ganz selten und in Ausschnitten geben. Selbst in Predigt 62, in der Bernhard mystische Widerfahrnisse beschreibt, legt er 2. Korinther 3,18 restriktiv aus. Und genauso warnt er in Predigt 41 vor einer Verwechslung mit dem Endzustand. Und selbst dort, wo er auf Johannes 1,14 zurückblickt, begrenzt er die »reine Mystik« durch die Barmherzigkeit.

Dieser Tatbestand ist für den Kenner mittelalterlicher Mystik nicht erstaunlich. Zu intensiv war die Erfahrung der noch bestehenden (und bedrohlichen!) Existenz im Leibe; und die Lehre von der Vollkommenheit der Engel, vom Noch-Ausstehen der himmlischen Vollendung und die paulinische Lehre vom »Fleisch« und von der über alles notwendigen Liebe hatte man sich sehr umfassend angeeignet.

Doch diese restriktive Behandlung von 2. Korinther 3,18 bei Bernhard läßt natürlich die Frage an Paulus aufkommen, wie er denn angesichts dieser Bedenken wohl 2. Korinther 3,18 verstanden haben wollte.

Die Ausnahme: Bernhards 107. Brief

Aufschlußreich ist Brief 107,6f, denn hier verwebt Bernhard bei der Schilderung der (monastischen) Bekehrung 2. Korinther 3,18 – Bernhard nennt es hier die »gegenwärtige Rechtfertigung« – mit anderen Elementen biblischer Lichttheologie, die bei den Zisterziensern so beliebt ist:

Bernhard spricht vom Schatten des Todes im Kontrast zur leuchtenden Klarheit (§ 6). »Und dann erst trennt Gott gleichsam das Licht von der Finsternis (1. Mose 1,4), wenn der Sünder die Werke der Finsternis abgelegt hat und die Waffen des Lichts anlegt (Römer 13,12), da die Sonne der Gerechtigkeit (Maleachi 3,2) zu leuchten beginnt… Die Sonne aus der Höhe geht auf (Lukas 1,34), es geht um die Hoffnung ›der Herrlichkeit der Kinder Gottes‹ (Römer 5,2). Diese schaut er schon frohlockend im neuen Lichte, sicherlich aus der Nähe mit enthülltem Angesicht (2. Korinther 3,18) und sagt: ›Das Licht deines Angesichts, Herr, ist gezeichnet über uns; du hast Freude in mein Herz gegeben‹ (Psalm 4,7) … Schon zeigt sich in deinem Lichte, o unnahbares Licht, welche Güte bei dir den armen, schwachen Menschen erwartet... Ans Licht kommt zum Troste des Armen der große Ratschluß... Deine gegenwärtige Rechtfertigung ist sowohl eine Offenbarung des göttlichen Ratschlusses als auch eine gewisse Vorbereitung auf die künftige Herrlichkeit...«

Nur in Brief 107,6f, wo Bernhard die Bekehrung beschreibt, gilt 2. Korinther 3,18 ohne erkennbare Einschränkung. Vielleicht führt uns gerade dieser Brief in seiner Ausnahmefunktion weiter. Denn nur hier redet Bernhard idealtypisch. Auch Paulus spricht in 2. Korinther 3f von der Situation der Bekehrung. Auch die Vision, in der Paulus selbst berufen wird, ist – jedenfalls nach der Apostelgeschichte – eine Licht-Vision. Für diese »typische Situation« gelten andere Maßstäbe. Für Paulus wie für Bernhard ist die Bekehrung so wichtig, daß keinerlei Furcht besteht, sie mit den Attributen und Funktionen der Vollendung auszustatten. Für Paulus kann man das daran erkennen, daß er keine Scheu zeigt, selbst das Verwandeltwerden in Herrlichkeit schon von denen auszusagen, die gerade erst bekehrt sind. Das geht hervor aus Römer 8,30 (berufen – gerechtgesprochen – verherrlicht). Entsprechend kann nach Römer 6,11–13 auch den Getauften schon Auferstehungsleben geschenkt werden. So bekommt die Bekehrung Züge der Endvollendung. Denn jeder intensive Kontakt mit Gott gleicht dem anderen.

Klarheit auf Erden ist in Wahrheit nur Schatten

Auch Guerric von Igny geht mit 2. Korinther 3,18 – abgesehen von dem oben zitierten Gebet – eher vorsichtig um.

In seiner 3. Ansprache für den 6. 1. sammelt Guerric die biblische Lichtmetaphorik Zu 2. Korinther 4,3–4 sagt er von den Ungläubigen, es strahle ihnen die Herrlichkeit der Kirche nicht auf. »Denen jedoch, welchen sie nicht zur Schau aufleuchtet, leuchtet sie zum Neide auf: da sie nicht durch ihr Gnadenlicht erleuchtet werden wollen, wird die Herrlichkeit der Kirche ihnen zur Qual. Doch die Kirche bete: Du, Herr, läßt meine

Leuchte erstrahlen, mein Gott, mach meine Finsternis hell.« –
In derselben Predigt (§ 7) bezieht er 2. Korinther 3,18 auf jeden, der durch Glauben, Gerechtigkeit und Erkenntnis fortschreite zur Weisheit, das heißt »zum Geschmack und Verkosten der ewigen Dinge, so daß er still sein und schauen und kosten kann, wie süß der Herr ist«. Jesaja 60,1f *(... über dir geht auf der Herr)* gelte von einem solchen Menschen.

In der 5. Predigt zum 2. 2. (§ 6) sagt Guerric: »Schließlich aber werdet ihr über die Anfänge des Glaubens hinausgehen wie der Bräutigam der Braut verspricht, von Tugend zu Tugend zu wandeln (Psalm 83,8), ›von Klarheit zu Klarheit, wie vom Geist des Herrn geführt‹ (2. Korinther 3,18). Ihr werdet von der Schau, die der Glaube gewährt, voranschreiten zu jener, die in Spiegel und Bild geschieht.« Dann wird 2. Korinther 3,18 ganz eschatologisch verstanden.

In der 3. Predigt zum 29. 6. (§ 4) betont Guerric, auch diese Klarheit, von der Paulus in 2. Korinther 3 spreche, sei nur Schatten gewesen. »Auch David ging von Klarheit zu Klarheit, gleichsam von einem Tag zum anderen.« In § 2 derselben Predigt heißt es: »Die Schatten des Irrtums aber neigen sich von Tag zu Tag und nehmen ab. Die Schatten der finsteren Geister jedoch werden sich am Ende der Zeiten zur Hölle und zum Tode neigen. Das erste ist geschehen, als der ewige Tag erschienen ist, als er sich im Fleische offenbarte. – Das zweite geschieht täglich, wenn er mehr und mehr erscheint und durch die Wahrheit leuchtet. Das dritte wird am jüngsten Tag erscheinen, wenn er im Glanze seiner Herrlichkeit erscheinen wird.«

In der 2. Adventspredigt (§ 4) sagt er: »Die Braut wird umgewandelt in sein Bild, indem sie, wie in einem Spiegel, die Herrlichkeit des Herrn schaut.«

Auslegung auf Liebe

Bei Wilhelm von St. Thierry heißt es (Der Spiegel des Glaubens § 62): 2. Korinther 3,18 wird verwirklicht, »denn die Seele liebt, und die Liebe ist ihr Wahrnehmungsvermögen, durch das sie den wahrnimmt, den sie spürt, und sie wird irgendwie in das, was sie spürt, verwandelt, ja sie kann ihn gar nicht erspüren, ohne in ihn verwandelt zu werden, das heißt: ohne daß er in ihr ist und sie in ihm«. In § 65 fährt Wilhelm fort: »Lebt aber der Mensch und fühlt er das durch die Liebe zu Erfühlende, so wird er in dieses verwandelt… Mit dem Geist, den er liebt, bildet der Mensch nur noch einen Geist.«

Verwandeltwerden von Tag zu Tag

Für Paulus ist – jedenfalls zur Zeit des 2. Korintherbriefes – ganz klar, daß Göttliches auf Irdisches nur auf dem Wege eines längeren Prozesses einwirken kann, daß es im Irdischen Zeit braucht oder zumindest diese zeitliche, prozeßhafte Seite hat. Daher entsprechen sich:

2. Korinther 3,18b: *Und weil wir auf den Herrn selbst blicken, der uns den Geist schenkt, werden wir immer mehr in die Herrlichkeit des Herrn hineinverwandelt.*

2. Korinther 4,16: *Zwar wird mein irdisches Leben nach und nach aufgerieben und zerstört. Doch gleichzeitig wird das, was ich zukünftig sein werde, auf unsichtbare Weise schon jetzt ganz neu in mir begründet und wächst mit jedem neuen Tag.*

Römer 1,17b: *Und daß Gott so handelt, weckt selbst wieder neuen Glauben. So steht es auch in der Schrift: »Der Gerechte ist gerecht, weil er glaubt.«*

Denn das *immer mehr* entspricht dem *mit jedem neuen Tag* und dem *weckt selbst wieder neuen Glauben* (griech.: »von Glauben zu Glauben«). Daher kann auch der Heilige Geist nur (langsam reifende) Früchte hervorbringen.

Wie geschieht die Verwandlung?

Für den mystischen Bereich der Wirklichkeit gelten besondere Regeln und Bedingungen. So gibt es hier kein neutrales distanziertes Beobachten, sondern jedes Sehen bedeutet zugleich, daß man an dem Gesehenen Anteil hat und in das Gesehene umgewandelt wird. Daher wird Paulus durch seine Berufungsvision nicht nur theoretisch »davon in Kenntnis gesetzt«, daß Jesus auferstanden ist, daß er der Sohn Gottes ist (und als Sohn Gottes mit Heiligem Geist erfüllt), sondern Paulus erhält als Apostel durch diese Vision Anteil am Heiligen Geist (und muß sich deshalb nie auf die eigene Taufe berufen). Daher kann eine Vision zur Berufung und Beauftragung werden.

Nach Wilhelm von St. Thierry ist Liebe die Kraft der Verwandlung (»Der Wille hängt sich so heftig an das Erfahrene, daß selbst der Leib des Liebenden oder Begehrenden davon geprägt wird.« Der Spiegel des Glaubens § 65). Damit hat er nach biblischem Verständnis gar nicht Unrecht. Denn Liebe ist der intensivste Kontakt, den es geben kann, und daher gilt für sie noch stärker, was für jedes Erkennen nach der Bibel gilt: Es verwandelt. Wenn ich mich auf etwas oder gar auf jemanden einlasse, bleibe ich nicht mehr einfach derselbe. Dabei ist es gar nicht wichtig, ob ich jemanden physisch sehe oder nicht.

Daher fährt Wilhelm fort (§ 70): »Soweit wird einer ihn schauen oder (er)kennen, als er ihm verähnlicht sein wird, soweit wird er ihm ähnlich sein, als er ihn schauen oder (er)kennen wird.« So schwebt (§ 71) die Sonne über dem Wasser, erwärmt und erleuchtet es und zieht es durch ihre natürliche Kraft zu sich empor. – Nach Guerric von Igny wird »die Braut in das Ebenbild verwandelt, in dem man wie in einem Spiegel die Herrlichkeit Gottes schaut« (2. Ansprache für den Advent).

Versucht man vorsichtig, dieses auf Paulus zu übertragen, so lautet die Auskunft auf unsere Frage: Die Verwandlung nach 2. Korinther 3,18 geschieht dadurch, daß wir den Herrn lieben, uns an ihm orientieren, daß wir versuchen, ihn nachzuahmen, indem wir auch Paulus nachahmen. Das ist die positive Konsequenz des Grundsatzes: Erfassen kann man nur durch Gleichartigkeit.

Diese allmähliche Steigerung der Herrlichkeit widerspricht keineswegs Römer 8,30, wonach wir als Berufene schon verherrlicht sind. Denn hier wie auch sonst entspricht der punkthaft konzentrierten Wirklichkeit auf der sakramentalen Ebene (Taufe) die zeitlich zerdehnte prozeßhafte Weise des Wachsens im Alltag. Beides ist komplementär zueinander.

2. Korinther 3,18 und christliche Spiritualität

Diese Stelle des 2. Korintherbriefes hat unter dieser Frage immer wieder Christen beschäftigt. Der Grund dafür ist, daß Glaube nach dieser Stelle nicht nur Vertrauen ist, das Gott als Grundlage dafür wertet, daß der Mensch von Gott angenommen ist. Vielmehr geschieht durch die glaubende und liebende Ausrichtung auf Jesus Christus etwas, das eben nicht nichts ist. Man muß das nicht »ontologisch« oder »substanzhaft« nennen. Das, was geschieht, ist aber sicherlich auch nicht nur auf personaler Ebene im Sinne wachsender Vertrautheit zu deuten. Schon gar nicht auf rein moralischer Ebene als sittlicher Fortschritt.

Was ist denn die »wachsende Herrlichkeit«, der »wachsende Glaube«? Ist es nicht auch – in der Sprache der ersten drei Evangelien gesagt – Gottes Reich, das unter uns wächst, verborgen und nicht beweisbar, aber doch zu spüren? Paulus kann es auch »das Neue« nennen. Es wächst nicht irgendwo, sondern in uns. Paulus spricht überaus dezent und vorsichtig von diesem Neuen, nur in Römer 8,30 sagt er einfach: Wir sind schon mit Herrlichkeit angetan.

Tröstlich ist, daß dieses Etwas nicht immer weniger wird, nicht starr ist und stagniert, sondern wächst. Die ganze Hoffnung des Christentums kann man in diesem einen Wort zusammenfassen: Es wächst, wird mehr, ist unwiderruflich.

In Römer 8,30 macht Paulus eine erstaunliche Aussage: *Die Kinder, die sich Gott gewünscht hat, die hat er auch berufen, dann auch als Gerechte angenommen, dann herrlich beschenkt.* Im Griechischen heißt es – krasser, aber weniger verständlich – *verherrlicht,* das heißt mit Herrlichkeit bekleidet.

Herrlichkeit bedeutet eigentlich: Lichtglanz, Strahlen, großes Ansehen, hell Leuchtendes. Für alle diese Bedeutungen gilt: Sie sind den Christen unsichtbar, nicht aufweisbar, nur verborgen geschenkt. So wie auch die Herrlichkeit des Auferstandenen verborgen ist und nur in Visionen (immerhin!) sichtbar wurde.

Eine unsichtbare Herrlichkeit ist also eigentlich etwas Paradoxes. Christen existieren inmitten von Widersprüchen. Trotzdem gilt der Spruch von Hilde Domin: »Wir essen Brot, aber wir leben vom Glanz.« Das ist ähnlich wie in dem Kinderbuch mit der Geschichte über den Mäuserich Frederik. Er sammelt im Sommer Farben, um den anderen Mäusen, die im Sommer Körner sammeln, im Winter, wenn die Körner aufgefressen sind, etwas von den Farben des Sommers zu erzählen. Den Beruf des Theologen habe ich immer als einen ähnlichen wie den Frederiks begriffen – und damit als einen, der dem, was Künstler tun, verwandt ist. Auch sie reden und gestalten häufig aus einer Mischung aus Erinnerung und Sehnsucht.

Daß die Christen schon verherrlicht sind, ist eine kühne Aussage. Aber wir leben, was unser Herz betrifft, von dieser Liebeserklärung Gottes. Denn sonst bliebe nur ein ärmlicher Materialismus als letzte Antwort. Was im Wort erklärt, im Sakrament geheimnisvoll begonnen ist, stellt die Sehnsucht nach Vollendung vor Augen.

Immer wieder, so auch hier, ist die Antwort auf die Frage, wie der Glanz der Herrlichkeit gegenwärtig erfahrbar sein könne: durch Freude. Sie ist die Weise, wie Gott unter uns gegenwärtig sein kann, wie man den Heiligen Geist »merkt«.

Freude ist auch die Antwort auf die Frage, ob Spiritualität etwas nützt. Was Freude ist, sagt Jesus im Bild über das Himmelreich: Hingehen, alles verkaufen, um den Acker mit dem verborgenen Schatz zu erwerben. – Und Bernhard von Clairvaux ergänzt: Christen sind Menschen mit Blumen in den Händen.

Die Hymnen
in den Kindheitsgeschichten nach Lukas

Die drei Hymnen aus den Kindheitsberichten nach Lukas sind das *Magnificat* in Lukas 1,46–56, das *Benedictus* in Lukas 1,68–79 und das *Nunc dimittis* in Lukas 2,29–32. Sie gehören seit Benedikt zum eisernen Bestand des Stundengebets im abendländischen Mönchtum. Sie werden in der Regel täglich rezitiert. Ihr geistlicher Gehalt ist unerschöpflich.

Das Magnificat
MARIA PREIST DEN HERRN

(46) Da sagte Maria:
»Lobpreisen will ich den Herrn
(47) und mich freuen an Gott, meinem Heiland.
(48) Gnädig nimmt er mich an, mich unwürdige Frau,
so daß mich nun glücklich preisen alle, die je geboren.
(49) Großes hat Gott an mir getan in seiner Macht,
ich lobe seinen heiligen Namen.
(50) Er übt Erbarmen allezeit
an denen, die ihn fürchten.
(51) Mit starker Hand hat er mir geholfen
und die Übermütigen in alle Winde zerstreut.
(52) Die Mächtigen hat er vom Thron gestürzt
und die Elenden aufgerichtet.
(53) Die Hungrigen hat er satt gemacht
und die Reichen leer ausgehen lassen.

(54) Er hat sich Israels angenommen, seines Kindes,
und sich unser erbarmt.
(55) Er hat nicht vergessen,
was er Abraham und seinen Kindern für alle Zeit verhieß.«

Das Benedictus
ZACHARIAS LOBT DEN HERRN

(68) Gelobt sei der Herr, der Gott Israels,
der sein Volk erlöst und befreit hat.
(69) Im Geschlecht Davids, der ihm gehorsam war,
hat er ein kräftiges Zeichen des Heils gesetzt,
(70) wie er es verheißen hat
durch seine Propheten von Anfang an.
(71) Er hat versprochen, uns zu retten vor unseren Feinden,
aus der Hand derer, die uns hassen.
(72) So zeigt er unseren Eltern sein Erbarmen,
indem er wahr macht,
was er beim heiligen Bundesschluß gelobt hat.
(73) Denn er hatte unserem Vater Abraham geschworen,
(74) daß er uns die Kraft schenken wollte,
von Angst und von Feinden befreit
(75) heilig und gerecht ihm zu dienen
alle Tage unseres Lebens.
(76) Dich, Johannes,
wird man Prophet Gottes, des Höchsten, nennen.
Denn als sein Bote wirst du ihm vorausgehen,
du wirst sein Wegbereiter sein.
(77) Gottes Volk wirst du die Erlösung nahebringen
durch Vergebung seiner Sünden.
(78) Denn unser Gott hat mit uns Erbarmen.
Wenn er zu uns kommt, wird es sein,
wie wenn die Sonne aufgeht.
(79) Er wird leuchten für uns,
die wir in des Todes tiefem Schatten sitzen,
und er lenkt uns auf den Weg des Friedens.

(29) Nun kannst du, Herr, deinen Sklaven freilassen,
denn dein Wort hat sich erfüllt, und das Heil ist da.
(30) Jetzt sehe ich selber, wie du Erlösung (31) gewirkt hast
vor den Augen aller Völker.
(32) Um die Heiden zu erleuchten,
hast du ein Licht angezündet
und Israel, dein Volk, mit Herrlichkeit gekrönt.

Konkretion

Verheißung – dieses schöne deutsche Wort hat einen Glanz
wie altes Gold. Da kommt es nicht auf die Länge der Zwischenzeit an. Wenn nur die Verheißung besteht, dann leuchten
die Worte über die Zeiten hin. Was ist schöner als die Hoffnung auf uneingelösten Segen aus alter Zeit? Verheißung ist
angekündigtes Heil, geheimnisvoll unscharf angemeldet, oft
als Rätselwort und in Bildern, doch sicher ist: Verheißung bedeutet Segen, märchenhaften oft. Gott also hat sein Wort gehalten, seinen Schwur erfüllt, seines Bundes gedacht, sein Volk
mit Erlösung heimgesucht.
Als erste Adressaten von Gottes treuem Wort werden sie hier
genannt: Abraham, die Väter, David, die Propheten und schließlich der Knabe Johannes, er, der letzte und größte aller Propheten. Von seiner Zeit gilt wie von keiner anderen das prophetische Wort aus der Apokalypse des Baruch: »Die Jugend
der Welt ist vergangen, und die Kraft der Schöpfung ist schon
am Ende, und das Kommen der Zeiten: ein klein wenig – und
es wird vorübergegangen sein. Und nahegekommen ist der
Krug dem Brunnen und das Schiff dem Hafen und die Karawane der Stadt und das Leben dem Ende.«
Denn jetzt mit Johannes ist es so weit: Der Krug ist dem Brunnen nahe, das Schiff dem Hafen, die Karawane der Stadt. Denn
für alle drei gibt es dort Trinkwasser, im Brunnen, im Hafen

und in der Stadt in der Wüste. Johannes ist schon ganz nahe dem, der lebendiges Wasser geben wird. Keiner muß mehr in der Wüste verdursten.

Gott hat sein Handeln begonnen mit den Worten an sie, an Abraham, David, die Propheten. Wie beim Luftbrückendenkmal zum Gedenken an die Blockade Berlins sind diese alten Verheißungen Gottes der eine, hochragende Brückenpfeiler, aufgestellt in Richtung Erlösung.

Das ist der adventliche Charme der drei lukanischen Lieder. Sie sprechen alle drei mitreißend von der Sehnsucht Israels. Und wer könnte Israel begreifen ohne seine unausgesetzte Sehnsucht nach dem Morgenrot der messianischen Zeit? Ohne die Sehnsucht nach Freiheit und Erlösung von der Angst? Weil wir diese Sehnsucht nicht verstehen, deshalb vielleicht lieben wir unseren Messias so wenig, schämen uns eher seiner. Und damit trifft uns das Wort des heiligen Bernhard ins Herz: Wenn ihr keine Sehnsucht habt, werdet ihr nicht wirklich lieben können.

Auch deshalb faszinieren diese drei Lieder, denn sie strahlen etwas aus, das uns Deutschen nicht weniger fremd ist als die Sehnsucht Israels: Versöhnung über der Geschichte.

Wir aber sind die Unversöhnten, die Zerrissenen, wir werden nicht fertig mit unserer Schuld, krank sind wir an unserer Identität, als Christen wie als Deutsche. Die Verbrechen unserer Vergangenheit wären nicht denkbar ohne unsere vorausliegenden Unsicherheiten und Komplexe. Denn der Gewalttäter ist in der Regel der Unsichere. Über dem deutschen Friedhof in Rom steht das Wort: Teutones in pace. Will heißen: Hier erst, an dieser Station, gibt es Deutsche in Frieden, vorher nicht. Nur tote Deutsche sind friedliche Deutsche. Ein Stück Wahrheit? Friedlos, denn wir wissen nicht, wer wir sind.

In den Liedern des Lukas dagegen: Versöhnung über der Geschichte. Denn Gott setzte nicht nur den ersten Brückenpfeiler der Verheißung, sondern auch den dazugehörigen der Erfüllung; dazwischen spannt sich der weite, kühn geschwungene Bogen der Sehnsucht. Nicht menschliches Versagen ist hier das Thema, sondern Gottes Treue. Wenn wir nur auf ihn blicken: Bei ihm ist Anfang und Ende. Er verheißt und erfüllt, er befreit von den Feinden.

Auch das war unser Thema: unsere Feinde, erst alle unsere Nachbarn und jetzt neue, zum Beispiel Fundamentalisten. Vielleicht sind die wirklichen Feinde in uns und über uns. Und gegen sie kann ich die Feindpsalmen der Bibel durchaus nachsprechen.

Unsere Lieder strahlen fast überirdischen Frieden aus, der Singsang über der Verheißung von alters her. Die fernen Namen aus altersgrauer Vorzeit: Abraham, David, die Propheten, sie sind wie der Anfang eines Regenbogens auf der Erde, wie in Licht getaucht , und dann spannt sich der Bogen zu uns hin. Die Väter sind solche, in die Gott schon sein reines Wort gelegt hat, und auf der anderen Seite des Bogens stehen wir, die messianische Generation, wiederum in Licht getaucht. Uns will Gott endlich von unseren Feinden befreien, wenn wir nur wollen, ihm dann zu dienen in Heiligkeit und Gerechtigkeit.

Ein priesterliches Bild: vor ihm dienen. Mit allem Priesterlichen meinten wir längst fertig zu sein. Hier aber gilt es von uns: Vor ihm dienen, berufen in das Gegenüber zu Gott, vor der Wirklichkeit Gottes zu leben. Leben Auge in Auge mit ihm.

Viel zu selten nehmen wir wahr, daß am Anfang des Christentums nach allen Evangelien nicht *eine* Gestalt steht, sondern deren zwei: Johannes und Jesus. Und Johannes steht deshalb im Evangelium, weil er der größte aller Propheten ist, wie wiederum das Evangelium sagt. Machen wir auch nur im entferntesten Ernst damit? Johannes, der Priestersohn, ist nicht nur vergangen und überholt, er steht auch für alles das, was noch aussteht. Für das, was der Messias erst noch wirken wird. Wie ein neuer, erster Brückenpfeiler in die Zukunft gerichtet. Mit dem Bild der Sonne meint Zacharias niemanden anders als die Sonne der Gerechtigkeit, den Herrscher, der von der Sonne kommt, aus dem Osten erscheint. So haben ihn die Ägypter, Syrer, Juden und Perser erwartet, so haben es die

Römer befürchtet. Die Sonne der Gerechtigkeit zum Weg des Friedens steht für die Sehnsucht aller Völker. Sie sehnen sich nach dem neuen Regiment, wie der Wächter das Morgenrot ersehnt, wie der von nächtlichen Schrecken Bedrohte den neuen Tag herbeiwünscht.

Noch immer ist das unser Angebot: Er, Jesus, ist der neue Herrscher aus dem Osten, vom Aufgang der Sonne her. Eine Irritation für jede irdische Macht. Jede christliche Kirche ist ein Thronsaal dieses Herrschers, dieser neuen Art von Regiment über die Völker.

Schließlich werden unsere Lieder zuerst von Juden gesungen, messianischen Juden, wenn man sie so nennen will. All das Christliche des Neuen Testaments ist auch jüdisch, und diese Juden sehen ihren Glauben als messianisches Judentum an, nicht als Zerstörung ihrer Religion oder gar als deren Abwertung.

Ich wünsche uns eine Identität, die sich wesentlich von der Gestalt unserer Sehnsucht her bestimmt. Freilich, wir reden lieber über Religion, als etwas davon zu verstehen. Wenn wir denn beginnen wollen, den eigenen Glauben liebzugewinnen und eine religiöse Praxis zu üben – vielleicht sprechen wir dann die judenchristlichen Texte des Lukas nach. Kein christlicher Text übertrifft sie an Schönheit. Und mit Schönheit meine ich hier wie auch sonst etwas, das tief zu Herzen geht, das die Gestalt unserer eigenen Sehnsucht formen kann, streng und dann aber doch in den ganz großen Bildern vom heiligen Bund, vom Dienst vor Gott, vom Weg des Friedens, vom Todesschatten und der Sonne der Gerechtigkeit. Vielleicht mögen uns manche Äußerungen christlicher Sehnsucht immer wieder als kitschig erscheinen. Aber es sind doch nur zaghafte, oft unbeholfene Äußerungen einer großen und weiten Sehnsucht. »Denn die Jugend der Welt ist vergangen, und die Kraft der Schöpfung ist schon am Ende, und das Kommen der Zeiten: ein klein wenig – und es wird vorübergegangen sein. Und nahegekommen ist der Krug dem Brunnen und das Schiff dem Hafen und die Karawane der Stadt und das Leben dem Ende.«

Aussagen des Johannes-Evangeliums

Die Aussage *Ich und der Vater sind eins* in Johannes 10,30 ist Anlaß zu unterschiedlichen Deutungen in Richtung »Mystik« gewesen:

– Man leitet daraus direkt die Gottheit Jesu im Sinne völliger Gleichartigkeit mit dem Vater her; dies freilich, ohne zu fragen, was »Gottheit« Jesu im Sinne des Evangelisten bedeuten könnte.

– Man faßt die Stelle als mystische Aussage und gebraucht sie zugleich als anti-mystischen Einwand gegenüber allen, die eben nicht Vater und Sohn sind. Das heißt: Man unterstellt der Mystik, sie wolle die Einheit von Mensch und Gott, und zwar gerade in dem Sinne, der in Johannes 10,30 zugrunde liege. Diese Einheit nennt man »Verschmelzung«, »Aufgehen in Gott« oder »Gottgleichheit«. Doch gleichzeitig will man dieses nur Jesus zugestehen (oder noch nicht einmal ihm, wenn man die Aussage des Johannes-Evangeliums als häretisch ablehnt, wie E. Käsemann es tut). Jedenfalls »erhebe« sich jeder Christ auf »enthusiastische Weise«, der meine, sich selbst im Verhältnis zu Gott so verstehen zu dürfen.

– Der »Auslegungsvorgang«, der hier im Hintergrund steht, ist denkbar einfach: Man geht aus vom deutschen Wort »Einssein« und faßt es, da es sich um Gott handelt, maximalistisch auf. Zugleich ahnt man vom Schulwissen her, daß Mystik etwas mit Einssein und Verschmelzung zu tun hat. Beides wird kombiniert und dient den einen als Waffe fundamentalistischer Dogmatik, den anderen als Begründung für ein Verbot der Mystik für »Laien«.

Nun könnte es freilich sein, daß es sich bei dieser Auslegung von Johannes 10,30 um ein Mißverständnis handelt. So könnte es sein, daß diese Stelle weder die »gleichberechtigte Gottheit« Jesu begründet noch auf mystische Verschmelzung bezogen werden darf. Maßgeblich müßte hier der sonstige Sprachgebrauch des Johannes-Evangeliums sein.

Denn es fällt auf, daß die Wendung *eins sein mit* in Kapitel 17 des Johannes-Evangeliums eine fundamentalistische oder pseudo-mystische Deutung nicht zuläßt.

Johannes 17,21–23 lautet: *Laß alle eins sein, wie du, Vater, mit mir eins bist und ich mit dir. Laß auch sie eins mit uns sein, damit die Welt glauben kann, daß du mich gesandt hast. (22) Ich habe ihnen die Herrlichkeit, die du mir gegeben hast, weitergegeben, damit sie eins sind, wie auch wir eins sind. (23) Ich bin eins mit ihnen, und du bist eins mit mir, dann wird auch ihre Einheit vollkommen sein. So kann die Welt erkennen, daß du mich gesandt und sie geliebt hast, wie du mich geliebt hast.*

Aus dieser Stelle geht hervor:

– Die »absolute« Einheit ist kein Privileg des Einsseins mit Gott, sondern es gibt sie auch unter Menschen.

– Diese Einheit wird offenbar durch Liebe Wirklichkeit.

– Aus Johannes 17,23 ergibt sich: Die Einheit zwischen Jesus und Gott ist auf die Christen ausgedehnt. Nach der streng dogmatischen Deutung von Johannes 10,30 müßten dann alle Christen gleichursprünglich Gott sein.

– Die Einheit aus Liebe hat missionarische Funktion: Die Außenstehenden (die »Welt«) können an der Einheit der Liebe erkennen, daß hier Gott am Werk ist. Denn er ist der eine und einzige. Seine Einheit weitet er aus als Liebe und Einssein. Jedes in diesem Sinne verwirklichte und erkennbare Einssein bildet daher Gott ab. Nach Johannes 13,34 ist dieses identisch damit, Jesu neues Gebot zu halten. Neu ist dieses Gebot, weil es auf der Einheit von Sohn und Vater beruht, die vorher für Menschen nicht erkennbar war. Die Einheit zwischen Vater und Sohn beruht darauf, daß der Sohn treu das Gebot hält, das der Vater ihm aufgetragen hat. Es besteht darin, zu den Menschen zu gehen und wahr zu machen, daß der Vater den Sohn gesandt hat. Das ist die Liebestat schlechthin. Denn wenn Gott so durch den Menschen Jesus (der zugleich der unter den

Menschen erschienene Logos Gottes ist) und durch die Menschen, die Christen sind, zu den Menschen gelangt, bedeutet das ewiges Leben.

Spiritualität der Einheit

Es zeigt sich, daß die Aussagen des Johannes-Evangeliums für eine wie auch immer geartete Mystik der Verschmelzung völlig ungeeignet sind. Man sollte sich im weiteren nicht durch die pseudo-mystisch angereicherte deutsche Übersetzung in die Irre führen lassen.

Der Gehalt der johanneischen Einheits-Aussagen ist also viel schlichter, viel nüchterner und stärker missionarisch-pragmatisch ausgerichtet. Mission im Sinne des Johannes-Evangeliums bedeutet ja nicht – gewissermaßen zentrifugal –, in alle Welt zu den Menschen hinzugehen, sondern Mission geschieht hier durch die Attraktivität der Gemeinde als der verwirklichten Einheit.

Vom Neuen Testament her geurteilt gibt es daher kein größeres Ärgernis unter Christen als Spaltungen. Wer nicht die Einheit als das Wichtigste ersehnt, ist nicht glaubwürdig. Das ist durchaus als vernichtendes Urteil über alle die gemeint, die Spaltungen mutwillig herbeigeführt oder fahrlässig ihr Entstehen geduldet haben. Dabei heißt Einheit gewiß nicht Einerleiheit, sondern praktische Konvivenz, dem anderen ermöglichen, mit mir zusammen zu leben.

Bernhard von Clairvaux zitiert Johannes 17,21–23 gar nicht (!) und deutet Johannes 10,30 auf die göttliche Natur Jesu; in der 8. Predigt (§ 7) deutet er die Stelle auf den Kuß von Mund zu Mund, der den Geist mitteilt und mit dem Gott auch Paulus (!) geoffenbart habe, »was kein Auge gesehen hat«. Immerhin legt Bernhard hier nicht streng trinitätsdogmatisch aus! Die Deutung auf Liebe und Frieden, die Bernhard im Kontext gibt, trifft auch Johannes 17. In § 8 differenziert er dann: Für Christus ist der Kuß Fülle, für Paulus Teilhabe. Das ist so sicher richtig. – In der 5. Predigt zum 1. Novembersonntag (§ 2) deutet er die Einheit von Johannes 10,30 als eine des Willens und des Geistes. Dem ist zuzustimmen. In seiner 71. Predigt bringt er (in § 6) Johannes 10,30 und 1. Korinther 6,17 zusammen. Das heißt, auch hier verweist Bernhard auf die Einheit, die jeder Mensch mit Gott haben kann, und zwar im Geist und nur so, und nicht im Wesen *(natura)*. Damit wird jede Art von Verschmelzung abgewehrt. Später (in § 10) unterscheidet er die Immanenzaussagen Johannes 10,38 und 1. Johannes 4,16 deutlich voneinander.

Resultat: Trotz starken Einflusses der Trinitätsdogmatik hält Bernhard die Tür offen für Aussagen im Sinne der Mönchser-fahrung (Liebe, Heiliger Geist, Friede, Wille). Der Kontrast zwischen scholastischer und monastischer Theologie (s. dazu unten) kann hier recht gut deutlich werden. Von einer mysti-schen Verschmelzung von Mensch und Gott im Sinne der Aufhebung der Grenze der Kreatur kann überhaupt nicht die Rede sein.

Freisein von der Sorge

Vor allen in den Matthäus und Lukas gemeinsamen Stoffen (Logienquelle) wird immer wieder die Freiheit von der Sorge betont. Was bedeutet das für christliche Spiritualität, wenn man sich um Nahrung, Kleidung und sogar das Lebensende nicht kümmert (denn so ist das »nicht sorgen« aufzufassen)?

Typisch ist Matthäus 6,25.32–34: *Deswegen sage ich euch: Sorgt euch nicht um euren Lebensunterhalt und darum, was ihr essen sollt, und auch nicht um euren Leib und darum, was ihr anziehen sollt. Ist nicht euer Leben mehr als Nahrung und euer Leib mehr als Kleidung? ... (32) So fragen doch nur Menschen, die nicht an Gott glauben. Doch euer Vater im Him-mel weiß, was ihr braucht. (33) Sucht zuerst Gottes Herrschaft und fragt nach dem, was Gott von euch fordert, dann gibt es Kleidung und Nahrung geschenkt dazu! (34) Belastet euch also nicht mit Sorgen für den nächsten Tag. Für jeden Tag, den*

Gott werden läßt, sorgt er aufs neue. Und es trägt auch jeder
Tag seine eigene Last.

Wer so in der buchstäblichen Nachfolge des Wanderpredigers Jesus lebte, war für Verpflegung und Versorgung auf die Gastfreundschaft von Menschen, vor allem von Christen, angewiesen. Ausdruck dieser Freiheit ist die Vaterunserbitte um das Brot. Denn nur noch Gott kann garantieren, daß es für den nächsten Tag etwas zu essen gibt.

In religiöser Hinsicht bedeuten dergleichen Lebensregeln:

– Gott wird in seiner Wirklichkeit als der Vater, der den Lebensunterhalt stellt, ganz ernst genommen. Er ist das unmittelbare Gegenüber.

– Gott ist für das Konkreteste »zuständig«. Für jede Kleinigkeit, die er schenkt, lernt man dankbar zu sein. Daß so das Alltäglichste und Geringste ernst genommen wird, ist ein Stück pharisäischer Grundeinstellung.

– Vieles weist darauf, daß hier die Lebensform von asketischen Umkehrpredigern (Johannes der Täufer; die Propheten nach »Himmelfahrt des Jesaja« 2; Henoch und Elia in apokalyptischer Tradition, etwa in Offenbarung 11,4–6) zugrunde liegt. Denn der Umkehrprediger lebt von dem, was Gott ihm schenkt (Heuschrecken; wilder Honig). Diese Umkehrpredigt wird freilich bei Jesus transformiert in die Verkündigung der Herrschaft Gottes. Aber gerade das Stichwort »Herrschaft Gottes« besagt ja, daß Gott mit seiner Fürsorge sich um alle kümmert.

– Dies gilt noch einmal besonders, wenn es sich bei den Christen wirklich um »Kinder« dieses Königs handelt. Das findet zumindest in dem in diesen Texten wiederholten Ausdruck »euer Vater« oder »unser Vater« seine Entsprechung. Zugleich ist der Vater für das Kind derjenige, an den es sich in jeder Sache, sei sie auch noch so gering, wenden darf.

– Das Zeitverständnis Jesu nach diesen Texten ist nicht apokalyptisch. Die Natur scheint in Ordnung und nicht bedroht, die Blumen und Vögel bekommen alles Nötige in üppiger Ausstattung. Von einem Herrschaftswechsel in der Welt ist

nicht die Rede. Dieses »weisheitliche« Verständnis der Vorsehung entspricht auch dem Ausdruck »Sohn Gottes« oder »Kind Gottes«. Man darf fragen: Gab es möglicherweise (!) in der Wirksamkeit Jesu eine ganze Phase, in der das kommende Ende eine so geringe Rolle gespielt hat wie hier?
– Es geht um die Freiheit (vgl. Bernhard von Clairvaux, Über die Besinnung 6,17: »Warum dich wieder in Dinge verwikkeln lassen, von denen dich Gott befreit hat?« [Dann Zitat von Matthäus 6,33]). Man muß freilich sagen: Es gehört wohl ein Stück Spieler-Mentalität dazu, diese Freiheit auszuhalten.

Religiöse Bedeutung der Freiheit von der Sorge

Daß Christen ihre Sorge ganz auf Gott werfen, ist etwas anderes, als wenn sie einfach »frei sind von allen Dingen«. Denn der Rat des Evangeliums begründet weder allgemeine Weltenthobenheit noch asketischen Neuplatonismus, sondern ein anderes Verhältnis zum Alltag und zu allem, was der Mensch aus Gottes Güte darin empfängt. Der Alltag ist der Ort der Vaterliebe und Fürsorge Gottes, und nirgendwo anders als im Alltag geht es auch um Gottes Herrschaft und ihre Anerkennung. So geht es in diesen Worten um die wahren Prioritäten im Alltag. Dort, wo der Mensch bisher krampfhaft und ängstlich gesorgt hat, darf er bitten und empfangen. Dort, wo er bisher immer nur das Zweitwichtigste gesehen hat, geht es ab jetzt um das Wichtigste. Mit Ernst soll er Gottes Gebote achten, mit Gelassenheit die alltäglichen Sorgen. Bisher war es umgekehrt: Die Sorgen haben ihn belastet, so daß Gottes Reich nur am Rande wichtig war.

Gott alles in allem

1. Korinther 15,28 nach der Übersetzung Berger/Nord: *Wenn alles unterworfen ist, dann wird sich auch der Sohn dem unterwerfen, der ihm alles unterworfen hat, damit dann in allen*

Menschen und allen Dingen nur Gott ist, so daß nichts ihm fremd ist. Eine nur am Wortlaut orientierte Übersetzung müßte wiedergeben: »… damit Gott sei alles in allem.« Der Preis der wörtlichen Übersetzung wäre ihre Unverständlichkeit.

Diese Stelle ist für die Spiritualität wichtig geworden, weil es hier wie dort auch um die Art des Verhältnisses zwischen Gott und Welt geht. Denn sowie man Gott nicht einseitig darauf festlegt, daß er der weltferne Gott ist, entsteht die Frage nach seiner Präsenz in den Dingen und nach der Weise, in der diese gegebenenfalls erfahrbar ist.

Das Thomas-Evangelium (77,2–3) nimmt auf die Frage wohl Bezug: »Spaltet ein Stück Holz, ich bin da. (3) Hebt einen Stein auf, ihr werdet mich dort finden.« Aber das ist eine eher dogmatische Aussage. Von der Wahrnehmbarkeit dieser Tatsache durch den Christen ist nicht die Rede.

Vielleicht führen zeitgenössische Analogien zu 1. Korinther 15,28 weiter. Es findet sich ein Abschnitt aus der hermetischen Gnosis, der für die Gegenwart aussagt, was 1. Korinther 15 erst in Zukunft gegeben sieht: In einem Dialog zwischen Tat (Toth) und Hermes (der hier der Weisheitsschüler ist) über den Menschen, der durch Erkenntnis »wiedergeboren« ist, fragt Hermes: »Und welcher Art ist der Erzeugte, Vater? Denn er ist doch ohne Anteil an der Substanz, die in mir ist?« – Tat: »Der Erzeugte wird ein anderer sein, Gottes Kind und Gott, alles in allem, aus allen Kräften bestehend« (Buch 13 § 2). – Das heißt: Der Wiedergeborene übernimmt Gottes Eigenschaft. Wirklichkeit wird das Insein Gottes in allen Dingen dadurch, daß seine Kräfte/Mächte ihre Substanz ausmachen. – Nach 1. Korinther 15 kann das deshalb noch nicht sein, weil diese Mächte und Kräfte *noch nicht unterworfen* sind (15,24), speziell weil die letzte dieser Mächte, der Tod, noch herrscht. Erst wenn er besiegt ist und wenn damit widergöttliche Kräfte aufhören zu bestehen, kann Gott in allen Dingen alles sein.

Wie das zu verstehen ist, beschreibt Origenes klar in seinem Buch über die Ursprünge: »Ich glaube nun, daß der Satz, Gott sei ›alles in allem‹, bedeutet, daß Gott auch in jedem einzelnen ›alles‹ ist. In jedem einzelnen aber wird er auf folgende Weise ›alles‹ sein: Wenn der vernünftige Geist gereinigt ist von aller Hefe der Sünde, wenn alle Trübung der Bosheit gänzlich beseitigt ist, dann wird alles, was er empfinden, erkennen und denken kann, Gott sein: er wird nichts anderes mehr denn Gott empfinden, Gott denken, Gott sehen, Gott haben. Gott wird das Maß all seiner Bewegung sein; und so wird Gott für ihn alles sein. Dann gibt es keine Unterscheidung mehr von Gut und Böse, da es nirgendwo etwas Böses gibt...« (3,6,3).

In der christlichen Mystik wird die Stelle oft futurisch verstanden, so wie Paulus sie gemeint hat. Doch es gibt Ausnahmen:

Bernhard von Clairvaux, Predigt 24: Sofern es um unsere Rechtfertigung geht, ist auch jetzt schon das Wort Gottes »alles in allem«. So wird es auch mit unserer Verherrlichung sein. So ergründet zum Beispiel das lebendige Wort alles, was im Herzen ist (Hebräer 4,12), und die Stimme des Sohnes gibt jetzt schon Leben (Johannes 5,24). In Predigt 41 hebt Bernhard hervor: Zwar gibt es erst später die Erfüllung, aber es gibt hier schon das Vorkosten. Jetzt sehen wir zwar, dringen aber nicht ein. »Beim Kosten ist er süß, bei der Erfüllung wunderbar.« –

Nach der 5. Predigt Bernhards zu Mariae Himmelfahrt weisen »Brot« und »Stein« beide symbolisch auf Gott, denn *spiritualiter* und *ad intellectum mysticum* sei sowieso 1. Korinther 15,28 Realität. Das heißt: Für den, der die Dinge ganz unter dem Aspekt der Wirklichkeit Gottes betrachtet, ist 1. Korinther 15,28 schon ganz Gegenwart. Der Sprachgebrauch Bernhards rührt hier aus Offenbarung 11,8 (Jerusalem wird »pneumatisch« Sodom genannt) und aus 1. Korinther 10,4: Der Felsen ist »eigentlich« schon Christus. Daher ist das Trinken eigentlich ein Trinken der Weisheit.

Am 17. November 1944 schreibt Alfred Delp in einem Brief: »Das eine ist mir so klar und spürbar wie selten: die Welt ist Gottes so voll. Aus allen Poren der Dinge quillt uns dies gleichsam entgegen. Wir bleiben in den schönen und in den bösen

Stunden hängen. Wir erleben sie nicht durch bis zu dem Punkt, an dem sie aus Gott hervorströmen. Das gilt für das Schöne und für das Elend. In allem will Gott Begegnung feiern und fragt und will die anbetende, liebende Antwort.«

Typologische Schriftauslegung

Typologische Gegenüberstellungen alt- und neutestamentlicher Szenen sind eine Weise der bildhaften Verkündigung schon im Neuen Testament, dann in der Alten Kirche und schließlich im Zeitalter romanischer Kunst. – Im Neuen Testament ist auf Wunder Jesu zu verweisen, die bis in den Wortlaut hinein nach alttestamentlichen Vorlagen gestaltet sind, wie die Speisungsgeschichten oder die Erweckung der Tochter des Jairus aus den Toten.

In Erneuerung dieser Methode habe ich bisher publiziert: Jakob ringt mit dem Engel (1. Mose 32,23–32) und Die Witwe und der gottlose Richter (Lukas 18,1–8) in: Wie kann Gott Leid und Katastrophen zulassen? Stuttgart 1996, 158–163 – Die Heilung des Aussätzigen Syrers und die Heilung der 10 Aussätzigen in Lukas 17, in: Göttinger Predigt-Meditationen 51 (1997), 376–384[383f] – Das Kreuz als Baum und der Paradiesesbaum in: Wozu ist Jesus am Kreuz gestorben? Stuttgart 1998, 123f.

Zur Methodik dieser betrachtenden (kontemplativen) Schriftauslegung:
– Jeweils eine einzelne Erzählung oder eine Figur aus dem Alten und Neuen Testament werden gegenübergestellt.
– Der Vergleich geschieht nach Entsprechung, Opposition (Gegensatz) oder Überbietung.
– Das Vergleichen geschieht in einem Hin und Her. Dadurch werden jeweils für einzelne Züge die Berichte nacheinander besprochen.
– Beim Vergleichen ist eine besondere Hervorhebung der symbolisch-bildhaften Elemente zu empfehlen. Aber auch die Ver-

ben können einander entsprechen oder inhaltlich entgegengesetzt sein. Bei den Bildern und den Verben läßt sich am besten vergleichen.

– Das Vergleichen bekommt seinen Reiz dadurch, daß man mehrere Stücke aus den beiden Kontexten miteinander vergleichen kann.

– Weder empfiehlt es sich, die alttestamentliche Stelle künstlich christologisch auszulegen, noch darf die neutestamentliche Entsprechung zu Polemik gegenüber dem Alten Bund verführen.

Der theologische Sinn des Verfahrens ist, ohne den Einzeltexten Gewalt anzutun und ohne die alttestamentlichen Stellen abzuwerten, im Rahmen derselben biblischen Tradition die je ähnliche Handschrift Gottes aufzuzeigen.

Es handelt sich mithin um eine Weise, biblische Theologie zu betreiben, die nicht traditionsgeschichtlich, nicht historisch oder religionsgeschichtlich orientiert ist. Alle diese Wege der Erforschung der Schrift sind im übrigen unbestritten (!). Nur tritt hier neben die kritische Betrachtung eine meditative, die am Außen einsetzt und von da her oft durch symbolische Deutung zum theologischen Gehalt vordringt. Die Einzeltexte sollen so möglichst gründlich erfaßt werden, und es liegt am Ausleger, wieweit er anhand der Bilder Inhalte plausibel machen kann. Oft dienen dazu auch Grundverhaltensweisen der Menschen wie Lachen und Weinen, Laufen und Stehen, oder Grundsymbole wie Himmel und Erde, Wasser und Land. Je bekannter die Erzählungen, um so sinnvoller der Vergleich (etwa Eva – Maria bei Guerric von Igny: Eva sündigte und entschuldigte sich frech – Maria sündigte nicht und leistete demütig Genugtuung; oder Sintflut – Weltende: Wasser und Feuer).

Der klassische Ort der typologischen Schriftauslegung sind liturgische Texte des 1. Jahrtausends:

Christus das Lamm: Corpus Praef. Nr. 123: »Abel setzte sein Urbild ein, das Passahlamm des Gesetzes wies auf ihn hin, Abraham feierte das Opfer des Lammes, Melchisedeck brachte ein Opfer dar, aber das wahre

Lamm und der Hohepriester für immer ist unser Herr Jesus Christus, er hat den Typos ausgefüllt.«

Fall und Erlösung: Corpus Praef. Nr. 535: »Was für ein wunderbarer Ratschluß Gottes! Wie unschätzbar hat Gott uns bei der Erlösung geholfen! Durch eine Jungfrau wird für uns die Herrlichkeit des Lebens wiederhergestellt, von der man glaubte, sie sei durch den Ungehorsam beim Baum des Paradieses verloren. Durch das Wasser (der Taufe) wurden die Sünden der Welt abgewaschen, wo doch zuvor die Welt durch das Wasser der Sintflut Schiffbruch erlitten…«

Eva – Maria: Corpus Praef. Nr. 626: »Was Eva beim Sündenfall verschlang, hat Maria bei der Erlösung wiederhergestellt, indem sie uns mit dem Brot der Engel erfüllt hat. Durch die Schlange haben wir das Gift der Verurteilung empfangen, aus Maria sind die Geheimnisse des Erlösers hervorgekommen. Dort zeigte sich die Bosheit des Verführers, hier die Majestät des Erlösers.«

Adam – Christus: Corpus Praef. Nr. 990: »Christus als der neue Adam hat im Geist lebendig gemacht, die der erste Adam durch verurteilte Sünde zum Tod gebracht hatte. Durch Gehorsam hat er uns mit dem ewigen Gott und Vater versöhnt, uns, die die Übertretung des irdischen Vaters aus dem Kreis der Seligen entfernt hatte…«

Corpus Praef. Nr. 980: (von Jesu Fasten) Was Adam durch Essen verloren hatte, hat Christus durch Fasten wiedergewonnen.

Corpus Praef. Nr. 973: Der Teufel hatte Adam in seinem schwachen Fleisch besiegt. Der Teufel wurde besiegt, weil Gott den Menschen in seinem Fleisch erhöht und doch die Gerechtigkeit erhalten hatte.

Corpus Praef. Nr. 883: Wir sind aus dem Paradies gefallen, weil Adam, der Urvater, ungehorsam war und sich nicht enthielt. Wir kehren ins Paradies zurück, da unser Herr Jesus Christus jetzt gehorsam fastet. Die, deren Tod durch die Speise vom Baum gekommen war, denen wird das verlorene Heil durch den Baum des Kreuzes zurückgegeben.

Corpus Praef. Nr. 883: Christus hat uns aus demselben Element den Kelch des Heiles gemischt, von dem wir den Becher des Todes getrunken haben.

Corpus Praef. Nr. 868: Adam war durch die Stachel der Begierde gereizt, Christus wurde durch die Nägel des Gehorsams ans Kreuz geheftet. Jener streckte unenthaltsam seine Hand zum Baum aus. Dieser ging gehorsam ans Kreuz. Adam war durch Lust verführt und vollführte sein Begehren, Christus wurde durch die Marter unverschuldeten Schmerzes gepeinigt.

Ein neues Beispiel:

Psalm 23	*Johannes 10,11–16*
Gott ist der gute Hirte jedes einzelnen	Jesus ist der gute Hirte seiner Jünger
Das ist ein Bild für lebenslanges Heil	Ein Bild für ewiges Leben durch Jesus
Du bist bei mir (Vertrautsein)	Jeder kennt die Stimme des Hirten
Bleiben im Haus des Herrn	Eingang in die Hürde durch Jesus
Keine Angst im finsteren Tal	Der Hirt kennt jedes Schaf (Vertrauen)
Vor den Feinden wird ein Mahl bereitet	Der Wolf reißt und zerstreut die Schafe
Gutes und Barmherzigkeit	Der Hirt lebt ganz für seine Schafe
—	Es soll eine einzige Herde werden

Die Einzelzüge sind im allgemeinen vergleichbar. Deutlich wird, daß die letzte Aussage in Johannes 10 keine Entsprechung im Psalm hat. Auch bei der vorletzten Aussage trifft die Entsprechung nur sehr allgemein. Besonderheiten von Johannes 10: Die persönliche Bindung wird stärker betont, daß der Hirt sein »ganzes Leben gibt«, fehlt in Psalm 23, ebenso die anderen Schafe. Die stärker theologische Ausrichtung im Alten Testament und die stärker christologisch-ekklesiologische im Neuen Testament werden gut erkennbar.

HEILIGES TUN

Einsam sein

Hebräer 11,38–40: *Andere, bei denen – kurz gesagt – die Welt es nicht zu schätzen wußte, daß sie auf ihr lebten, irrten in Einöden umher und auf Berghöhen und lebten in Erdlöchern. (39) Von diesen allen bezeugt die Schrift: Aufgrund der Kraft ihres Glaubens konnten sie darauf verzichten, nur irdische Verheißungen zu erlangen. (40) Denn Gott hat für uns etwas Besseres vorgesehen.*

Adam Struensee (Erklärung des Briefes an die Hebräer, Flensburg 1763) bemerkt dazu: »Den ersten Christen ist es nicht besser ergangen. Aus deren Verjagung und Verbergung nachhero die Eremiten und Einsiedler entstanden sind« (620). Über die Klüfte und Höhlen schreibt er: »In denselben haben sie sich verstecket vor ihren Verfolgern, des Nachts ihre Ruhe darinnen gesuchet, und Schutz und Sicherheit sowohl vor Hitze, Kälte und Regen als auch vor wilden Thieren gesuchet…« (619).

Aus zeitgenössischen Quellen vom Beginn des 1. Jahrhunderts n. Chr. (»Himmelfahrt des Jesaja«) wissen wir folgendes: Es gab prophetische Gruppen, die sich in die Einsamkeit zurückzogen, dort von Kräutern lebten und mit Tierfellen bekleidet waren. Es waren Umkehrprediger, die durch ihr Wort und ihren Lebensstil der hellenistischen Stadtkultur widersprachen, die auch politisch aneckten (Sittenstrenge wird auch gegenüber Herrschern angemeldet) und daher verfolgt wurden. Johannes der Täufer scheint – wohl abgesehen von der Taufe, die nur für ihn belegt ist – ein typischer Vertreter dieser Gruppe gewesen zu sein. Die Einsamkeit dieser prophetischen Figuren war daher teils freiwillig (Protest), teils erzwungen (Verfolgung). Jedenfalls ist sie Ausdruck äußerster Distanz. Da alle Annehmlichkeiten der Zivilisation fehlten und auch bewußt abgelehnt wurden, war diese Art der Einsamkeit auch kein besonders angenehmes Dasein.

Theologisch bedeutet diese Existenzform eine explosive Mischung aus Freiheit von der »Welt« und Verachtetwerden seitens der »Welt«. Der Außenseiter erkauft seine Distanz um den hohen Preis des Mißachtetwerdens. Auch die Existenz des Apostels Paulus ist hier einzureihen. Denn in seinen einsamen Leiden verkündet er – nicht ganz unfreiwillig – den totalen Wertgegensatz zwischen Gott und Welt (Kreuzestheologie).

Die einsame prophetische Gestalt bildet überdies auf ihre Weise Gott ab: Sie ist die Eine im Gegenüber zur Welt. Sie vertritt Gottes Forderungen gegenüber der Welt. Im kritischen Gegenüber zur Welt bildet sie den Schöpfer und Richter ab, und das betrifft nicht nur dessen Distanz, sondern der einsame Charismatiker zieht auch die Feindschaft der Welt auf sich, die eigentlich Feindschaft gegen Gott ist.

Es ist besonders beachtenswert, daß dieses Konzept des einsamen Christen bereits im Thomas-Evangelium, also im letzten Drittel des 1. Jahrhunderts n. Chr., schon voll ausgeprägt ist. Die Sätze, in denen Jesus hier vom »Einzelnen« und »Einzigen« redet, meinen dabei zweierlei: Einmal ist der Christ immer der einzelne, der sich aus der Masse lösen konnte. Zum anderen aber sind die Christen selbst je und je ein einziger, das heißt: in ihrer Einheit untereinander stellen sie die Einheit und Einzigkeit Gottes dar; dieser Aspekt ist auch in Johannes 17 bereits voll ausgeprägt.

Beispiele: Thomas-Evangelium Logion 16: »(1) Jesus sagt: ›Vielleicht denken die Menschen, daß ich gekommen bin, um Frieden auf die Welt zu bringen. (2) Doch sie wissen nicht, daß ich gekommen bin, um Zwietracht auf die Erde zu bringen, Feuer, Schwert und Krieg. (3) Denn wenn fünf Menschen in einem Haus sind, werden drei gegen zwei und zwei gegen drei sein. Der Vater wird gegen den Sohn sein und der Sohn gegen den Vater. (4) Jeder wird *einzeln für sich dastehen.*‹«

Logion 22: »(4) Jesus antwortete: ›Wenn ihr die zwei zu einem macht [und versöhnt], wenn ihr das Innere wie das Äußere macht [so daß kein Graben zwischen Sagen und Handeln ist] und das Äußere wie das Innere und das Obere wie das Untere [so daß keine Unterschiede in Wert und Rang bestehen], (5) nämlich, daß ihr das Männliche und das Weibliche *zu einem einzigen* macht, so daß das Männliche nicht weiterhin männlich und das Weibliche nicht weiterhin weiblich ist, (6) wenn es neue Augen gibt anstelle der alten, eine neue Hand anstelle der alten, neue Füße anstelle der alten, eine ganz neue Gestalt anstelle der alten, [wenn also der ganze Leib verwandelt ist dank eurer Art zu leben] (7) dann werdet ihr eingehen in Gottes Herrschaft.‹«

Logion 23: »Jesus sagt: ›Ich werde euch auserwählen, einen aus tausend und zwei aus zehntausend. Und die beiden werden dastehen als ein *einziger Mensch* [ohne trennende Unterschiede].‹«

Logion 75: »Jesus sagt: ›Es stehen viele vor der Türe, doch nur *vereinzelte* werden in den Hochzeitssaal hineingehen.‹«

Die Christen sind daher immer die Vereinzelten, die bisherigen sozialen Bindungen halten sie nicht. Und zugleich gibt es unter Christen keine Unterschiede, so daß sie je und je wie ein einziger dastehen. Es ist klar erkennbar, daß beide Aspekte gerade in der typisch abendländischen Form des Mönchtums (Koinobiten, das heißt: die gemeinsam leben) zusammen kommen.

Schweigen

Schweigen ist nach den Aussagen der Bibel die Haltung dessen, der von einem anderen etwas erwartet und erwarten muß, da er sich nicht selbst helfen und belehren kann. Daher kann es ein sehr spezieller Ausdruck einer Frömmigkeit werden, die zeichenhaft durch das Schweigen auf Gott als Gegenüber hinweist.

Schweigend auf Gott warten

Die beiden Stellen der Schrift, in denen wenigstens nach der lateinischen Fassung das Schweigen hoch bewertet wird, zitiert Bernhard von Clairvaux in seinem 228. Brief (an den Abt von Cluny): »Gut ist es, schweigend auf den Herrn zu harren« (Klagelieder 3,26; hebr.: »schweigend zu hoffen auf Jahwes Hilfe«) und Jesaja 30,15: »Im Schweigen und in der Hoffnung wird eure Stärke sein« (hebr.: »in Stillhalten und Vertrauen«).

Schweigen ist auch ein Zeichen der Niedrigkeit und Demut: Nach Oden Salomos 8,3–5 heißt es:
»(3) Erhebt euch und steht aufrecht,
die ihr zuvor erniedrigt wart!

(4) Redet, die ihr im Schweigen verharrtet,
denn Gott hat euren Mund geöffnet.
(5) Ihr, die ihr verachtet wart, werdet nun erhöht,
denn Jesus Christus, eure Gerechtigkeit, wurde erhöht.«

Schweigen und das Wort

Schweigend läßt man sich durch die Weisheit belehren. Und
wenn man über Gottes Wort und (gesprochene) Weisheit nach-
denkt, dann wird auch das Schweigen zum Thema, denn es
liegt ja »vor« allem Wort. So geht es also insgesamt um die
Frage der Vermittlung zwischen Gott und Welt. Dabei wird
das Schweigen sehr hoch angesetzt, und wer schweigt, ist darin
auch Gott ähnlich. Einerseits also ist Schweigen das Tun des
Schülers gegenüber dem Lehrer (die frühen Zisterzienserklö-
ster heißen oft *schola* = Schule). Und andererseits macht es
dem ähnlich, aus dem alles Wort erst hervorgeht. – Es gibt
daher zwei Linien: die Mittlerlinie (Rangfolge Schweigen –
Wort) und die Schüler-Linie (wer belehrt wird, schweigt).

Zur *Mittlerlinie:* Konsequent heißt es über Jesus bei Ignatius von Antiochien, Brief an die Magnesier 8,2 (Berger/Nord 789): »Dieser ist sein
Sohn, der aus dem Schweigen des Vaters hervorgeht.« In den Texten der
frühen Gnosis ist das Schweigen eine Repräsentantin Gottes, ähnlich
wie auch Weisheit und Wort. – Andererseits wird der Schweigende Gott
ähnlich, so im griechischen Martyrium des Petrus Kapitel 10 (Lipsius/
Bonnet I 96): »Ich sage dir mit den Worten Dank, die durch das Schweigen bedacht werden… danke dir mit dem schweigenden Wort, mit dem
der Geist bei dir für mich eintritt, der in mir ist und dich liebt, der mit dir
redet und dich sieht.«
Zur *Schülerlinie:* Nach den Sentenzen des Sextus (griechische Spruch-
sammlung unter jüdischem und teilweise christlichem Einfluß, 3. Jahrhundert n. Chr.) Nr. 578 heißt es: »Die größte Ehre für Gott ist es, schweigend sich in das Denken an Gott einzulassen.« – Bernhard von Clairvaux
schreibt in Brief 228,2: »Ich will mich hinsetzen und schweigen, um
vielleicht zu erfahren, was der heilige Prophet über die Fülle vertrauter
Herzlichkeit sagt. Es ist gut, sagt der Prophet, schweigend auf den Herrn
zu warten.« – Nach der lateinischen Apokalypse des Baruch (bei Cypri-

an, Testimonien 3,29; 3. Jahrhundert n. Chr.) wird Weisheit in der End-zeit in dieser Welt aufhören. Es wird Weisheit nur noch geben bei »we-nigen Wachenden, Schweigenden und Stillen…, die in ihren Herzen meditieren«.

Das heißt: Wenn man zu Gott gelangen will, ist das Schwei-gen oft das Vorzimmer, das Vorletzte. – Hier geht es sicher nicht um ein besonders »heidnisches« Element, sondern im Gegenteil eher um etwas, das sich aus der Gebetspraxis der frühen Christen heraus entwickelt.

Das Schweigen der Märtyrer

Schließlich geht es um das Schweigen der Märtyrer nach dem Bild des Gerechten in Jesaja 53, der verstummt wie das Schaf vor dem Scherer. Daher schweigt Jesus bei seinem Verhör (vgl. Markus 15,5 par; Johannes 19,9).
Nach den Passionsberichten und den Oden Salomos 31 ge-hört Schweigen zur Rolle des Märtyrers:
»(10) Doch ich war geduldig, schwieg und blieb friedlich.
Ich wollte mich durch sie nicht erschüttern lassen.
(11) Vielmehr stand ich unbeirrt wie ein fester Fels.
Ich wurde ausgepeitscht wie von Wogen und hielt stand.
(12) Ihren bitteren Haß ertrug ich demütig,
um mein Volk zu erlösen und zu erben.«
Dies sind offensichtlich Worte im Munde Jesu.

Wachen

Der jüdische Tag beginnt am Abend zuvor. An jedem Tag wird daher das Licht aus der Finsternis heraus geboren. Die Nacht ist das erste, dann erst kommt der Tag. Wer wacht, ist Zeuge des werdenden Tages.
Die religiöse Bedeutung des Wachens kommt, wie oben dar-gelegt, aus dem jüdischen Tempel: Wer morgens zum Tem-pel geht, wird sicher erhört. Das frühe Christentum überträgt

dieses auf den Tag des Herrn, der wachend erwartet werden soll.

Konkretion

Was kann ich tun, um die Welt zu retten? – Nichts, so wenig wie dafür, daß die Sonne aufgeht. – Wozu dann alle Werke und Gebete? – Um wach zu sein, wenn die Sonne aufgeht.

Davon spricht auch Gerric von Igny (3. Ansprache zum Osterfest):
»Gleicht nicht einem Toten, der noch schnarcht, wenn die Sonne schon aufgegangen ist… Wenn du die Nacht hindurch wach bleibst mit Maria Magdalena am Eingang seines Grabes… Wenn du ihn mit ähnlichem Verlangen suchst, sprich also: … Meine Seele sehnt sich nach dir in der Nacht, und auch mein Geist in meinem Innern. Vom frühen Morgen an halte ich Ausschau nach dir…, vom ersten Tageslicht halte ich Ausschau nach dir, es dürstet nach dir meine Seele… Der Morgen des Tages ohne Untergang hat schon Strahlen auf uns gesandt. Der Morgen hat schon die neue Sonne willkommen geheißen. Wacht, damit euch das Morgenrot aufgeht, das ist Christus. Er ist bereit, das Geheimnis seines Auferstehungsmorgens immer wieder zu erneuern für die, die ihm wachend entgegenharren… Dann wird der Herr einen Strahl von dem Licht schenken, das er in seinen Händen verborgen hält.«

Bilder ansehen (Ästhetik)

»Das unumschreibbare Wort des Vaters hat durch seine Fleischwerdung aus dir, Gottesgebärerin, sich selbst umschrieben. Und indem es das befleckte Bild in seiner Urgestalt wiederherstellte, durchdrang es dieses mit Schönheit« (Kontakion der orthodoxen Liturgie).

Bilder leisten wichtige Mittlerdienste in der Verständigung und gehören mit der Auslegung, die sie bieten, zur Sache selbst: als Bilder des Leidens (Kreuz, Pietá), als Bilder der Herrlichkeit (himmlisches Jerusalem) oder als Bilder des Friedens (Krippe; Kreuzgänge).

Ein Bild hat oft die Rolle eines Dolmetschers/Übersetzers und hat damit auch Anteil an der Gratwanderung, die jede Übersetzung zwischen Sender und Empfänger der Botschaft unternimmt. Wenn Jesus »Bild Gottes« genannt wird, dann hat er Anteil an Gott und an Menschen; die Kirche hat das später »wahrer Gott und wahrer Mensch« genannt.

Es ist also der Mittlergedanke, der – tief im Frühjudentum vorchristlicher Zeit verwurzelt – das frühe Christentum sehr deutlich prägt (bis hin zum stellvertretenden Gebet) und der damit eine Bilderfreundlichkeit prinzipiell begründet. Gleichzeitig ist immer klar gewesen, daß das Bild dem, was es abbildet, mehr unähnlich als ähnlich ist; doch das Maß, in dem diese Einsicht umsetzbar ist, wird immer von der sozialen und kulturellen Stellung der jeweiligen Menschen abhängen.

Die Bedeutung der Ästhetik für die Spiritualität wird besonders an den architektonischen Formen sichtbar (vgl. dazu die Meditation zu einer Krypta in: K. Berger: Wie kann Gott Leid und Katastrophen zulassen? Stuttgart 1996, 50–53).

Zu der Art, in der das Bild Ausgangspunkt ist, den man dann auch wirklich hinter sich läßt, äußert sich Guerric von Igny am Schluß der 5. Ansprache zum 2. 2.: »Ihr werdet von der Schau, die der Glaube gewährt, voranschreiten zu jener, die in Spiegel und Bild geschieht. Schließlich aber werdet ihr von der Schau, die im Bild geschieht, hingeführt zu jener, die in der Wahrheit des Angesichtes selbst oder im Angesicht der Wahrheit ist.«

Auf die »Mitte« sehen

Die »Mitte« ist im frühen Christentum immer ein Symbol für Heiliges und Auserwähltes. So sagt Jesus Christus nach den

Oden Salomos 22,2: »Gott sammelt die Menschen, die in der Mitte sind, und gibt sie mir zu eigen.« Und in 30,6 heißt es von der Quelle (Weisheit) des Herrn: »Sie war nicht zu erkennen, bis der Herr mitten auf der Erde sichtbar wurde.« Der »Ort in der Mitte« ist daher der sakrale Ort des Kontaktes zwischen Gott und Mensch. So zögerte man nicht, im Frühjudentum auch Jerusalem als den Nabel der Welt zu bezeichnen.

In visionären apokalyptischen Texten kommt der »Mitte« eine bisher unbeachtete zentrale Rolle zu. Eigenartigerweise steht alles, was wichtig ist, immer in der Mitte des jeweiligen Bildes, nie an den Rändern. Deshalb steht der Menschensohn in der Mitte der Leuchter (Offenbarung 1,13; 2,1), die vier Lebenden Wesen stehen mitten vor dem Thron (4,6), aus ihrer Mitte ertönt eine Stimme, und inmitten der ganzen himmlischen Versammlung steht das Lamm (5,6). Da es mitten vor dem Thron steht, weidet es die Völker. Diese Betonung des Mittelpunktes weist auf die offenbar ganz klare Ordnungsstruktur der apokalyptischen Bilder. Die ästhetische Klarheit ist zugleich der Weg, um das inhaltlich jeweils Wichtigste hervorzuheben.

Für die frühmittelalterliche Mystik ist der Blick auf die Mitte besonders wichtig. In den »Meditativen Gebeten« des Wilhelm von St. Thierry heißt es:

»›Ich bin der Weg, die Wahrheit und das Leben.‹ Gehen wir und fragen die Mitte der Wahrheit um Rat, ob der Kreis, in dem wir uns bewegen, von ihr vorgezeichnet und auf sie zentriert ist. ›Ihr werdet die Wahrheit erkennen, und die Wahrheit wird euch frei machen‹ (Johannes 8,32). Prüfen wir also die Liebe und die Taten! Die Liebe des Menschen muß in der *Mitte* der Wahrheit gegründet sein. Dann entspricht ihr das äußere Tun vollständig, und ein vollkommener Kreis entsteht. Wenn die Kreislinie richtig gezogen ist, kommt sie nach ihren eigenen Gesetzen immer auf den Ausgangspunkt zurück; überall auf der ganzen Kreislinie ist die Entfernung von der *Mitte* der Wahrheit gleich. Es gibt Punkte ohne Kreis, doch niemand kann gut einen Kreis zeichnen, ohne einen Punkt in der *Mitte* festzulegen, einen Punkt, der die Einheit bewirkt und der, indem er unbeweglich bleibt, alles in Bewegung setzt.

Wenn wir auf die *Mitte* der Wahrheit ausgerichtet sind, entspricht der Wahrheit die Liebe, die auf Gott und den Nächsten gerichtet ist. Ein solches Tun der Liebe wollen wir uns frei halten für die Liebe zur Wahrheit. Nehmen wir oft den kurzen und verläßlichen Weg und fragen wir in aller Ehrlichkeit die *Mitte* der Wahrheit um Rat. Denn nicht mehr mit dem Mittelpunkt verbunden zu sein hieße, die Vollkommenheit des Kreises zu zerstören.. Es gibt Menschen, die die Verbundenheit mit dem unbeweglich feststehenden Punkt nicht lieben, sie wollen immer ausbrechen. Das sind die Gottlosen…«

Das in dem Text verwendete Bild vom Kreis und dem ruhenden Punkt in der Mitte entspricht sehr genau dem urchristlichen Tanzlied (jetzt deutsch bei Berger/Nord, 1350–1354). Jesus ist nach diesem liturgischen Lied die Mitte derer, die sich um ihn, den ruhenden, leidenden Pol herum bewegen, vgl. besonders Tanzlied 6,3–6: »Wenn du tanzt, dann schau, wie ich tanze… Du siehst, was ich leide, du sahst mich leiden, und als du es sahst, bliebst du nicht stehen, sondern du begannst, dich zu bewegen. Diese Bewegung sollte dich verstehen lehren. Doch du hast ein Ruhelager. Ruh aus bei mir…«

Diese Konzentration auf die Mitte, die Jesus ist, findet ihre direkte architektonische Analogie in den Rosetten der großen Kirchen. Entscheidend ist stets das Bildmotiv in der Mitte der Rosette.

Auch anthropologisch ist die Mitte das Wichtigste: Guerric von Igny zitiert Psalm 47(48),10: *Wir haben dein Erbarmen, o Gott, inmitten deines Tempels empfangen* (5. Ansprache zum 2. 2.). Er deutet die »Mitte« auf die Seele.

Wichtig ist für die Mönche des 12. Jahrhunderts die »mittlere Ankunft« des Herrn. Zwischen der »verächtlichen« ersten Ankunft (Jesaja 53,2–3) und der schrecklichen zum Gericht (Maleachi 3,2) steht die wunderbare und liebenswerte Ankunft für den, der dem Herrn in Sehnsucht entgegeneilt (so bei Guerric von Igny, 2. Adventsansprache). Diese Ankunft ist verborgen und doch wunderbar.

Beten

Es sind nicht gerade wenige Passagen paulinischer Briefe, die man auf Anhieb besser, ja überhaupt erst verstehen lernt, wenn man sie in das Beten zurückübersetzt, aus dem sie vielleicht entstanden sind. Dabei nehme ich die Äußerung des Paulus, daß er unausgesetzt bete, beim Wort. Gleichzeitig folge ich Signalen des Textes, die auf bestimmte Gebetsformen und -gattungen, wie zum Beispiel das Klagelied, hinweisen könnten.

Vergleicht man zum folgenden Textbeispiel und zu seiner Rückübersetzung in ein Gebet die wissenschaftlichen Kommentare zum selben Abschnitt, so wird der Unterschied zwischen »scholastischer« (akademischer Schul-)Theologie und »monastischer« Lektüre der Schrift (zu diesem Gegensatz s. unten) auf typische Weise deutlich.

Der Text:

Römer 9,14–23: *Ist Gott also ungerecht? Keineswegs! (15) Schon zu Mose sagte Gott[4]: »Erbarmen und Mitleid schenke ich, wem ich will.« (16) Das Erbarmen Gottes hängt daher allein von seinem Wollen ab, nicht von Wünschen oder Werken des Menschen. (17) Auch zu Pharao sagt Gott nach der Schrift[5]: »Nur deswegen habe ich dich als König eingesetzt, um an dir meine Macht zu zeigen und damit so mein Name aller Welt bekannt wird.« (18) Nach seinem freien Willen wird Gott sich des einen erbarmen, den anderen aber verstocken, also harthörig und hartherzig machen und dadurch ins Unheil schicken. (19) Man kann nun fragen: Wieso darf Gott den*

4. 2. Mose 33,19
5. 2. Mose 9,16

Menschen dann zur Rechenschaft ziehen, wenn sich doch seinem Willen keiner entgegenstemmen kann? (20) Gegenfrage: Wer bist du denn, daß du als Mensch Rechenschaft von Gott verlangen dürftest? Das Tongefäß kann doch nicht seinen Töpfer vorwurfsvoll fragen, wozu er es so und nicht anders gemacht hat! (21) Hat nicht ein Töpfer das Recht, aus seinem Ton zu machen, was er will – Tafelgeschirr oder Nachtgeschirr? (22) Gott darf seinen Zorn wie auch seine Macht an dem zeigen, was er schafft. Einerseits erschafft er in Wut mißlungene Gefäße, die zum Zertrümmern gedacht sind, und erträgt sie noch dazu in Großmut. (23) Und andererseits erschafft er mit großer Liebe gefertigte Gefäße, die dazu gedacht sind, all seine Herrlichkeit zu zeigen.

Die Rückübersetzung (aus K. Berger: Gottes einziger Ölbaum. Betrachtungen zum Römerbrief, Stuttgart 2. Aufl. 1997, 199f): »Herr, wieder muß ich es sagen: Ich finde es ungerecht, wie du mit Menschen umgehst. Da ist von Gleichbehandlung oder auch nur Verhältnismäßigkeit keine Spur. Vielleicht bilden wir uns auch nur ein, daß du so gerecht sein müßtest, wie wir uns das vorstellen. Aber damit wird das Problem nicht gelöst. Denn die Frage lautet zumindest: Wie können Paulus und die Schrift des Alten Testaments so über dich denken? Ungerecht ist nicht nur, daß du die einen grundlos liebst, das könnte man noch verstehen, viel schlimmer ist, daß du andere ebenso grundlos haßt. Ich finde es ungerecht, daß du angesichts dessen von uns strikte Gleichbehandlung und -achtung aller Menschen forderst. Während du doch selbst es dir leistest, die einen zu erwählen, die anderen zu verstocken.

Ich finde es nicht nur ungerecht, sondern auch für die betreffenden entwürdigend, wie du Menschen nur als Instrumente benutzt, als Werkzeuge deiner Hände. Du nimmst sie und legst sie weg, ohne dich um ihr Heil oder Unheil zu kümmern. Offenbar sind die, die du für jetzt verstockt hast, gnadenlos dem Untergang geweiht. Niemand weiß, was aus denen wird, die du einfach zu Gefäßen des Zorns bereitet hast. Und wir erhalten die Auskunft, du habest sie eben als Gefäße des Zorns so gemacht. Und weiter sind sie nicht interessant. Sie dienen deinen Zwecken und haben dann ausgedient. – Uns dagegen lehrt gerade das Christentum, einen Menschen niemals ›nur zum Zweck‹ zu gebrauchen. Doch du tust es. Nach der Meinung des Paulus wird das ungläubige Israel regelrecht ›verschlissen‹ auf dem Weg zur Erlösung aller.

Herr, wie kann es sein, daß du mit Menschen wie mit Spielbällen umgehst? Daß sie nur deinen Zwecken dienen müssen? Ist es so wie in orientalischen Ländern angeblich, daß ein Menschenleben nicht viel wert ist? Aber wie kann ich mich dann auf dich verlassen? Und das kommt noch hinzu: Dann tadelst und richtest du die Menschen auch noch. Dann werden sie auch noch zur Verantwortung gezogen.

Muß ich denken, daß du hart und tyrannisch bist? Daß du Menschen nur so verbrauchst? Daß die einzelnen keine Rolle spielen? – Nein, hier gibt es kein Recht und keine Berufungsinstanz, es gibt nur deinen Willen. – Aber ist nicht unsere Erfahrung auch wirklich so? Daß wir wie geworfen sind… und ist nicht oft Glauben oder Nichtglauben eine Sache des Milieus, der Biographie und der Erziehung? … Der einzige Trost scheint mir zu sein, daß ich in dieser bleiernen Situation vor dir Klage führen darf…«

Beim Gebet öffnet sich der Himmel einen Spalt breit

Gebet ist ein Epiphanie-Ereignis, eine Berührung mit der himmlischen Welt. Daher ist Gebet kein bloßes Sprechen, sondern durch das Beten wird dem Menschen Kraft zuteil. Die Gethsemane-Erzählung zeigt das genau: Zu Beginn fällt Jesus vor Schwäche auf die Knie, am Ende hat er – nach seinem Beten – die Kraft gewonnen aufzustehen und seine Jünger zu ermuntern. Bei Lukas ist es gar ein Engel, der Jesus kräftigt. Diese Auffassung vom kräftigenden Charakter des Betens ist jüdischen Ursprungs. Schon in den Qumran-Texten herrscht die Auffassung, daß Gott selbst oder der Heilige Geist den

Menschen die Gebete in den Mund legt. Gebete sind daher »inspirierte« Rede mit entsprechender Ausstrahlung.

Gebet ist Kontakt mit Gottes Bereich, das heißt: Das Gebet ist Teil eines umfassenderen Gesamtvorgangs, innerhalb dessen der Beter in den Wirkungsraum Gottes und seiner Engel eintritt. Deshalb kann das Gebet Wunder vorbereiten, findet es sich vor oder nach der Epiphanie (zum Beispiel Lukas 9,28). Es ist aber auch selbst ein Mittel, um exorzistische Kraft gegen Dämonen zu gewinnen (Markus 9,29). – Weil das Gebet der »Ort« ist, an dem man Anteil an Gottes Kraft gewinnt (oder wenigstens stärkere Nerven), deshalb kann im Johannes-Evangelium (4,23) vom Gebet »im Geist« (und »in der Wahrheit«, das heißt angesichts der Wirklichkeit Gottes) die Rede sein.

Wenn Paulus sagt, er bete »unaufhörlich«, so meint das sicher auch die jüdischen Tageszeiten (Sonnenaufgang, dritte, sechste, neunte Stunde, Sonnenuntergang), aber wohl nicht nur. Wiewweit denkt Paulus wirklich aus der Wirklichkeit des auferstandenen Sohnes Gottes heraus? Wiewweit ist das sein alltäglicher Bezugspunkt? Davon müssen wir jedenfalls ausgehen, daß ihn diese Vision nie mehr losgelassen und fortan bestimmt hat, was für den Apostel maßgeblich und wirklich wichtig war. Ähnlich werden ja auch andere Elemente, die zuvor nur punktuell galten, nun dauerhaft und gerinnen zu fester christlicher Gestalt. Die »Versammlung« wird zur Gruppenbezeichnung (»Kirche«); kultische Reinheit und kultische Freude werden dauerhafte Attribute der Getauften; die Wachsamkeit wird, in Glaube, Hoffnung und Liebe überführt, zum Grundverhalten der Christen; aber nun darf man auch wieder ruhig schlafen (1. Thessalonicher 5,10).

Fragen der heutigen Praxis

Die Praxis des Betens leidet unter gravierenden Vorurteilen. Im Sinne der hier vorgeschlagenen Erneuerung christlicher Spiritualität von der Bibel her muß dazu etwas gesagt werden:

– Zum Gebet gehört nicht nur der glorifizierende Lobpreis, sondern auch die Klage über Gottverlassenheit und Gottes Abwesendsein. Gerade die Mönche erfahren immer wieder über lange Phasen hin Leere und Abwesenheit Gottes. Jesus bestätigt am Kreuz durch sein eigenes Beten *(Wozu hast du mich verlassen?)* die Rechtmäßigkeit solchen Betens. Der moderne Mensch will seine geistige Leere zugeben dürfen. Auch Paulus spricht ausgerechnet im Zusammenhang mit dem Heiligen Geist davon, daß wir *nicht wissen, was wir beten sollen* (Römer 8,26).

– Ansatzweise gibt es worthafte Äußerungen, die man durchaus als eine gewisse Vorstufe zum Gebet ansehen könnte. Dazu gehören Selbstgespräche, spontane Ausrufe (»Mein Gott!«), Versuche, zur Ruhe zu kommen und an nichts zu denken, solange still zu sein, bis man das Gras wachsen hört – dann erst kann man möglicherweise auch etwas von Gott hören. Aber damit man das Gras wachsen hört, muß man sich tief beugen.

– Beten bedeutet nicht Kopfnicken, sondern wird als Ringen mit Gott begriffen (1. Mose 32,23–33; Lukas 18,1–8; Römer 15,30).

– Auch wenn man durch Beten nicht Klarheit oder Kraft gewinnt, kann das so erfahrene Schweigen Gottes einen doch auf das weisen, was in der Nähe liegt und dort als Botschaft angeboten wird.

– Wenn die These weitgehend stimmt, daß die Lehre der Kirche aus dem Lobpreis kommt, dann kann auch umgekehrt gelten, daß Lehren der Kirche wieder plausibler werden, wenn man sie in die Gebetsform und entsprechende Bilder »umgießt« (vgl. ein Beispiel oben S. 117f).

Danken

Nach 2. Korinther 9,14f ist Gottes gesamtes Tun der Weg von der Gnade (griech.: *charis*) zur Danksagung *(eucharistia)*. Die ersten Christen nannten ihre Gottesdienste »Danksagungen«. Der Tischdank für Brot und Wein ist das älteste Formular des Abendmahls. Paulus beginnt fast alle seine Briefe mit einer ausführlichen Danksagung.

Das Stichwort für das Danken ist immer Gottes Tat. Man tut gut daran, Schöpfung und Erlösung eng miteinander zu verbinden. Ein solcher Dank kann dann eine vielleicht hoffnungsvolle Lösung für die sonst unlösbare Theodizeefrage sein.

Etwa so: »Herr, wir danken dir, daß du mit Jesus Christus, dem zweiten Adam, deine Schöpfung zur Vollendung führen willst. Wir danken dir, daß du ihn gesandt hast und daß er der verheißungsvolle Anfang einer erneuerten Welt wird, wie du sie willst. Denn du läßt deine Schöpfung nicht im Stich, sondern du liebst sie und wirst sie am achten Tag vollenden, wenn kein Tod mehr sein wird. Darum bitten wir dich in Gemeinschaft mit Jesus Christus, unserem Messias. Amen.«

Singen

Mit ihrer Auffassung vom Singen stehen die frühchristlichen Gemeinden sicher wenigstens zum Teil jenen Gruppen nahe, denen wir die Qumran-Psalmen verdanken. Das Lied selbst ist Gabe des Geistes Gottes und Eintrittskarte in den himmlischen Bereich Gottes und der Engel. Singen wird damit zum Zeichen der Erlösung und ist eine Art »Sakrament«.

Nun besitzen wir aus den Höhlen von Qumran weit über einhundert relativ vollständig erhaltene hymnische Texte, im Neuen Testament selbst aber – gattungsbedingt – nur recht wenige Lieder, in den sogenannten Oden Salomos jedoch wieder eine stattliche Sammlung frühchristlicher Psalmen, an deren Ende regelmäßig »Halleluja« gerufen wurde.

Wenn in der Offenbarung des Johannes Menschen singen, dann singen sie gemeinsam so etwas wie die »Nationalhymne« des kommenden Reiches, zu dem sie gehören. Die einstimmige Geschlossenheit ist dabei das wichtigste Symbol, das von der Musik ausgeht. Denn wer im himmlischen Chor gemeinsam mit anderen denselben Text singt, der ist mit ihnen eins. Diese Einheit wehrt auch alles Schädigende ab. Daher stammt die Auffassung von der Abwehr des Bösen durch Geschlossenheit und von der Gerechtigkeit als Schutzpanzer.

Feiern

Im Neuen Testament gibt es einen für moderne Leser höchst auffälligen Tatbestand. Es ist wiederholt von der Erhöhung Jesu und der Huldigung ihm gegenüber die Rede, ohne daß die Verfasser dieser Texte sich auch nur die geringste Mühe gäben, das Behauptete historisch wahrscheinlich zu machen oder auch nur durch Zeugen abzusichern. So spricht Epheser 1,20–22 davon, daß Christus über Mächte und Gewalten, Kräfte und Herrschaften erhöht zur Rechten Gottes sitze und alles ihm unterworfen sei. Ähnlich ist es in 1. Petrus 3,22: Durch seine »Erhöhung« ist Jesus über Engel, Mächte und Gewalten erhoben, sie sind ihm unterworfen, er ist zur Rechten Gottes. Und nach Philipper 2,10–11 jubeln dem Erhöhten alle im Himmel, auf der Erde und unter der Erde zu und rufen: *Jesus Christus ist der Herr.*

Diese Texte sind durch keinerlei historische Erinnerung abgesichert, auch nicht eine einzige visionäre Wahrnehmung soll das Gesagte bekräftigen. Werden diese Aussagen jeweils »aus dem Arm geschüttelt«? Wer hat so gesprochen und hat dieses geglaubt?

Unsere Erwartungshaltung jedenfalls ist anders: Gerade zu Ostern sind wir peinlich darauf bedacht, daß alles, was wir feiern, auch historisch gesichert ist. Dagegen findet sich nun gerade in den zitierten sehr frühen Texten eine größtmögliche Freiheit gegenüber der »Geschichte«, finden sich Inhalte, die die klassische Forschung leicht als »mythisch« ins Reich der Spekulation verweisen würde und verwiesen hat.

Oder liegt diesen Texten etwas zugrunde, das wir notorisch übersehen, wenn wir Glaubensgeheimnisse feiern und festlich begehen? Ist es wirklich der »knickerige« Weg des historischen Beweisens, der zum Fest führt, oder etwas ganz anderes? Wie ist das Verhältnis von Fest(freude) und historischen Beweisen und Anwegen?

Alle genannten Texte werden traditionell als Lieder, Hymnen oder Enkomien (Lobgedichte) bezeichnet. Ihr »Sitz im Leben«, das heißt die typische Gelegenheit, bei der solche Texte zitiert wurden, ist daher die festliche Feier der Gemeinde. Im Epheserbrief ist ausdrücklich von »geistgewirkten Liedern« (5,19) die Rede. Wenn die Gemeinde diese Rufe oder Proklamationen *(Jesus Christus ist der Herr)* bei dieser Gelegenheit »zitiert«, dann weiß sie sich selbst um Gottes Thron versammelt und selbst in der Gemeinschaft mit Gott (frühpharisäische Mystik). Indem sie diese Texte über Jesus rezitiert, erkennt sie ihren eigenen Status, ihre eigene Erlösung in und durch Jesus Christus wieder. Sie führt ihr Heil auf Jesus zurück und weiß sich mit ihm eins.

Daher geht es hier nicht um Beweise aus Erinnerung, sondern um Gegenwart vor Gottes Thron und um Konzentration des eigenen Heils in Jesus Christus. Er ist Prototyp und Ursache. In ihm besingt die Gemeinde den, der ihr den Weg zu Gottes Thron bereitet hat. Dieser Thron ist direkte kultische Gegenwart »im Angesicht« der Feiernden. Daher ist Jesus nicht isoliert der Held dieser Texte, sondern in ihm erkennt sich die Gemeinde wieder.

Dieser intensive Bezug auf die Kirche kommt in Epheser 1,22 so zum Ausdruck: Neben der Aussage über die Erhöhung steht: Gott hat Jesus zum Haupt in der Kirche gemacht. In 1. Petrus 3,21 *(unser Gewissen wird offiziell vor Gott für rein erklärt)* geht es um die Freiheit aller Getauften. In Philipper 2,11 geht es direkt um das Bekenntnis der Gemeinde. Sie stimmt gewissermaßen in diesen Ruf ein.

So feiert also die Gemeinde mit der Erhöhung des Herrn das zentrale Geheimnis ihrer Erlösung. Mit der Schilderung der himmlischen Szenerie macht sie das unsichtbar Gegenwärtige anschaulich. Dieses ist das ganz evidente Festgeheimnis.

In Jesus Christus ist es begründet, anhand seiner wird es formuliert. Gottes Gegenwart ist für ihn und sie eröffnet. Und eben deshalb wird hier nicht der mühsame Weg über historische Beweise von einst gesucht. *Es geht um die Feier der Gegenwart des Erhöhten, denn mit ihm stehen alle vor Gott.* »Wir stillen nicht Bedürfnisse, sondern wir feiern Geheimnisse« – dieser im 20. Jahrhundert formulierte Satz beschreibt demnach eine Gewißheit schon des 1. Jahrhunderts.

Das Feiern der christlichen Gemeinde bedeutet in bestimmter Hinsicht eine Aufhebung der Zeit. Vergangenheit und Zukunft büßen zugunsten von Präsenz und Gegenwärtigkeit ihre Eigenständigkeit ein. Denn es geht um Präsenz des Vergangenen und der Toten, Präsenz auch der Engel. Daher besteht eine innere Beziehung zwischen dem Grundsatz über die Ausstrahlung des Heiligen und dem christlichen Feiern.

Feiern bezieht sich immer auf Gottesgegenwart. Das Thema der ganzen Bibel ist immer wieder die Gegenwart Gottes, und zwar an verschiedenen Orten, in verschiedener Dichte und Intensität.

Aufgrund der Existenz des jüdischen Tempels ist Mystik im Judentum und Christentum Kultmystik. Sie ist bezogen auf Gottes Thron. Auch wer auf Erden feiert, steht vor Gottes Thron. Die Alternative wäre etwa eine Naturmystik, die Gott »im Ganzen« annähme. Kultmystik ist um ein Zentrum geordnet. Die räumliche Anordnung im christlichen Gottesdienst hat durch die Jahrhunderte diese zentrierte Ausrichtung auf einen Mittelpunkt bewahrt. Die Rituale der Feiern der Gemeinde vermitteln viel von christlicher Geborgenheit.

In welchem Verhältnis stehen »kultisch« orientierte Mystik und Liebesmystik? – Die Braut ist immer ein Bild für die gesamte Kirche, insofern gibt es keinen ganz individualistischen Seelenbräutigam. Der Schluß der Offenbarung des Johannes läßt es deutlich werden: Die zum Gottesdienst versammelte Gemeinde ist die Braut, die sehnsüchtig ruft: *Komm!* (22,17).

Nach 1. Thessalonicher 5,8 und Epheser 6,10ff führt der Christ das Dasein eines Einzelkämpfers. Die einzelnen Teile der Rüstung (Helm, Brustpanzer, Gürtel, Schild, Schwert, Sandalen) werden allegorisch ausgelegt auf Gerechtigkeit, Glaube, Liebe oder Hoffnung. Seit Jesaja 11,1–5 und seit Richter 6 können die Gaben an dieser Stelle aufgefaßt werden als Gaben des Heiligen Geistes. In diesem Sinne ist es auch der Heilige Geist, der denen die Worte in den Mund gibt, die vor der Obrigkeit ihren Glauben bekennen müssen.

Der Epheserbrief sagt, wer eigentlich der Gegner in diesem Kampf ist: der Teufel, Mächte und Gewalten.

Der Verfasser der Offenbarung des Johannes verheißt am Schluß jedes Gemeindebriefes dem »Sieger« himmlischen Lohn. Sieger kann nur sein, wer hartnäckig kämpft. Siegen besteht darin, trotz großer Nachteile die Treue des Glaubens zu bewahren.

Das Neue Testament entwickelt hier in besonderer Weise das Bild des Einzelkämpfers (E. Käsemann: des »Partisanen«). Angesichts dessen Ausrüstung ist vorherzusagen, worin sein Kampf und sein Sieg vor allem besteht: im Martyrium.

Teil 2
Theologie der biblischen Spiritualität

Jesus Christus als Zentrum der Spiritualität

»Durch den Vorhang der Wolken war er verborgen und durch die heilige Jungfrau wurde der Erlöser geboren. Der Herr wurde gefunden, die wahre Sonne der Gerechtigkeit ging auf. Wir glauben an den Vater als den Sender und glauben an den Sohn als den Gesandten und glauben an den heiligen Geist als den Lebendigmacher« (äthiopische Gregorius-Anaphora § 7 [Löfgren/Euringer]).

In zwei Punkten kann dieser Abschnitt unsere »Christus-Frömmigkeit« bereichern: Hier wird Menschwerdung trinitarisch gedacht, und der Reichtum der Bilder läßt aufatmen, weil er der Spiritualität einen Raum eröffnet und sie befreit vom platten Historismus der meisten Krippenbetrachtungen.

Was den ersten Punkt angeht, so ist eine Besinnung auf eine klare und unmißverständliche Fassung des trinitarischen Glaubens ganz notwendig. Denn das 3. Jahrtausend der christlichen Geschichte wird die Christen angesichts der unabweisbaren Auseinandersetzung mit Islam und Judentum zwingen, hier Farbe zu bekennen. Der zitierte Text tut dieses auf vorbildliche Weise (Sender – Gesandter – Lebendigmacher). Die Metaphern Senden und Gesandtsein sind auch heute verständlich und inhaltlich nicht überfrachtet. Im Unterschied zur Neigung mancher moderner Theologie liegt das Schwergewicht auf dem Leben, das der Heilige Geist gibt. Sein Wirken ist das Ziel der gesamten Offenbarung.

Was den zweiten Punkt betrifft, so ist es sicher angemessen, den oben zitierten Text neben einen verwandten zu stellen, die äthiopische Anaphora des Jakob von Sarug (§ 35 [Euringer]):

»Es tue sich auf das Tor des Lichtes, und es sollen sich öffnen die Pforten der Glorie, und es werde zurückgezogen der Vorhang, der vor dem Angesicht des Vaters ist, und es steige herab – siehe! – das Lamm Gottes und throne auf diesem Altar…, und es werde entsandt Melos, das furchterregende Feuerschwert, und erscheine über diesem Brot und Kelch und vollende diese Eucharistie.«

Beide Texte gehen aus von dem himmlischen Vorhang, der als Bild im Hebräerbrief (10,20) und vor allem in der byzantinischen und romanischen Malerei geläufig ist, aber auch in zahlreichen rabbinischen Äußerungen bezeugt ist. Der Vorhang grenzt den antiken Herrscher innerhalb des Palastes ab und macht ihn »unsichtbar«. Vorhang heißt: Gott ist unnahbar. Schön ist das im Targum zu Hiob 26,9 formuliert: Gott »hält fest um sich gezogen das Dunkel, das seinen Thron umgibt. Damit die Engel ihn nicht sehen, breitet er über ihn wie einen Vorhang die Wolke seiner Herrlichkeit.« Und für die Rabbinen steht die ganze Weltgeschichte auf der Innenseite des Vorhangs verzeichnet. – Wenn der Vorhang sich öffnet, geschieht das Wunder über alle Wunder: Die Sonne der Gerechtigkeit geht auf, das Lamm steigt herab. Diese beiden Bilder aus den beiden verwandten Liturgien bezeichnen je auf ihre Art das Geheimnis der Menschwerdung.

Das Bild von der Sonne der Gerechtigkeit greift ein internationales Symbol der apokalyptischen Sehnsucht der Völker auf. Denn der neue Herrscher wird sicher ein Sohn der Sonne sein (ägyptische Königsvorstellung), er wird wie die Sonne jedes neuen Tages vom Osten her aufgehen. Noch heute erinnert an diese Hoffnung die Ost-Ausrichtung jeder Kirche: Vom Osten her – bildlich gesprochen – erwarten wir gemeinsam die Sonne des Tages der Gerechtigkeit, der neuen Konvivenz von Gott und Mensch. Diese neue Sonne der Gerechtigkeit erwarten Perser und Ägypter, Juden und Christen. Für unsere Christus-Frömmigkeit bedeutet das: Gerade so wie in byzantinischen und romanischen Kirchen der Gottesdienst vor den Augen des Pantokrators geschieht, so feiern wir noch immer

Gottesdienst »im Angesicht« des wiederkommenden Christus. Die Architektur der Zisterzienser stimmt daher sehr genau zum Wortlaut ihres Stundengebets, in dem immer wieder von Christus als Licht und Sonne die Rede ist, in der das Licht jedes neuen Tages als Abglanz des Lichtes des Tages des Herrn begrüßt wird.

Das zweite Bild, das vom herabsteigenden Lamm, hebt hervor, daß Jesus auch als geoffenbarter noch immer verhüllt ist. Da sich der Text auf die Eucharistie bezieht, wird die doppelte Verhülltheit durch die Metapher des Lammes formuliert. Ähnlich wird es Thomas von Aquin, oder wer auch immer den Hymnus *Adoro te devote* gedichtet hat, sagen: Am Kreuz war nur die Gottheit Jesu verborgen, in der Eucharistie ist es auch die Menschheit. So ist der Altar nicht Thron Jesu, sondern vorsichtiger »Thron des Lammes«. Die Metaphorik stellt gleichzeitig Bezüge zum Alten Testament wie zur Offenbarung des Johannes her, denn der Thron des Lammes ist hier eines der gebräuchlichen Bilder. Daß der Thron nach der Offenbarung des Johannes im Himmel steht, nach der Liturgie auf jedem Altar, ist kein Widerspruch, sondern entspricht der Logik des Gottesdienstes, Stück des Himmels zu sein und die mitfeiernden Menschen in der Gemeinschaft der Engel zu sehen (Isangelie).

Gerade einem Neutestamentler ist die Rede von der Verhülltheit des Messias besonders sympathisch, und zwar bis hin zur eucharistischen Verhülltheit. Denn trotz allen Offenbarseins nach den Evangelien steht die endgültige Klarheit und Offenbarung immer noch aus. Sowohl Paulus als auch der 1. Petrusbrief reden unverhohlen von der künftigen Offenbarung Jesu Christi. Denn alles Bisherige war immer noch verhüllt, und die endgültige Klarheit und die überzeugende Evidenz sind erst zukünftig. Die Geheimnistheorie des Markus-Evangeliums (Messias-, Wunder-, Gleichnisgeheimnis) umfaßt nur den kleineren Bereich der grundsätzlichen christlichen Überzeugung von der bleibenden (relativ großen) Verborgenheit Gottes.

Der Engel mit dem Feuerschwert, der das Geheimnis der Eucharistie nach dem zitierten Text vollenden soll, steht für den Inbegriff der Heiligkeit und Heiligung. Daher hieß es auch in der römischen Epiklese: »Komm, Heiligmacher…« *(veni sanctificator).*

Für unsere christologische Spiritualität bedeutet das bisher Gesagte: Ich möchte vorschlagen, daß wir uns im 3. Jahrtausend in bestimmter Hinsicht wieder der Denkweise des 1. Jahrtausends zuwenden. Dabei ist mir wohl bewußt, daß jede Rückbesinnung Neu-Verwandlung bedeutet. Die Werte des 2. Jahrtausends (Individualität; Zergliederung und Analyse) sind nicht zu verachten, doch am 1. Jahrtausend fasziniert die verbindliche, öffentliche Kraft der Symbole, der an der Trinität orientierte Zugang und die nie vergessene Grundvoraussetzung, daß es sich erst einmal und vor allem um Gott handelt, mit dem wir es zu tun haben. Wir haben die Christologie, die die Menschlichkeit Jesu betonte, konsequent bis zum völligen Verlust der Dimension Gottes durchexerziert, bis hin zum Bruder Jesus der Hippie-Szene. Der andere Jesus, der, in dem Gott uns begegnet, wurde nicht verstanden, in scheußlichen Marmor- oder Betonmonumenten ad absurdum geführt oder verdrängt.

Christologische Spiritualität im 3. Jahrtausend

Wie aber sähe eine so orientierte Christusfrömmigkeit des 3. Jahrtausends aus? – Gerade wenn grundsätzlich Gott sich in Jesus offenbart, dann kann gelten:

Erstens: Mit den liturgischen Texten des 1. Jahrtausends sollte man die Dramatik der Zuwendung Gottes zum Menschen, die Aufnahme des Menschen in Gott, das »Erscheinen«, den »Tausch«, die »Verwandlung«, die »Teilhabe« oder wie auch immer man das genannt hat, zum Thema machen. Das heißt: Mit dem Thema »Gott« ist auch das Thema »Gott und Mensch« wiederzugewinnen.

Zweitens: Mit dem 1. Jahrtausend sollte man sich konsequent an den christologischen Metaphern und Symbolen orientieren, die das Neue Testament bereit hält (zum Beispiel Lamm, Löwe, Licht, Bräutigam, Mensch[ensohn], Morgenstern) und sie erweitern um allgemein-biblische Bilder (zum Beispiel Wurzel Jesse). Jede romanische Kirche liefert eine Fülle von Anschauungsmaterial. Marc Chagall hat das meiste davon modern ausgedrückt, ohne freilich von den Christen dabei letztlich verstanden zu werden. – Die Symbolvergessenheit der Christen haben Hugo Rahner wie H. U. von Balthasar immer wieder angemahnt.

Drittens: Der typologischen Auslegung sollte man eine neue Chance geben (vgl. dazu oben).

Viertens: Mit der Orientierung am wiederkommenden wie (mit gebotener Vorsicht) am alttestamentlich verheißenen Christus wird gewonnen, daß die Dimension von Geschichte und Zeit überhaupt in die Meditation zurückkehrt und nicht nur neutestamentliche Texte etwa aus dem Leben Jesu herausgeschnitten werden. So wird die Geschichte des Heils selbst zum Gegenstand der Betrachtung. Ausgerechnet die Dimension der Geschichte wird damit bei der Zuwendung zur Spiritualität des 1. Jahrtausends wieder entdeckt.

Fünftens: Unter den neutestamentlichen Texten bietet nur die Offenbarung des Johannes ausführliche Hinweise darauf, wie eine an der Endzeitbotschaft Jesu selbst orientierte christologische Spiritualität ausgesehen haben könnte. Ganz klar erkennbar ist, daß eine solche Frömmigkeit nicht reduktionistisch und privat ist, sondern liturgisch geprägt. Was der Seher Johannes liturgisch zu sagen hat, stellt er auf der Ebene des Himmels als himmlische Huldigung Gottes durch Engel, geheimnisvolle Wesen und Menschen dar. Ebenso klar ist auch, daß es sich hier um eine an Psalm und »Hymnus«, Akklamation und Doxologie orientierte Frömmigkeit handelt.

Sechstens: Damit gewinnt christologisch ausgerichtete Frömmigkeit auch eine *politische* Dimension. Denn weil Politik liturgisch ist, muß Liturgie auch politisch sein. Das heißt: So wie Herrscher in der Politik immer wieder zur Selbstinszenierung ihrer Macht neigen, hat Liturgie die Aufgabe, die wahre

Macht des alleinigen Herrschers aller Herren faßlich darzustellen.

Ähnliches gilt übrigens für die sogenannte Hierarchie. Ihrem Ursprung nach ist sie gottesdienstlich. Schon bei Ignatius von Antiochien bildet der Bischof den Vater ab, die Diakone Jesus Christus, die Presbyter das Kollegium der Apostel. – Die gottesdienstliche Hierarchie mit monarchischer Spitze bildet so die unsichtbare Hierarchie des Himmels ab. Damit wird aber – bis heute und in der gegenwärtigen gesellschaftlichen Situation besonders verschärft – eine kritische Alternative zu jeder »innerbetrieblichen« oder parteiinternen Hierarchie gesetzt. Denn von der Beziehung Vater – Sohn – Apostel her ist jede andere Hierarchie (bisweilen auch die kirchliche) zu kritisieren. Das wird um so plausibler, wenn man sich klar macht, daß die Pyramide der himmlischen Darstellung dazu dient, den Abstand Gottes gegenüber jeder Vermittlung und seine Ungreifbarkeit darzustellen. (Was übrigens für den Gottesdienst die Folge hätte, daß man die Einzahl in der Funktion des Leiters und nicht in gleichem Maße die Kollegialität hervorheben sollte.)

Wie sollen Menschen des 3. Jahrtausends
an Jesus glauben können?

Mit dem bisher Vorgetragenen hat, so könnte man meinen, die Situation des heutigen Menschen nicht viel zu tun. Unser gemeinsames Problem ist, so wird immer wieder gesagt, daß wir gemeinsam nicht glauben können, daß wir nirgends im Gebäude des Glaubens eine offene Tür zu finden meinen. Der Weg ist zumeist, daß man mühsam Verständnisbrücken baut, sich hermeneutisch absichert und dann versucht, wenigstens einige Positionen zu gewinnen – ein verlustreiches und zeitaufwendiges Unternehmen. Wir haben hier – nicht ohne Mut – einen anderen Weg versucht: Ich habe einen Entwurf vorgelegt, der uralt ist, aber das Ganze neu sehen lehrt. Vielleicht hilft ja die Konsequenz mehr als das Brückenbauen, der Hinweis auf unzählige ungehobene Schätze macht vielleicht auch den sonst Gelangweilten neugierig. Und vielleicht hilft ein tapferes Selbstbewußtsein mehr als die Summe aller Rückzieher vor dem Zeitgeist.

Die eucharistische Frömmigkeit betrifft den Aspekt der Leiblichkeit des Heils (leibliche Präsenz Jesu) genauso wie den Bundescharakter (Gott wohnt in seinem Volk). Sie verbindet beides in der Dimension strikter Verborgenheit und ist damit kennzeichnend für die Zwischenzeit bis zur endgültigen und sichtbaren Offenbarung des Heils.

Für mich bringt eucharistische Frömmigkeit geradezu unüberbietbar den Trostcharakter des Evangeliums zur Geltung. Gott ist unter uns und bei uns, anfangshaft, fast nur zeichenhaft, aber doch wirklich. Und recht verstandene Marienverehrung, wie M. Luther sie zeitlebens gepflegt hat, kommt aus der Freude über die Menschwerdung. Nur wer diese Aussagen im Sinne des neuzeitlichen westlichen Individualismus isoliert, kann sie nicht richtig verstehen. Ich denke an Formulierungen in den Akathistos-Hymnen wie diese: »Freu dich, du Land der Verheißung, freu dich, du Dienerin beim heiligen Festmahl, freu dich, du Schimmer des Tages, da sich das Geheimnis offenbart, freu dich, da du des Königs Thron bist…«

Das Gute erkennt man an seiner Ausstrahlung

Einer der häufig wiederkehrenden Sätze der Scholastik heißt: »Das Gute erkennt man an seiner Ausstrahlung« *(bonum est diffusivum sui)*. Allein bei Thomas von Aquin finde ich elf Belege. Entscheidend ist nicht, ob der Satz von dem Neuplatoniker Plotin kommt (Thomas führt den Satz auf Pseudo-Dionysius Areopagita zurück) oder nicht. Interessant ist vielmehr seine Funktion für das, was man christliche Spiritualität nennt.

Denn wenn man diesen Satz beim Wort nimmt, steht er quer zur üblichen Kirchenphilosophie. Nach dieser ist das Gute ein

Ziel, etwas, das man erstrebt, auf das man »Appetit« hat, zu dem man sich durch immer höhere Vervollkommnung hinbewegen muß, dessen man dann würdig werden kann. Das Gute als fernes, ideales Ziel also.

Nach diesem Satz dagegen ist es ganz anders: Das Gute ist nicht fern, sondern präsent. Es muß nicht erstrebt werden, sondern teilt sich mit, strahlt aus, gewährt Anteilhabe. Es weckt nicht erst den Appetit, sondern ist schon immer bei den anderen. Es ist dazu da, daß die anderen etwas davon haben. Es verschenkt sich an andere, so wie die Sonne es tut. Sofern es für andere da ist, ist es gut. Alles Gute in der Welt kommt daher, daß es so etwas gibt, denn so kommen Sein und Leben zustande. Daher bezieht Thomas den Satz auch oft auf den Schöpfer.

Das Bild des Ausstrahlens ist orientiert an Licht, Wärme und Feuer. Auf die Spiritualität angewandt, müßte es um eine Spiritualität des Sich-Verschenkens gehen.

Umgekehrt müßte – wenn der Satz konsequente Umkehrung zuließe – das Böse vorgestellt werden als das, was verzehrt, verschlingt, sich nicht verschenkt, sondern konsumiert. Es ist nicht mitteilsam, sondern absorbiert, macht nicht reich, sondern arm.

Der Satz konnte, wo auch immer sein Ursprung liegt, leicht zum Transporteur christlicher Aussagen werden, und zwar von der Schöpfung bis zur Gnade. Gott ist nicht der, der erstrebt und erreicht wird wie ein letztes Ziel, sondern Gott verschenkt sich wie eine lebendige Quelle (neben dem Bild von den Sonnenstrahlen ist das Bild der Quelle das zweite wichtige Mittel, den Satz zu veranschaulichen).

Beide Bilder kommen zusammen, wenn der Heilige Geist in den Herzen direkt nacheinander *fons vivus* und *ignis* sowie *caritas* (lebendige Quelle, Feuer, Liebe) genannt wird.

Zur Illustration des Gesagten ein Bild aus Bernhards Predigten zum Hohenlied 13,3: »Viel von Gottes Herrlichkeit geht nicht von dir aus, sondern strömt durch dich hindurch *(transeunte per te),* nichts haftet an dir, als wäre es dein Werk.«

Wir belassen es an dieser Stelle bei diesen Anregungen. Wenn der Satz über die Ausstrahlung des Guten ein Schöpfungsprinzip ist, dann ist gegen seine universale Gültigkeit ohnehin wenig einzuwenden.

Gott macht den Menschen gerecht

Spiritualität als Brücke

Spiritualität ist, so wie wir sie hier darstellen, etwas zwischen »Glauben« und »Werken«, eher eine affektive Vermittlung, die entscheidende Brücke. Im Neuen Testament heißt diese Brücke regelmäßig *immer:* Sagt *immer* Dank, ruft *Tag und Nacht* zu Gott, freut euch *allezeit*, betet *ohne Unterlaß* (zum Beispiel 1. Thessalonicher 5,16). Mit diesem Hinweis auf Dauer wird etwas geschaffen, womit es das frühe Christentum sonst schwer hat: Kontinuität und Identität. Denn dadurch werden Christen geprägt. Das benötigen sie, damit die Bekehrung nicht ein Strohfeuer war.

Spiritualität wird damit nochmals erkennbar als vormoralische Gestalt des Glaubens, die bis in unser Alltagsleben reicht. Sie kommt zustande durch die ausstrahlende Gegenwart des Heiligen Namens Gottes in unserer Mitte. Das trägt uns im Alltagsleben, ohne daß wir es machen müssen.

Wider falsche Alternativen

In der kirchlichen – evangelischen – Praxis ist eine degenerierte Rechtfertigungs*lehre* oft eher ein Hindernis für eine Praxis biblisch orientierter Spiritualität. Unheilvoll wirkt sich dabei die den biblischen Texten nicht angemessene volkstümliche Zweiteilung zwischen Aktivität und Passivität des Christen in der Frage des »Heils« aus. Denn zwischen Aktivität (meine Werke, mein Anteil) und Passivität (Gottes Tun) unterscheide ich in einer Gemeinschaft immer nur dann, wenn ich sie von außen her betrachte oder wenn sie in Streit und Krise geraten ist. Die Anteile werden analysiert, wenn man nur noch zurückblickt, nicht wenn man vorausblickt. Dagegen wird in diesem Buch das Modell einer Gemeinschaft zwischen Gott und Mensch sehr betont, die von Liebe und Freude bestimmt ist. Natürlich ist es in dieser Beziehung klar, wer zuerst liebt.

»Niemand darf zweifeln, ob er geliebt werde, wenn er liebt. Gottes Liebe kommt unserer Liebe zuvor und ist wieder Antwort auf unsere Gottesliebe. Wie sollte Gott die nicht wieder lieben, die er liebte, ehe sie ihn liebten. Er hat uns geliebt, ja er hat uns zuerst geliebt. Unterpfand dieser Liebe ist der Heilige Geist, und der treue Zeuge dieser Liebe ist Jesus, und zwar der Gekreuzigte. O doppelter und stärkster Beweis der Liebe Gottes zu uns! Christus stirbt und verdient es uns, daß wir geliebt werden; der Heilige Geist kommt und bewirkt, daß wir geliebt werden. Jener kündet uns seine reiche Liebe, dieser schenkt sie. Jener ist Gegenstand unserer Liebe, dieser die Kraft. Jener ist also Anlaß, dieser Antrieb der Liebe. Welche Torheit, Christus Jesus am Kreuz sterben sehen und nicht danken! Freilich kann dies geschehen, wenn der Heilige Geist nicht in uns ist. Nun aber ist die Liebe Gottes ausgegossen in unsere Herzen durch den Heiligen Geist, der uns geschenkt wurde. Weil wir geliebt wurden, können wir lieben, und weil wir lieben, werden wir noch mehr geliebt« (Bernhard von Clairvaux, Brief an Propst Thomas = 107 § 8).

Um es unmißverständlich zu sagen: Liebe und Freude zu betonen bedeutet keine wie auch immer geartete Vergottung oder Glorifizierung des Menschen. Aber es bedeutet, daß die »leeren Hände«, mit denen wir vor Gott zu stehen pflegen, nicht zur Ideologie erhoben werden und dann zu allgemeiner und verbreiteter Mutlosigkeit führen. Man muß nicht pausenlos wiederholen, daß wir nichts zu leisten vermögen, sondern es gibt auch andere wahre Bilder, das Verhältnis zwischen Gott und Mensch zu beschreiben.

Diese Haltung ist allzu oft geprägt von der alles durchdringenden Angst, dem Menschen »Leistung« zuzuschreiben. Denn sowie auch nur ein Hauch von Leistung auftaucht, hat man das Gefühl, evangelische Identität zu verraten. Das Motiv der leeren Hände gerinnt dann zur Ideologie, wenn man nicht mitspielen mag aus Angst davor, sich im Spiel zu vergessen. Dazu kommt eine sorgfältig verteidigte verbale Korrektheit, wonach jedes falsche Wort den Glauben an Gottes Alleinursächlichkeit stören könnte. Denn das wäre das Hauptvergehen.

Ernst und Wahrhaftigkeit sind dieser Spiritualität ganz gewiß zu eigen. Aber die Perhorreszierung der Leistung und des menschlichen Stolzes, des gesunden Selbstbewußtseins und die Pflege eines vermeintlich allein christlichen radikalen Altruismus machen hier aus dem Christentum tendenziell eine freudlose, kalte Angelegenheit. Alte Ängste sind nur durch neue ersetzt.

Diese vielleicht nicht gerade glückliche »Spiritualität« bedarf wohl der Hilfe durch das Modell der Liebe und Freude. Denn wohl deshalb sprechen die Mystiker des 12. Jahrhunderts so viel von Liebe, Freundschaft, Umarmen und Küssen, von ansteckender Freude und von der Zärtlichkeit des Herzens, weil der Ernst des strengen Lebens immer in Gefahr steht, die frohe Botschaft des Evangeliums zu verfehlen.

Rechtfertigung sehe ich als den Akt an, in dem Gott den Menschen akzeptiert, ihn annimmt. Wenn der Christ also als »gerecht« angenommen ist, dann bedeutet diese neue Beziehung, daß er mit Gott zusammen leben darf (Konvivenz). Dank der Auferstehung hat der Tod über diese Lebensbeziehung keine Macht. Gerechtigkeit ist hier nicht das Ziel, sondern der Anfang.

So wird die Unterscheidung zwischen aktiv und passiv häufig mißbräuchlich (!) zum Vorwand für eine gewisse Bequemlichkeit.

Wider die Angst vor der Sichtbarkeit

Die Mahnung von Matthäus 6,6–8 ist bei Berger/Nord kommentiert übersetzt worden, um das Mißverständnis zu vermeiden, man dürfe nicht länger oder mit Wiederholungen beten: *Wenn du betest, dann geh in dein eigenes Zimmer, schließ die Tür ab und bete zu deinem Vater dort, wo es niemand sieht. Dein Vater, der das sieht, was niemand sonst sieht, wird es dir vergelten. (7) Wenn ihr betet, dann redet nicht viele leere, dumme Worte wie die Heiden zu ihren leeren, dummen Götzen. Denn sie meinen, daß sie nur durch viele Worte an viele Götzen erhört werden. (8) Das müßt ihr ihnen nicht nachmachen! Denn euer Vater ist Gott, und er weiß, was ihr braucht, bevor ihr nur bittet.*

Diese Übersetzung soll deutlich machen, daß es sich um den Kontrast zwischen den Heiden und ihren vielen Göttern und dem Gott Jesu handelt, um den Kontrast zwischen leeren Worten (Geplapper) und vertrauensvollen Worten an Jesu Vater im Himmel. – Die übliche Auslegung dagegen richtet sich gegen jenen Teil der Christenheit, der überhaupt längere Gebete kennt (die dann als »Gebetsleistung« angesehen werden und »auf Gott einen Zwang ausüben«).

Unser Problem ist doch nicht die Veräußerlichung des Gebets, sondern daß Christen überhaupt nicht (mehr) beten. Es ist eine völlige Verkennung der Lage, wenn man Matthäus 6,7 zur evangelischen Selbstbestätigung gegenüber Juden, Katholiken und Heiden macht, und zwar nach dem Motto: »Uns kann das ja nicht passieren!« Daß es nicht passieren kann, ist schlimm genug.

Denn Gebet gilt (wie Fasten und Almosen) als gefährlich. Und man verhält sich bei diesen Aktionen, wenn man sich denn schon auf sie einläßt, wie wenn man Großmutters Rat folgte und zur Tanzstunde einen Sturzhelm aufsetzte.

Eine häufige evangelische Erklärung gegenüber allen Frömmigkeitsformen (auch über Matthäus 6 hinaus) ist: Alles Sichtbare und Affektbezogene (Rhetorik) ist ambivalent und gefährlich, deshalb lassen wir es lieber. Als ob nur die Innerlichkeit rein und ohne die Gefahr der Selbstgefälligkeit wäre. Aber weil das gilt oder man das gerne gelten lassen möchte (»Nur das Unsichtbare gefällt Gott!«), erübrigt sich dann auch der

Gang zur Kirche und auch das Spenden von Geld. Noch einmal: Es geht hier um Mißbräuche und Mißverständnisse, nicht um die Substanz.

Es sind nicht nur Ängste vor Leiblichkeit und Sichtbarkeit (s. oben zu »Gestalt«), es sind auch evangelische Identitätsängste, die zu einem gespaltenen Verhältnis gegenüber dem Gebet führen. Hinzu kommt die Popularität der Aufforderung D. Bonhoeffers zu einer nicht-religiösen Interpretation des Christentums. Hoffentlich erkennt man die pauschale Verdächtigung von Religion bald als Irrweg.

Die ganze Theorie der unsichtbaren Frömmigkeit taugt im Medienzeitalter nur als Korrektiv, aber nicht als maßgebliche und umfassende Aussage über die Sache. Auch im Matthäus-Evangelium stehen vor Matthäus 6 die Verse 5,14–15 über die Werke der Christen als das Licht der Welt. Jesus verbietet den *leeren* Stolz und das *lieblose* Opfer, und er geht damit kritisch ein auf das Verhältnis zwischen Innerlichkeit und Sichtbarkeit, das sich für jede Frömmigkeit stellt. Mir ist es wichtig, an dieser Stelle die Dreidimensionalität der christlichen Frömmigkeit zurückzugewinnen. Christentum sollte an jeder erdenklichen Stelle des öffentlichen Lebens sichtbar gemacht werden, und wenn das aus Freude geschieht, muß man sich nicht von Selbstkritik zerfressen lassen.

Komplementäre Formen der Frömmigkeit

Es gibt möglicherweise zwei Grundausprägungen christlicher Frömmigkeit. Deren eine ist, um ein Schlagwort zu nennen, am Karfreitag orientiert und stellt in den Mittelpunkt Sünde, Schuld, stellvertretendes Gericht über Jesus und Freispruch, Erbarmen. Deren andere ist an Ostern orientiert und stellt in den Mittelpunkt Freude, Seligkeit, Verwandlung und das Lachen über Tod und Teufel. Beide Formen sind schon sehr alt und nicht eindeutig auf bestimmte Konfessionen zu beziehen. Sie sind weder gegeneinander auszuspielen noch zum Anlaß der Bewertung zu machen. Auch in dem hier vorgelegten Buch sollen beide je zu ihrem Recht kommen. Ein gewisses Über-gewicht der österlich orientierten Spiritualität hat Korrektiv-funktion.

Spiritualität und Heiliger Geist

Hat Spiritualität es nicht in besonderer Weise mit dem *spiritus*, dem Heiligen Geist zu tun? In der modernen *Event*-Szene macht man gerne auf die besonderen Charismen aufmerksam, die man mit 1. Korinther 12 als Gaben des Heiligen Geistes versteht (Zungenreden, Heilungsgaben, Prophezeien). Von diesen wird hier nicht weiter die Rede sein, weil es sich schon nach biblischem Verständnis eher um außergewöhnliche Phä-nomene handelt. In diesem Buch dagegen geht es eher um den allgemeinen Zugang.

Grenzüberschreitung

Das Wirken des Heiligen Geistes ist immer Grenzüberschrei-tung. Der Geist Gottes überschreitet die Grenze von Gott und Mensch oder am Ende sogar von Gott und Welt und macht Men-schen zu Kindern Gottes und befreit die Welt vom Tod. Und wenn der Geist Gottes bei Menschen wirkt, dann läßt er die tren-nenden Unterschiede verschwinden, etwa die von Juden und Heiden und von Mann und Frau. Was bedeutet diese bekannte Phänomenologie des Geistes für die Frage der Spiritualität?
Wenn Gottes Geist wirkt, dann geht Gott aus sich heraus. Er bleibt nicht hinter der Welt verborgen, sondern geht sehr radi-kal ein in die Kontingenz. Der Selbstentäußerung Gottes im Sohn steht die im Heiligen Geist parallel. Und ebenso (oder besser: daraufhin) geht der vom Heiligen Geist erfüllte Mensch aus sich heraus, vergißt seine Grenzen und jubelt oder liebt. Jedenfalls ist das Wirken des Geistes so eine neue Gemein-schaft zwischen Gott und Mensch, die beide liebend aus sich herausgetreten sind.

Die häufige Klage, der Heilige Geist sei so wenig greifbar, weist in Wahrheit nur auf Gott in seiner ganzen Unbegreiflichkeit. Oder anders: Die Schwierigkeiten mit dem Heiligen Geist zeigen, daß wir es uns auch mit der Rede von Gott zu leicht machen. Es kann sein, daß die Menschwerdung des Sohnes uns dazu verführt, daß wir uns auch den Vater zurechtlegen.

Zur Illustration vgl. die praktizierte *theologia negativa* in der Praefation Corpus Praef. Nr. 923: »Du bist vor aller Zeit und bleibst für immer. Deine Ewigkeit ist ohne Anfang, deine Göttlichkeit ohne Grenze, dein Leben ohne Alter, deine Weisheit ohne Maß, deine Liebe ohne Ende, deine Vergebung fordert keine Gegengabe.«

Der dreieinige Gott als religiöses Thema

Trinität, das ist der Vater, das Wort und die Antwort. Im Ganzen geht es um ein Zusammenspiel, Gott ist ein Geschehen. Betont sind Anfang und Ende. Der Vater ist der Anfang und Ursprung, der Sohn die Äußerung, in der der Ursprung aus sich heraustritt nach außen. Der Heilige Geist ist als Antwort auf das Wort bezogen. Er ist Gott gerade als Antwort der Kreatur. Diese lobt durch ihr Bestehen, antwortet durch ihr Lied oder Gebet und handelt nach Gottes Willen in der Kraft des Heiligen Geistes. Alles, was auf diese Weise Antwort ist, bewirkt Gott als Heiliger Geist »vor Ort« in der Kreatur, untrennbar mit ihrem Ja verwoben.

Das bedeutet für unsere Christus-Frömmigkeit: Wir sind mit Jesus einbezogen in ein geheimnisvolles Geschehen, in dem Gott und Mensch immer intensiver miteinander verflochten werden. Daher nennen schon die alten Liturgien Maria den Webstuhl Gottes, denn in ihr wird zu einem Gewebe verwoben, was dann auch in jedem Gotteskind geschieht: Gott läßt sich so weit mit uns ein, daß er selbst die je individuell geformte Antwort, gewissermaßen das Echo, in uns hervorruft. Das Staunen über dieses Geschehen halte ich für einen Weg zu einer Spiritualität.

Wilhelm von St. Thierry (Der Spiegel des Glaubens § 46):
»Beeile dich, Anteil am Heiligen Geist zu gewinnen.
Wird er angerufen, so ist er da,
ja, er würde nicht angerufen, wäre er nicht schon da.
Und wenn er als Angerufener kommt, dann kommt er mit der
Fülle der Segnungen Gottes.
Er ist ein reißender Strom, der die Stadt Gottes erquickt.
Findet er dich bei seiner Ankunft in Demut und Frieden und
ehrfürchtig vor den Worten des Herrn,
dann wird er auf dir ruhen bleiben und dir offenbaren, was
Gott den Weisen und Klugen dieser Welt vorenthält,
und dir beginnt einzuleuchten, was die Weisheit auf Erden den
Jüngern sagen mochte, was diese aber nicht zu ertragen ver-
mochten, bevor der Heilige Geist kam, der sie alle Wahrheit
lehren sollte…
In den Finsternissen und im Unwissen dieses Lebens ist er
allein
für die Armen im Geist das erleuchtende Licht,
er ist die ziehende und lockende Liebe,
er ist die sanfte Berührung.
Er ist der Zugang des Menschen zu Gott,
er ist die Liebe dessen, der liebt,
er ist die Andacht,
er ist die Hingabe.
Er offenbart den Glaubenden ›aus Glaube zu Glauben‹ die
Gerechtigkeit Gottes,
da er ›Gnade für Gnade‹ verleiht
und für den Glauben des bloßen Hörens den innerlich erleuchteten Glauben.«

Die offenbarende und erleuchtende Rolle des Heiligen Geistes rahmt diese Aussagen Wilhelms. Die Mitte des Textes
dagegen bilden Aussagen, die litaneiartig gereiht sind, vor-
wiegend nominal im Stil. Sie beschreiben das Wirken von

Gottes Geist als unerhörte Zärtlichkeit und Sanftheit. Das, was der Heilige Geist nach dem Neuen Testament als liebevolle Zuwendung im Sinne einer Ethik der Sanftheit den anderen Menschen zuteil werden läßt – als Früchte des Geistes –, das schenkt er hier dem einzelnen Christen. Die Geborgenheit, die der Mensch weder in der Volkskirche noch in der unruhigen aufgeregten Öffentlichkeit findet, wird dem Beter um den Heiligen Geist reichlich zuteil.

»Deine Macht möge uns das Licht deines Geistes schenken, dessen Weisheit uns erschafft, dessen Treue uns neu macht, dessen Vorsehung uns regiert« (Corpus Praef. Nr. 410).

»Der Geist, der Beistand, möge zu uns kommen. Er möge in uns wohnen und uns so zum Tempel seiner Hoheit machen. Gemeinsam mit deinem eingeborenen Sohn suche du, Gott, diesen Tempel immer gütig auf und schenke uns Licht durch den himmlischen Glanz, mit dem du in uns wohnst« (Corpus Praef. Nr. 312). Die maronitische Totenliturgie tröstet mit einem schönen Bild über den Heiligen Geist: »Wie der Adler um seinen Horst schwebt und seine Fittiche über seine Jungen ausbreitet, so wird der heilige Geist über deinem Leib schweben, du hast ihn in der Taufe angezogen und mit Pracht ihm gedient.«

Ein verkannter Text frühchristlicher Mystik

Die frühchristliche Schrift »Oden Salomos« (deutsch jetzt bei Berger/Nord, 935–971) trägt den falschen Titel; sie müßte heißen: Hymnen und Gebete Jesu und der Gemeinde. Mit Salomo hat diese Schrift rein gar nichts zu tun. Sie ist von Christen um 140 n. Chr. verfaßt worden. – Überdies wird diese Schrift theologisch falsch eingeordnet. Ältere Handbücher bezeichnen sie als gnostisch, wohl deshalb, weil öfter von Weisheit, Erkenntnis und Licht darin die Rede ist. Dabei enthält die Schrift nichts spezifisch Gnostisches. Sie ist vielmehr ein ungehobener Schatz frühchristlicher Spiritualität. Die 41 erhaltenen längeren Texte stehen theologisch auf höchstem

Niveau, sind Paulus, dem Johannes-Evangelium und dem 1. Johannesbrief vergleichbar in Sprache und theologischer Dichte und bilden inhaltlich das wichtigste Verbindungsglied zwischen Urchristentum und frühkirchlicher Hymnodik, die für das 2. Jahrhundert nur in wenigen Exemplaren überlebt hat. In diesen Hymnen, die entweder Christus selbst oder die Gemeinde der Erlösten spricht, kommen alle wichtigen Themen des später »Mystik« genannten Phänomens bereits vor (Weg, Licht, Liebe, Freude, Führen). Das gilt hier auch bereits für die bräutliche Liebe als Bild für das Verhältnis des Christen zu Gott (zum Beispiel 3,5).

Beispiel: Ode 10

»(1) Durch sein Wort hat der Herr meinem Mund den Weg gewiesen.
Durch sein Licht hat er mein Herz geöffnet.
(2) Er läßt sein unvergängliches Leben in mir wohnen.
Er läßt mich sagen, welche Frucht sein Heil tragen wird,
(3) um die zur Umkehr zu bewegen, die sehnsüchtig zu ihm kommen wollen,
und viele Gefangene für die Sache der Freiheit zu machen.
(4) Ich faßte Mut, wurde stark und nahm die Welt gefangen.
Die Gefangenen wurden mein zur Ehre des Höchsten, Gottes, meines Vaters.
(5) Es sammelten sich die Völker, die zerstreut waren,
eigene Sünden befleckten mich nicht.
Weil sich die Heiden zu meiner Erhöhung bekannten,
(6) wurde eine Spur des Lichts in ihre Herzen gelegt.
Sie wurden für immer mein Volk.
Halleluja.«

Beispiel: Ode 3

»(1) Wie ein Kleid ziehe ich an (die Liebe des Herrn).
(2) Gott ist wie ein Leib mit all seinen Gliedern.

Wie ein Glied durch den Leib lebe ich durch ihn.
Und er liebt mich.
(3) Denn wie sollte ich den Herrn lieben,
hätte er mich nicht beständig geliebt?
(4) Wer kann Liebe verstehen
außer dem, der selbst geliebt wird?
(5) Ich brenne für den Geliebten, liebe ihn,
und wo sein Ruheplatz ist, da bin auch ich.
(6) Ich bin dort nicht fremd,
denn neidlos[6] gibt Gott den Menschen in Fülle.
Er ist der Höchste und der Barmherzige.
(7) Ich wurde mit ihm vereint,
denn der Liebende fand den Geliebten.
Weil ich ihn liebe, den Sohn, werde ich selbst zum Sohn.
(8) Denn wer sich an den hängt, der nicht stirbt,
wird sicher selbst dem Tod entrinnen.
(9) Und wer begeistert das Leben ersehnt,
der wird leben.
(10) So wirkt der Geist des Herrn, der nicht Trug ist,
und lehrt die Menschenkinder seine Wege:
(11) ›Seid weise, verständig und wachsam.‹
Halleluja.«

Monastische und nicht (nur) akademische Theologie

Die jüngst vergangenen Jahrzehnte haben zu der Einsicht geführt, daß es im Mittelalter neben der scholastischen Tradition des Denkens auch eine monastische Art von Theologie
gegeben hat, die eigenen Regeln folgte. Zwar findet sich bisweilen bei ein und demselben Autor beides neben- oder nach-

---

6. Wörtlich: »Es gibt keinen Neid bei Gott.« Es geht hier womöglich
um den Topos der griechischen Götterlehre, daß die Götter in der
Regel reichlich geben, ohne dann die Menschen beneiden zu müssen.

einander, doch im Stil und im Resultat sind beide Wege erkennbar verschieden.

Die scholastische Methode orientiert sich mit ihren strengen Formen an der juristisch geprägten Rhetorik. Die Argumente für und gegen eine These haben immer den Charakter einer Rechtssache. Inhaltlich bedeutete nicht zuletzt Aristoteles eine große, epochemachende Bereicherung, besonders was den nüchternen Blick auf die Welt betraf.

Auf dem Weg über die protestantische Orthodoxie, die sich zeitweise gleichfalls an Aristoteles orientierte (Helmstedt), bestimmt diese Weise des Argumentierens (inklusive Zusammenfassungen) bis heute die Wege und Arbeitsweise akademischer Theologie. Ein Blick in die Fußnoten jeder Dissertation zeigt: Autorität und Vernunft sind ein klassisches Gespann geworden.

Ganz anders die monastische Theologie. Ihre schriftlichen Zeugnisse sind nicht klar unterteilt und gegliedert. Aristoteles und seine profane Weltsicht spielen ebenso wenig eine Rolle wie andere antike Philosophen. Dagegen ist die Sprache durch und durch von der Bibel getränkt, oft sind Zitate miteinander und mit den Worten des Auslegers verschlungen (zumeist aus solchen Passagen, die man auch noch heute aufgrund ihrer Verwendung im Stundengebet auswendig kann). Die blumenreiche biblisch getränkte Sprache ist offen für Äußerungen des Herzens und auch für Hymnen und Gebete. Die wohl typischsten Beispiele für monastische Theologie sind die *Meditativae orationes* (»Kontemplative Reden«) des Wilhelm von St. Thierry und die Schrift »Über die Schau Gottes« *(De visione Dei)* des Nicolaus Cusanus.

J. Leclercq (Wissenschaft und Gottverlangen, 1963) sah als typisch für die Scholastik an die *quaestio* (das »Problem«) und die *disputatio* (die wissenschaftliche Erörterung mit *pro* und *contra*), für die monastische Theologie dagegen die Abfolge von *lectio* (Lektüre eines Textes), *meditatio* (Bedenken, verbunden mit dem »Wiederkäuen« biblischer Texte), *oratio* (erbauliche Rede, Gebet, Hymne) und *contemplatio* (persönliches Sich-Einlassen). Die Interpretation der Schrift durch die Schrift ist dabei als ein monastischer Grundsatz zu verstehen. Die monastische Theologie lebt von *stupor* (Überraschung) und *admiratio* (Staunen).

Über die affektive und religiöse Bedingtheit dieser Art Theologie schreibt Bernhard von Clairvaux: »Die Liebe Gottes zu uns ist Quelle aller Erkenntnis, die wir von Gott gewinnen können, und von uns aus ist religiöse Erkenntnis Gottes ohne Liebe nicht möglich. Niemals kann jemand den Vater ganz erkennen, wenn er ihn nicht vollkommen liebt« (Predigten zum Hohenlied 8,9).

Vgl. dazu an derselben Stelle: »Glückselig jener Kuß, durch den wir nicht nur Gott erkennen, sondern den Vater lieben, den wir nicht ganz erkennen, wenn wir ihn nicht vollkommen lieben.«

Die Gliederung dieses Buches folgt weitgehend den Säulen dieser Theologie. Diese sind, wenn ich recht sehe, bisher noch nicht erfaßt worden. Es handelt sich um folgende Grundelemente:

– die (inneren) Affekte, Sehnsucht, Liebe, Freude, Sanftheit, Lindigkeit (»Süße«)
– die Gestalt, gestaltet werden, gleichgestaltet werden, verwandelt werden
– Braut, Bräutigam, umarmen, küssen, Kuß, vereinigt werden
– erfassen durch Gleiches, erkennen seiner selbst und Gottes
– Licht, erhellen, Finsternis.

Es handelt sich, das wird auf den ersten Blick deutlich, nicht um ein System.

Lange schien die Frage geklärt, welcher Art von Denken die Zukunft in der Kirche gehöre. Die Scholastik wurde zur akademischen Theologie. Sie ist mitteilbar und rational, sie war im Prinzip geöffnet für die Aufklärung und mußte nicht erst von Grund auf säkularisiert werden.

Doch mittlerweile ist das nicht mehr so klar. Bei aller Hochschätzung der Aufklärung erkennt man jetzt stärker ihre Grenzen und fordert sie zur Selbstkritik auf. Davon bleibt auch der Gebrauch der Vernunft in der Theologie nicht verschont.

Die monastische Theologie möchte für die Theologie zwei Ansätze fruchtbar machen: die mystische Erfahrung Pascals vom Gott Abrahams, Isaaks und Jakobs – und nicht der Philosophen. Und die für alle Hermeneutik wichtige Forderung von J. B. Metz, Theologie müsse sich dem Realitätsschock aussetzen, woraufhin der Theologe aufgrund des beobachteten Leidens in der Welt theologisch kaum noch abstrakt und geschichtsfern reden könne.

Die in der monastischen Theologie (besonders bei Bernhard von Clairvaux) grundlegende Wechselbeziehung von Selbsterkenntnis und Gotteserkenntnis hat vieles für sich. Die Bedeutung der »Erfahrung« *(experientia)* kommt sogar einem naturwissenschaftlich geprägten Verständnis der Welt grundsätzlich entgegen, und »Autorität« und »Vernunft« haben demgegenüber ihre Zugkraft verloren. Mit dem Stichwort »Erfahrung« hat nicht nur E. Drewermann viele Anhänger finden können. Ihre Bedeutung schlägt sich zum Beispiel in den Beiträgen zum Sammelband »Religiöse Erfahrung« (München 1992) von W. Haug und D. Mieth nieder und ist auch für meine eigenen Bücher mit religiösen Themen wichtig geworden. So kann man wohl mit U. Köpf sagen, die monastische Theologie sei »dauerhaft in die Zukunft weisend – als die in ihrem Ansatz in Wahrheit moderne Theologie« (Religiöse Erfahrung in der Theologie Bernhards von Clairvaux, 1980, 134). Mit Recht hebt Köpf hervor, auch die Bibel werde zusehends als Niederschlag vergangener Erfahrungen gewertet – und eben nicht hauptsächlich als Katechismus.

Dies ist nun mit Nachdruck zu bekräftigen. Kaum jemand (und schon gar nicht ich) will die historische Methode der Bibelkritik, die sich der Aufklärung verdankt, beseitigen. Im Gegenteil, die diese Methode handhaben, sollen zu kritischen Rückfragen, zum Beispiel hinsichtlich der Abhängigkeit der

Hypothesenbildung von der jeweiligen (deutschen) Philosophie, herzlich ermuntert werden. – Doch andererseits gilt auch: Am Zustand der Kirche(n) ist die Exegese mit ihrer Art des Zugriffs auf das Herz des Christentums keineswegs unschuldig. Das gilt insbesondere deshalb, weil es auf die Attacken gegen Jesus und die Anfänge des Christentums in den großen Medien dieses Landes jeweils kaum glaubwürdige Gegenantworten oder Alternativen zu geben pflegt. Wer so etwas versucht, wird mit dem Argument abgewiesen, die Leser »interessierten sich nicht für Religion«. Es gibt Zugänge zur Bibel, die auch deren Reichtum neu erschließen können, ohne deswegen langweilig oder fundamentalistisch zu sein. Daß dazu vor allem die Fähigkeit gehört, sich überraschen zu lassen, die Fähigkeit zu staunen und zu lieben, läßt schon drei wichtige Themen der monastischen Theologie wieder sehr aktuell werden.

Dazu gehört auch die Bedeutung der Gefühle und der Idyllik bei der Umsetzung der Botschaft (vgl. zur Idyllik der Weihnachtsgeschichte: K. Berger, Hermeneutik des Neuen Testaments, 3. Aufl. 1999, 183–190), der Rekonstruktion der Erfahrungen und auch des religiösen Alltagslebens. Wie stark war die Rolle der Magie dabei wirklich? Über Bernhard von Clairvaux hat man gesagt: »Wie genau kannte dieser Mönch in seiner Zelle das menschliche Herz! Jeder Romancier könnte bei ihm in die Schule gehen!« Denn religiöse Erfahrung ist für ihn ein »affektiver, nichtrationaler Vorgang, dessen Organ die inneren Sinne« sind. Wie hieß das scholastische Wortspiel? *Experto crede Roberto!*

Als ein Beispiel für das Verhältnis von monastischer zu scholastischer Theologie sehe ich den oben (S. 117) durchgeführten Versuch an, die Lehre vom Fegefeuer heute zu lehren. Dabei verändert das Medium selbstverständlich auch die Sprache, so daß die Schärfe der Begriffe fehlt.

Verbreitete Mißverständnisse

Anfangs war geplant, diesem Buch den Titel »Was ist christliche Mystik?« zu geben. Doch Umfragen unter typischen Lesern dieser Reihe ergaben, daß diese das Wort Mystik zumeist negativ bewerten. Viele votierten dahin, Mystik sei Betrug und fauler Zauber, andere meinten, Mystik sei typisch heidnisch und habe als Selbstvergottung im Christentum keinen Platz. Zumeist wurden zum Stichwort Mystik assoziiert: »krank«, »exaltiert«, »Augen verdrehen«, »sehr privat«, »süßlich«, »schwülstig«, »Zauber«, »irreal«, »lächerlich«, »pervertierter Sex mit Gott«.

Mystik und Spiritualität

Nun kann man das Wort Mystik unterschiedlich füllen und entsprechend auch bewerten.

Hier wird Mystik positiv gewertet und verstanden als bewußte Begegnung mit »Personen« der unsichtbaren Welt Gottes. Einfacher und schöner gesagt: Mystik ist Verbindung mit dem Himmel, ist eine in der Regel doch worthafte Beziehung zu dem, was jedes Wort übersteigt.

Spiritualität ist offenbar der *weitere* Begriff und wurde hier verstanden als Durchdringung der Alltagswelt mit religiöser Erfahrung. Mystik ist eine Form von Spiritualität. Sie ist eher radikal als alltäglich. Dabei enthält sie Erfahrungen, die wir in diesem Buch ausgespart haben: die »dunkle Nacht« wie die Verzückung, die Visionen wie die Wunder. Es kann sein, daß jede Form der Spiritualität auf eine bestimmte Mystik hinausläuft.

So hat auch Mystik ihre technischen Aspekte. Nach den von P. Schäfer edierten Hekhalot-Texten bereitet man sich auf mystische Erfahrung vor, indem man sich 20 Tage über in einen Raum setzt, nur Wasser und Gemüse ißt, dazu ein bestimmtes Brot. Man darf keine Farben und keine Frau ansehen und muß bestimmte Gebete als »Siegel« wiederholen, das heißt zum Schutz gegen Geister, die ein Eindringen des Menschen in ihre Sphäre übelnehmen. – Mit der entsprechenden Vorbereitung wird mystische Erfahrung noch lange nicht erzwungen und verfügbar. Das Problem liegt für die Menschen zur Zeit Jesu ganz woanders als auf dem Gebiet der Rechtfertigungslehre, die man auf geistliche Erfahrung übertragen hat (Technik, Erzwingbarkeit). Das Problem liegt vielmehr darin, ob mir ein guter oder ein böser Geist begegnet.

Gemeinsamkeiten

Die Wahrheit der Spiritualität und der Mystik ist nicht die des Rechthabens, sondern die der Liebe; unwahr ist hier die Verweigerung der Liebe.

Beiden geht es nicht um die Befreiung vom Körper, sondern um Befreiung von belastendem Denken. Der Mangel besteht nicht darin, daß wir an Körper gebunden sind, sondern er besteht in unseren Gedanken.

Wie auch immer man das nennen will, was Jesus getan hat: Es geht nicht um Erbauung und schöngeistige Beliebigkeit, sondern – sehr wörtlich in der Ausrichtung auf Leben oder Tod – um die Frage nach dem, was Halt geben könnte.

Da Jesus nach dem Grundsatz »alles aufgeben – alles besitzen« lebt, praktiziert er die Grundregel aller Mystik überhaupt.

Verbindet Mystik die Religionen?

Das Problem

In einem buddhistischen mystischen Traktat (Milarepas gesammelte Vajra-Lieder, II, 1997, 149–153) wird die Vision eines Einsiedlers (Milarepa) geschildert: Er sieht eine Reihe attraktiver junger Mädchen, die bestimmte Tugenden darstellen. Eine ganz ähnliche Vision hat der »Hirt des Hermas« aus dem frühen Christentum bewahrt (um 115 n. Chr.): Hermas sieht eine Schar junger, attraktiver Mädchen, die einzelne Tugenden darstellen (Gleichnis 9,13–15 [Berger/Nord 896ff]). Sexueller Kontakt ist in beiden Fällen ausgeschlossen, es soll der Reiz der Tugenden dargestellt werden. – Das ist ein Beispiel für interreligiöse Verwandtschaft zwischen mystischen Bewegungen mit ethischer Zielsetzung.

Die auffällige Bedeutung bräutlicher Sexualität findet sich ähnlich in einer gemeinsamen Tradition im Judentum, im Christentum und im Islam. Immer wieder wird in allen drei Religionen die bräutliche Liebe zum Bild des Verhältnisses zwischen Gott und Mensch.

Am *jüdischen* Fest der *simchat thora* (Freude an der Tora) nehmen Juden die Torarolle wie eine Braut in die Arme und drücken sie an die Brust, tanzen und singen dabei. In den Begrüßungsliedern zu Beginn des Sabbat wird auch der Sabbat als eine Braut gefeiert.

Als Beispiel sei dazu auch ein Gedicht des Arabi zitiert, des wohl größten islamischen Mystikers († 1240 in Damaskus), zusammen mit Arabis kommentierenden Anmerkungen.

»1. O du alter Tempel! Ein Licht ist für dich aufgegangen, das in unseren Herzen glänzt.

2. Bei dir beklage ich mich über die Wüsten, die ich durchschritt, und bei denen ich ungehemmte Ströme von Tränen vergossen habe.

3. Weder morgens noch abends erfreute ich mich der Rast. Von der Morgen- bis zur Abendzeit setzte ich ununterbrochen meinen Weg fort.

4. Die Kamele setzen ihren Marsch bei Nacht fort, auch wenn sie ihre Füße wund gelaufen haben, ja sie beschleunigen den Schritt noch dazu.

5. Diese gewaltigen Reitkamele trugen uns zu euch (Gott) hin mit heftigem Verlangen, obwohl sie nicht hofften, das Ziel erreichen zu können.

6. Sie durcheilten im Liebesstreben nach dir (Gott) Wildnisse und regenlose Strecken, ohne sich deshalb über ihre Müdigkeit zu beklagen.

7. Sie klagten nicht über den Schmerz der heftigen Liebe, während ich es war, der sich über Müdigkeit beklagte. Sicherlich vollbrachte ich etwas Widerspruchsvolles.«

Nach Arabis Kommentar lautet das Thema dieser Ode: »Durch Askese, heftiges Verlangen nach Gott und Geduld im Leiden wird der Mensch zu Gott, nimmt göttliche Natur an.« Das Kamel ist das menschliche Verlangen nach Gott. Die Kamele sind erschöpft: Die natürlichen Kräfte sind aufgezehrt, der Mensch bedarf schlechthin der Gnade. Der alte Tempel steht für das Herz des Menschen. Das Licht im Herzen will aufgehen und den Gliedern des Leibes die göttlichen Erleuchtungen zuführen. Es sind die Prinzipien von Anteilgabe und Weiterverbreitung, die vielerlei Mystik nicht fremd sind.

Die Themen von Sehnsucht, Liebe und Geduld sind auch wesentliche Punkte biblischer Mystik, wie oben gezeigt wurde. Vor allem das Grundmodell des Weges (auch: durch die Wüste) ist gemeinsam. Das *Problem* besteht in der Bewertung dieser Verwandtschaft. Was bedeutet das historisch und theologisch?

Angesichts der Bedeutung, die gerade für die frühen Zisterzienser der Kontrast Licht – Finsternis hat, kann dieses Gebet Mohammeds auf direkte Analogien hinweisen:

»O Gott, setze Licht in mein Herz
und Licht in meine Seele,
Licht auf meine Zunge,
Licht in meine Augen
und Licht in meine Ohren,
setze Licht zu meiner Rechten,
Licht zu meiner Linken,
Licht hinter mir und Licht vor mir,
Licht über mir und Licht unter mir,
setze Licht in meine Nerven
und Licht in mein Fleisch,
Licht in mein Blut,
Licht in mein Haar

und Licht in meine Haut.
Gib mir Licht, stärke mein Licht,
mach mich zu Licht!«
(Mohammed)

Ist die betonte Licht-Mystik des 12. Jahrhunderts im Westen eine Antwort auf Zeitgleiches im Islam? Trotz der Ähnlichkeit fällt in dem moslemischen Text die positive Bedeutung der Sinnlichkeit auf.

Alles Ausdruck desselben?

Es ist eine deutsche religionswissenschaftliche Linie, markiert durch die Namen Friedrich Heiler (1892–1967) und Annemarie Schimmel, Lehrer und Schülerin, die weitgehend die Meinung der Öffentlichkeit zu bestimmen scheint.

Der Name F. Heilers ist in Deutschland untrennbar mit dem Entstehen der Una-Sancta-Bewegung verbunden. Schon in den fünfziger Jahren des 20. Jahrhunderts wurde diese von Benediktinern aufgegriffen (zum Beispiel P. Thomas Sartory OSB). Auch das ist nicht zufällig, denn derselbe Orden wird in den neunziger Jahren desselben Jahrhunderts führend in der westlichen Aufnahme des Zen-Buddhismus. – Auch Thomas Merton, der 1968 verstorbene amerikanische Trappist, gehörte einem benediktinischen Orden an – also der neben Karthäusern und Karmelitern am stärksten kontemplativ ausgerichteten Richtung der Orden. Thomas Merton hatte sich viele Jahre für den Dialog mit der östlichen Mystik eingesetzt. Die gemeinsame Bedeutung der Einsamkeit, des Schweigens und der Leere hat er besonders herausgestellt.

Demnach sind alle Religionen nur Ausdruck einer einzigen, eben »der« Religion (vgl. F. Heilers letztes großes Werk »Erscheinungsformen und Wesen der Religion«). Gerade so verfährt A. Schimmel in ihren Zusammenstellungen, die für den Historiker kaum lesbar sind. Werden doch hier ständig die unterschiedlichsten Einzelzüge gesammelt und miteinander identifiziert. Beispiel: Unter der Überschrift »Wein und Liebe« berichtet Schimmel (Wie universal ist die Mystik? 1996, 107) über die geistlichen Wirtslieder des 15. Jahrhunderts, den

Sufismus und schließlich einen ägyptischen Mystiker des 13. Jahrhunderts. Es wird so der Eindruck erweckt, die Verbindung mit dem Rausch sei ein wesentliches Merkmal der Mystik.

Doch zumindest eines hätte A. Schimmel in dem betreffenden Kapitel tun müssen: sagen, daß die frühchristliche Mystik der Wachsamkeit ausdrücklich jede Form von »Trunkenheit« ablehnt. Das führte dazu, daß im 1. Jahrtausend bis hin zu Wilhelm von St. Thierry Wein und Rausch auch als mystische Metaphern strikt vermieden werden. Am Geburtsfest des Lieblingsjüngers Johannes, am 27. 12. (später dann übertragen auf den Geburtstag des Täufers: 24. 6.), gibt es zwar Wein zu trinken als Johannisminne (!), aber das ist erst seit dem 12. Jahrhundert belegt.

Das Hauptproblem für diese Sichtweise ist, wie sich schon andeutet, A. Schimmels Satz: »Alles ist im Ursprung eins« oder: »Liebe ist die zentrale Kraft.« Mystik ist für A. Schimmel nur diese Tatsache: »Der große Strom fließt durch alle Religionen.« Mit dem Ausdruck, alles sei dasselbe oder allenfalls unterschiedlicher Ausdruck desselben, ist aus meiner Sicht der unzulässige Schritt von der Erscheinungsform zur Substanz getan. Denn da wir nicht neben unseren Formen und Riten stehen, können wir dasjenige nicht zureichend bestimmen, dessen »Ausfluß« alles andere sein soll. Hier ist das Problem »des« »Religiösen« hinter den Gestalten bzw. die Frage der Entmythologisierung gestellt. Denn es ist nicht möglich, die Form vom Inhalt zu trennen oder den zeitbedingten Ausdruck von der Sache selbst. Diese »Sache selbst« oder das Eine »hinter« oder »in« allen Erscheinungen ist unserer Erkenntnis wie unserer Erfahrung ebenso entzogen wie das »Ding an sich« I. Kants. Es ist also eine Frage der Methode, wie man den interreligiösen Vergleich beurteilt und auswertet.

Die Position Schimmels ist heute denkbar populär, weil Menschen immer wieder erfahren oder jedenfalls ihre Erfahrungen so deuten, als seien die Religionen – besonders die monotheistischen – immer die großen Unruhestifter und Kriegstreiber unter den Menschen. Man weist dann gerne auf den Nordirland-Konflikt oder den Streit um Jerusalem. Blutige Religionskriege im Buddhismus werden mangels Bekanntheit fast nie erwähnt.

Andererseits kann man sich mit dem Hinweis auf den kriegerischen Charakter mancher Religionen zu manchen Zeiten gut und leicht von »den Religionen« überhaupt dispensieren und sich privat gewissermaßen das Beste herauspicken.

Eine große Neigung zur religiösen Harmonie hat die Menschen erfaßt, sie sind der Anstrengung einer Auseinandersetzung, sei es auch nur zu einer Klärung oder Erhellung der eigenen Position, überdrüssig.

In der Mystik scheint die Einheit aller Religionen besonders greifbar nahe zu sein. Dieser Eindruck entsteht vor allem dadurch,

– daß der einzelne in der Regel von Mystik besonders wenig weiß. Denn zumeist geht es um eine kleine Zahl von Menschen, die an abgesonderten Orten leben und dazu auch noch häufig schweigen. Aus der unverhältnismäßig großen Distanz gesehen scheinen daher die Unterschiede ganz klein zu werden;

– daß es bisweilen zum Programm mystischer Richtungen gehört, die Unterschiede zwischen den Religionen aufheben zu wollen. Diese Absicht wird dann auf das Gesamtphänomen übertragen.

Arabi widmet ein eigenes Gedicht der Gleichwertigkeit aller Religionen:
»Mein Herz ist für jede Form (des religiösen Kultus) aufnahmefähig geworden. Es ist daher ein Weideplatz für Gazellen (indisch-mystische Weisheit), ein Kloster christlicher Mönche, / ein Tempel für Götzen, eine Kaba für einen muslimischen Pilger, die Gesetzestafeln der Tora und die Buchrolle des Koran. / Ich hänge der Religion der mystischen Liebe an. Wohin auch immer deren Kamele den Weg einschlagen – dieses ist meine Religion und mein Glaube.«

Auch in der westlichen christlichen Mystik läßt sich eine Spannung zwischen Mystik und Dogmatik nicht leugnen. Wenn

Meister Eckhart die Dreifaltigkeit zum Kleidhaus der Gottheit erklärt, ist durchaus zu fragen, inwieweit hier die Dreifaltigkeit zugunsten eben einer Gottheit relativiert wird.

Diese vorläufigen Eindrücke sind nun behutsam sachlich zu klären

Zur grundsätzlichen Position
gegenüber anderen Religionen

Die These, daß es nur *eine* Religion mit verschiedenen Ausprägungen gebe, mußte aus erkenntnistheoretischen Gründen abgewiesen werden.

Dagegen gilt: Alles, was Religionen miteinander verbindet, ist gut und begrüßenswert. Diese These ist nicht selbstverständlich. Denn zumeist ist die Reaktion frommer und ängstlicher Menschen, daß sie durch jede wirklich gewichtige Übereinstimmung mit anderen Religionen irritiert werden. Was verbindet, ist deshalb gut, weil solche Entdeckungen zum Frieden beitragen und weil man auch die eigene Religion besser kennenlernt, wenn man sie in kritischen Vergleich zu anderen gebracht hat.

Nun ist die Vergleichbarkeit von Religionen besonders in zwei Bereichen sehr naheliegend: im Bereich der Weisheit und im Bereich der Mystik. Das hat seine besonderen Gründe. – Unter Weisheit verstehe ich hier Spruchweisheit wie bei Laotse, bei einzelnen Aussprüchen Jesu oder einzelnen Worten der Weisen Griechenlands oder Ägyptens. Weisheit ist international, und auch für die Gattungen des Weisheitsspruchs ist das jedenfalls zu vermuten. Gilt es auch für die Mystik?

Mystik im interreligiösen Vergleich

Gewiß – »die« Mystik als einheitliches interreligiöses Kontinuum gibt es nicht. Aber es gibt Erscheinungen in diesem Bereich, die einander ähnlich sind, und das muß erklärt werden.

Die moderne Wissenschaft von den Kulturen des Menschen (Kulturanthropologie) kennt sogenannte Kultureme, das heißt Haftpunkte im menschlichen Leben, die immer wieder als solche wahrgenommen werden und dazu dienen, Kultur zu entfalten. Dazu gehört zum Beispiel die Begrüßung von Menschen. Sie ist ein Kulturem, weil sich daran unterschiedlichste Begrüßungsrituale entwickelt haben. Manchmal ist das auch nicht der Fall (!). Auch der gemeinsame Beginn des Essens ist ein Kulturem, denn hier entwickeln sich Tischsitten vom »Guten Appetit« bis zum Tischsegen und bis dahin, daß sich alle Tischgenossen die Hände reichen.

Kultureme sind in gewissem Sinne in der biologischen Konstitution des Menschen angelegt; zum Beispiel bestimmen die Zeichen oder Signale (etwa der Körpersprache) zu Beginn eines sozialen Kontaktes dessen weiteren Verlauf. Wir fragen: Welche wiederholte Gegebenheit oder Gelegenheit liegt nun der Mystik zugrunde?

Der Mystik liegt offenbar in vielen Religionen bzw. Kulturen folgendes zugrunde: Menschen streben eine wesentliche Erweiterung ihrer Erfahrung oder ihres Wissens an. Diese Erweiterung hat ihren Preis. Sie setzt voraus, daß im bisherigen Lebensstil vieles aufgegeben, geändert oder unterbrochen wird. Und zwar wird im bisherigen Lebensstil reduziert, damit im Erfahrungsbereich Neues hinzugewonnen werden kann. Die drastische Einschränkung des üblichen Lebensstils ermöglicht Zuwachs an wirklich neuen Erfahrungen, die auch wegen der Schwere und Behäbigkeit des Gewöhnlichen weit ab zu liegen schienen.

So muß sich für den, der den mystischen Weg einschlägt, fast alles ändern im Bereich von Essen und Kleidung, Sexualität und Freizeit, Schlafen und Bewegung, Sprechen und Beruf, Menschenkontakten und Art der Kunst (Musik), Gebrauch von Gewalt und Beschaffung von Nahrung. Je elementarer die Verhaltensweisen, um so einschneidender und wichtiger ist der geforderte »Abbruch«. Er ist selbstverständlich nicht nur »innerlich«, sondern betrifft naturgemäß das ganze Leben. –

Im Grunde geht es um eine Art Tauschgeschäft: Wer das Eingefahrene aufgibt oder einschränkt, wird offen für die Wahrnehmung neuer Seiten des Lebens, die ihm bisher nicht vertraut waren. Es geht daher um eine Verquickung von Lebensstil und Erkenntnistheorie.

Dieser Tausch liegt nun eigentlich »nahe«, und Ähnliches findet sich im 20. Jahrhundert in jeder Jugendbewegung. So ist er oft gewählt worden, wenn sich Menschen nach neuen Wegen sehnten. Dabei bedeutete die Aufgabe des Sichtbaren und Greifbaren eine Vorbereitung dazu, und das Neue kommt immer durch Gnade, nicht nach Gesetz. – Daß der Tausch nach der Regel »Weniger vom Gewöhnlichen bedeutet mehr vom Neuen« verfährt, ist ebenfalls recht logisch.

Es geht hier um eine recht einleuchtende Erkenntnistheorie: Wahrnehmung ist abhängig vom Lebensstil. Wer also Neues wahrnehmen will, muß Entscheidendes an seinem Lebensstil ändern.

Gewiß ist Tausch nur das Grundmodell, es geht nicht um einen Automatismus. Die religiöse Erfahrung ist gewiß unverfügbar. Doch zeigen die Berichte häufig einen gewissen zirkulären Charakter. Insofern vertieft sich die mystische Erfahrung – mit dem unschätzbaren Vorteil, eben Erfahrung zu sein. Im Bereich der Religion sind es deshalb Spruchweisheit und Mystik, die zu interreligiösem Vergleichen und Austauschen einladen, weil es in beiden Fällen um einen Zuwachs an Erfahrung bzw. Erkenntnis geht, den man nicht hat, wenn man nicht dem Weisen zuhört oder sich in die Mystik einübt.

Die Unterschiede zwischen den Religionen im Bereich der Mystik

Dort, wo die Übereinstimmungen am größten sind, kann man auch die Differenzen am genauesten erfassen.

Ich denke nicht, daß der Mensch eine »mystische Anlage hat« – das wäre schon wieder viel zu viel gewußt über ihn. Aber daß er immer wieder versucht, zwecks Gewinn an Erfahrung (also aus Neugier mit dem Ziel der Weisheit) dem unsichtbaren Bereich der Wirklichkeit nahezukommen, und zwar mit mehr oder weniger Glück, das kann man sagen.

Unübersehbar läßt die christliche Mystik die Differenzen zu anderen Religionen jeweils an der wichtigsten Stelle deutlich werden:

Gegenüber jüdischer Mystik: Jesus Christus ist für uns am Kreuz gestorben und hat uns von den Sünden erlöst. – Dieser Aspekt ist wichtig, weil nach den jüdischen Texten die Hauptgefährdung des Menschen sich aus seinem eigenen früheren mangelnden Gehorsam ergibt. Daher gibt es in bezug auf Mystik folgendes Lehrbeispiel: Von vier Männern, die sich darauf einließen, wurde einer wahnsinnig, einer Atheist, einer starb, nur Rabbi Akiba überlebte gesund, denn er hielt sich an die Torah. – Wer sich an Jesus Christus hält, so ist hier die Antwort, dessen Schuld gegenüber der Torah ist beglichen worden.

Gegenüber islamischer Mystik: Außer der Differenz zum Judentum vor allem dies: Der Islam lehnt die Beziehung Vater – Kind im Verhältnis zu Gott ab. Daher entfällt der Aspekt der Familie. Das aber ist wesentlich für die neutestamentlichen Anfänge christlicher Mystik. Nun könnte man einwenden, daß es in der späteren monastischen Mystik immer weniger um das Verhältnis Kinder – Vater geht und immer mehr – dem Hohenlied entlang – um das Verhältnis Mann – Frau. Von dieser Art Mystik reden ja die islamischen Texte auch durchaus und in großer Schönheit.

Dieser Metaphernwechsel liegt in der christlichen Mystik durchaus vor. Er ist inspiriert durch die neutestamentliche Metaphorik Christus = Bräutigam und Kirche oder Gemeinde = Braut. Er hat eine ekklesiologische Bedeutung.

Trotzdem kann man fragen: Geht nicht beim Verlust der Kind-Vater-Beziehung zu viel verloren? Nun kann man darauf hinweisen, daß die vorherrschende soziale Gestalt der Kirche eben nicht die Familie, sondern die »Volksversammlung« im Gemeindegotteshaus ist. Daher ist es ganz klar, daß hier die Familien-Metaphorik verschwand. Nur in Klöstern unter einem

Abt hat sich das Bild der Familie erhalten (reduziert auf Vater – Brüder; zum Teil »Söhne des Hl. Benedikt«). – Es gibt allerdings viele Christen, die sich an der neutestamentlichen Kind-Metaphorik auch stoßen und nicht lebenslang als Kinder angeredet werden wollen. Nur großen Heiligengestalten blieb es vorbehalten, die Rolle des Kindes glaubwürdig darzustellen (Franziskus von Assisi; Therese von Lisieux?).

Es könnte aber sein, daß bei kleiner werdenden Gemeinden die Strukturen von Haus und Familie wieder üblich und normal werden. Dann wird auch für diese Bilder erneut die Stunde schlagen.

Gegenüber buddhistischer Mystik: Die abrahamitischen Religionen gehen aus von der personhaften Begegnung zwischen Gott und Mensch. Sie äußert sich darin, daß der Mensch beten darf. Der Buddhismus hingegen kennt keinen als Person vorzustellenden Gott.

Nun könnte man einwenden, daß auch die christliche Rede von Gott als Person nur bildlich ist. Dennoch ist klar, daß die Christen nicht ein Ding meinen, auch keinen namenlosen Sturmwind oder einen großen Ozean, sondern mindestens so jemanden wie eine Person. Daher gibt es in den abrahamitischen Religionen Offenbarung (Gott spricht), Prophetie (Gottes Worte werden vermittelt) und Gebet (Gott kann hören).

Verbindet also Mystik die Religionen?

Mystik ist ein Feld, das sich besonders gut für den interreligiösen Dialog eignet:

– Die religiöse Überzeugung ist hier an eine bestimmte Lebensform gebunden. Das kann eine der Grundfragen des modernen Menschen gegenüber Religionen leichter beantwortbar machen und auch im Gespräch von Anfang an klären: die Frage der Glaubwürdigkeit.

– Da es auf dem Feld der Mystik mehr Ähnliches als Unähnliches gibt, ist hier das fortgesetzte Gespräch besonders wichtig für die Erhaltung oder Gewinnung des Friedens.

– Da auf dem Gebiet der Mystik bei allen Ähnlichkeiten aber auch die Unähnlichkeiten besonders stark hervortreten, ist hier auch das Gebiet, auf dem man die Andersheit des anderen am besten kennenlernen kann.

– Nicht selten wurden Formen und Gestalten der Mystik von einer Religion in die andere übernommen (der Rosenkranz von den Moslems). Derartige Einbürgerungen können nur glükken, wenn sie sich mit genügend autochthoner Substanz verbinden.

Man kann an dieser Stelle fragen, ob die Übernahme von Formen des Buddhismus durch Christen des 20. Jahrhunderts in Europa wesentlich hilfreich war und Neues brachte, das man vorher nicht kannte. – Ein erfahrener Abt antwortete mir auf diese Frage: Mönche sind immer neugierig, auf neue Erfahrung aus, daher brauchen sie etwas Nachsicht. Durch den Buddhismus ist das schweigende Gebet gefördert worden, aber natürlich gab es das auch schon vorher im Christentum.

Im übrigen ist Verwandtschaft begrüßenswert, aber zur Verbrüderung (hier: mit Zen-Buddhisten) fehlt der gemeinsame Vater.

Dieses Buch wollte dazu anregen, die verborgenen Schätze im eigenen Keller zu entdecken, bevor man daran geht, das Haus mangels Besuchern ganz und gar weltlichen Zwecken zuzuführen.

Alles eins in der Liebe?

Sowohl Vertreter der liberalen Religionstheorie wie auch mehr oder weniger militante Vertreter der Lehre von der Einheit aller Religionen kommen in dem Satz überein: Im Grunde sind alle Religionen und Menschen eins in der Liebe.

Dieser Satz kann für die Bibel nicht gelten. Denn »die Liebe« (was auch immer das sei) ist nicht die letzte Definition des »Göttlichen«. Über die Liebe hat die Bibel die Frage nach Leben und Tod gestellt. Liebe ist nämlich nur dort möglich, wo Leben sein kann. Leben und Tod aber sind unvereinbar.

Und weil der biblische Gott mit Leben identisch ist und umgekehrt, deshalb ist der Schöpfergott des Ersten Gebotes »intolerant«. Denn zwischen Leben und Tod gibt es keinen Kompromiß. Der lange Weg Israels – besonders an der Hand der Propheten – zu seinem Gott ist der Weg zum Schöpfergott, der das Leben selbst ist. Der Raum, in dem Leben sein kann, ist auch der Ort der Liebe. Deshalb ist die »intolerante« und »dualistische« Frage nach Leben und Tod der Liebe übergeordnet.

Verzeichnis der Bibelstellen

Verwendete Textausgaben und Übersetzungen

Das Neue Testament und frühchristliche Schriften, Übers. K. Berger und C. Nord, 1. Aufl. Frankfurt 1999, 4. Aufl. Frankfurt 2000

Becker, H. und Ühlein, H. (Hg.): Liturgie im Angesicht des Todes. Judentum und Ostkirchen, Bd. I und II, St. Ottilien 1997

Bernhard von Clairvaux: Sämtliche Werke I–X (Lateinisch – deutsch), Innsbruck 1990–1999

Corpus Praefationum, ed. E. Moeller OSB (Corpus Christianorum Ser. Latina 161 A. C), 2 Bände, Turnholt 1980

Guerric von Igny: Ansprachen I (Texte der Zisterzienser-Väter 6), Eschenbach 1996

ders.: Ansprachen II (Texte der Zisterzienser-Väter 7), Eschenbach 1998

Symeon der Theologe: Licht vom Licht. Hymnen, Übers. Kilian Kirchhoff, München, 2. Aufl. 1951

Wilhelm von St. Thierry: Der Spiegel des Glaubens, Einsiedeln 1981

ders.: Rätsel des Glaubens, Eschenbach 1992

ders.: Oraisons méditatives (Orationes meditativae) (SC 324), Trad. J. Hourlier OSB, Paris 1985

Liturgia horarum Ordinis Cisterciensis (Editio Abbatiae ad S. Crucem Ord. Cist. in Austria), St. Gabriel 1978

Mystische Texte aus dem Islam. Drei Gedichte des Arabi, Hg. M. Horten, Kleine Texte 105, Bonn 1912